U0945969

THE FULL CATASTROPHE

Travels Among the New Greek Ruins

大崩溃

古国希腊的新废墟穿行记

[美] 詹姆斯·安吉洛斯（JAMES ANGELOS）/著　程亚克 /译

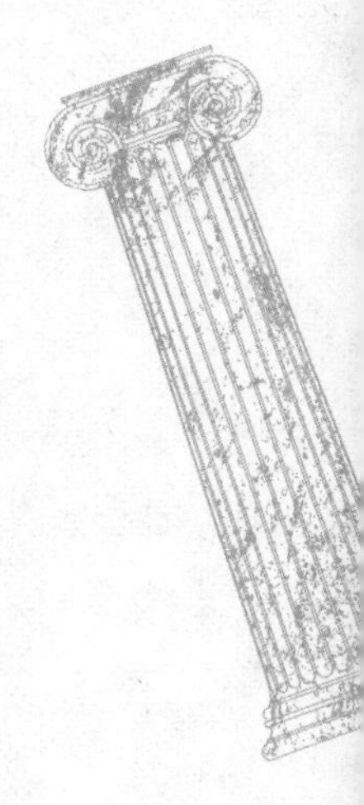

内容提要

希腊,这个往往与古老的哲人、大理石废墟、雪白的墙面和蔚蓝色海水相联系的名字,近年来却成了一场灾难性债务危机的风暴之眼。作者将希腊具有鲜明对比性的社会面貌清晰展现了出来——这是一个既因为其古典主义的过去而显得浪漫的国家,同时也因为其功能异常的现状而备受谴责的国家。书中有人物导向式的叙述,也有深入机理的调查性报道。作者生动还原了那些令这个国家的金融陷入崩溃状况的原因,检视了其灾难之后的一些变化:有些变化是给人希望的,有些则令人深深担忧。

图书在版编目(CIP)数据

大崩溃:古国希腊的新废墟穿行记/(美)詹姆斯·安吉洛斯(James Angelos)著;程亚克译. —上海:上海交通大学出版社,2017
ISBN 978-7-313-16771-2

Ⅰ.①大… Ⅱ.①詹… ②程… Ⅲ.①债务危机—研究—希腊 Ⅳ.①F815.456

中国版本图书馆 CIP 数据核字(2017)第 047070 号

Published in the United States by Crown Publishers, an imprint of the Crown Publishing Group, a division of Penguin Random House LLC, New York.
上海市版权局著作权合同登记号:图字:09-2015-1037

大崩溃:古国希腊的新废墟穿行记

著　　者:[美]詹姆斯·安吉洛斯　　译　　者:程亚克
出版发行:上海交通大学出版社　　地　　址:上海市番禺路 951 号
邮政编码:200030　　电　　话:021-64071208
出 版 人:郑益慧
印　　制:常熟市文化印刷有限公司　　经　　销:全国新华书店
开　　本:787 mm×960 mm　1/16　　印　　张:19.75
字　　数:193 千字
版　　次:2017 年 4 月第 1 版　　印　　次:2017 年 4 月第 1 次印刷
书　　号:ISBN 978-7-313-16771-2/F
定　　价:49.80 元

献给客居异国他乡的父母和祖父

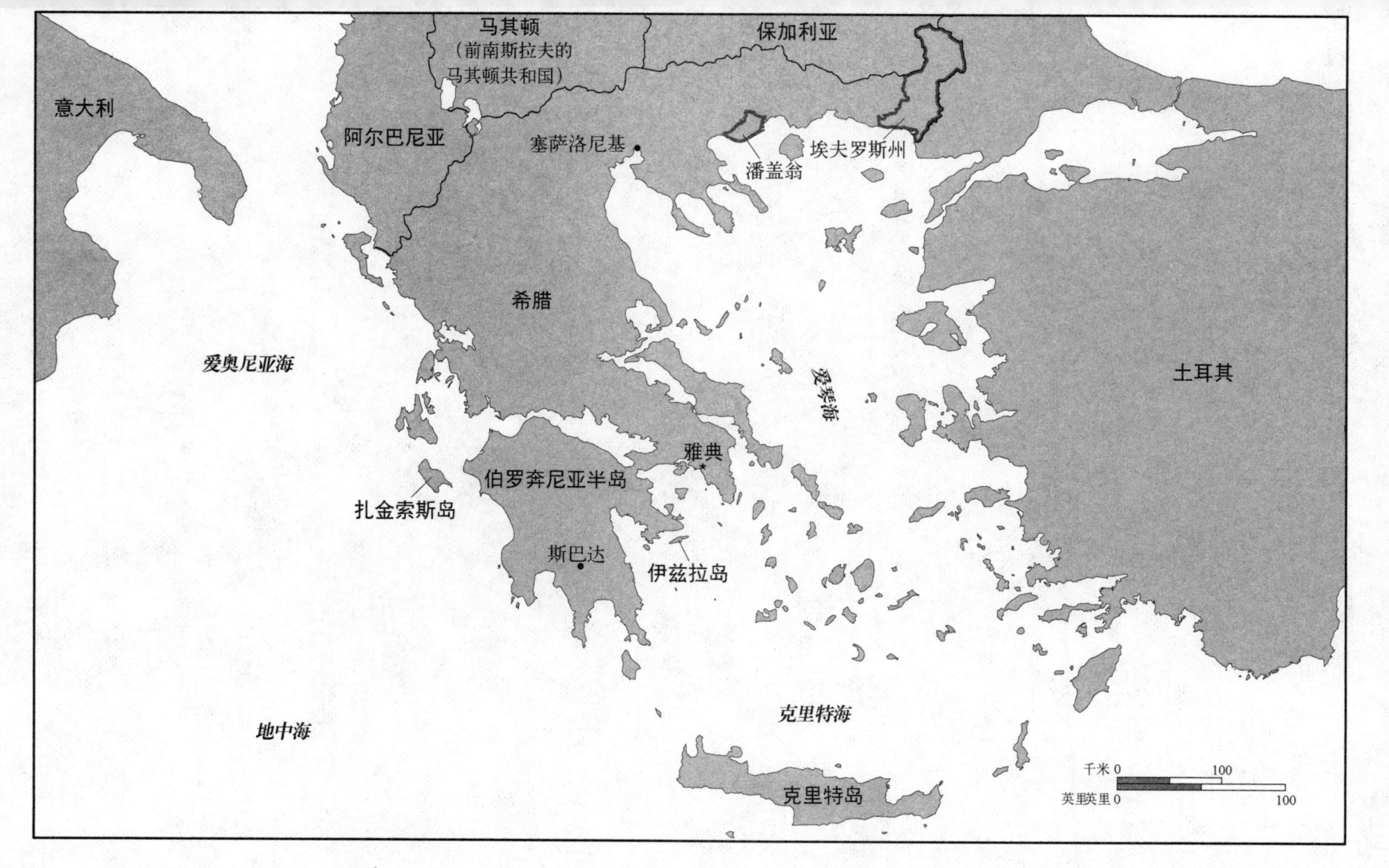

马其顿
（前南斯拉夫的
马其顿共和国）
保加利亚
意大利
阿尔巴尼亚
塞萨洛尼基
潘盖翁
埃夫罗斯州
希腊
爱奥尼亚海
爱琴海
土耳其
雅典
伯罗奔尼亚半岛
扎金索斯岛
斯巴达
伊兹拉岛
克里特海
地中海
克里特岛
千米 0
100
英里英里 0
100

目录/Contents

引　言
Introduction

我们都是希腊人。

——1921 年,雪莱

2014 年 3 月 25 日,恰逢希腊独立战争胜利 193 周年,希腊各地的小伙子们模仿战时游击队员的打扮,身穿白裙白袜,头戴红色毡帽,脚踩带绒球的木底鞋;姑娘们则换上具有地方特色的传统服饰,披着流苏头巾,身穿绣着棱角图案的鲜艳长裙。各所学校利用假期前夜举办庆祝活动,孩子们在礼堂表演各种节目,展现奥斯曼帝国统治下的几百年间,希腊人民曾经遭受的痛苦和磨难。

在伯罗奔尼撒半岛西南部麦尼西亚地区的一个山谷小镇上,一位少年打扮成革命斗士的模样,站在舞台右侧,呐喊着为自由而战的口号:“土耳其人奴役我,压迫我,让我喘不过气来。

为了活下去,我还能做些什么?!”一个女孩戴着黄色头巾,扮演少年的母亲,劝说儿子继续放羊,养家糊口。但小伙子反驳道:“妈妈,把剑和枪拿给我!”

在爱琴海的圣托里尼岛上的一所幼儿园里,一群刚刚学会走路的孩子在父母们面前围成一圈,随着《扎龙戈舞曲》(Dance of Zalongo)摇摇晃晃地跳起舞来。这首曲子讲述了曾经发生在希腊西北部伊庇鲁斯地区一座山上的群体自杀事件:当地的妇女们为了不落入奥斯曼大兵的魔掌,集体怀抱婴儿纵身跃下悬崖。“别了,悲惨的世界;别了,美好的生活;还有你,我可怜的国家,永别了。”孩子们伴随着喇叭里传出的悲伤乐曲,迈着跌跌撞撞的舞步。

年复一年,这样的独立日纪念活动几乎没有任何变化。虽然这是我初次亲身体验这场盛事,但对于这些习俗,我从小在长岛就有所了解。我的父母很早就从希腊移民到美国,年幼时的我被要求每周日到当地的希腊东正教堂学习希腊语。教堂就像是祖国文化的前哨阵地,将带绒球的鞋子、圆圈舞,以及关于土耳其人残暴统治的那段历史,深深烙印在我的心中。

但是,对于今年的希腊,这场看似寻常的纪念仪式却被赋予了不同寻常的意义。大约在 4 年前,希腊开始迅速走向破产。作为欧元区成员国,希腊的破产会对全球金融体系造成破坏性威胁。为了避免希腊立即崩溃,被称为“三驾马车”的三大机构——欧盟委员会、国际货币基金组织和欧洲央行——达成一致,认为应当在未来几年内分批次向希腊提供数十亿欧元的贷款，以帮助希腊维持运转，特别是维持其偿还巨额债务的能力。不过，德国和其他北欧国家对此做法颇有疑虑。

提供资金的欧洲领导人和国际货币基金组织将其介入行为视为对希腊的“救助”，但是很多希腊人并不认同。根据谅解备忘录（the mnimonio）所示，这些经济援助包含了一系列令希腊人非常反感的条件，例如减薪、降低养老金等。希腊内政控制权几乎全部移交给了“三驾马车”，而“三驾马车”对希腊发出威胁：要么施行其列出的经济改善方案，要么做好立即破产的准备。然而，方案施行后，实际效果并不理想：希腊经济迅速崩溃，陷入与美国“大萧条”时期相类似的境地。首次经济救助后，只过了不到两年时间，“三驾马车”不得不再次出手。希腊共收到2 450亿欧元的贷款保证，并进行了史上最大规模的债务重组，从私人债券持有者手上减少了1 070亿欧元的债务。此外，欧洲央行还向受损的希腊银行源源不断地输送低息短期贷款，以维持其运转。作为对救助的回报，希腊政客承诺对国内各项政策进行全方位改革，大到效率低下的税收制度，小到牛奶的保质期；且保证措施事无巨细，从简化菲达奶酪的出口报关流程，到建立全国范围的地籍系统。这些被迫施行的举措凸显了“三驾马车”对希腊政府的不信任，他们不相信希腊能在没有严格监管的条件下实现自我改革。

为了确保措施落实到位，“三驾马车”每季度都会派专家检查希腊的改革进展。如果希腊没有按照要求进行改革，就得不到预期到位的资金援助。简单来说，希腊人不得不在持续的压力下进行改革。所以,在很多希腊人看来,这场救助更像是再一次遭受外国人的统治。于是,独立日也就成了人们进行反思的好时机。

这一天,希腊人大都前往教堂进行冥思。希腊独立日和基督教报喜节的日期重合,这并不完全出于巧合。对基督徒而言,报喜节是为了纪念大天使加百列向处女玛利亚宣布上帝之子将通过她的子宫降临人间;而希腊的建国者则认为,现代希腊继承于古希腊,因此其独立日应与圣母感孕的日子相同。希腊与基督教之间的象征关联还不止于此,自建国以来,希腊的身份就和东正教紧密联系在一起。在希腊语中,“革命”(epanastasis)一词的拼写与“耶稣复活”(anastasis)非常相似。而且,希腊人在描述独立战争胜利时,也套用了《圣经》中描写耶稣复活的语句(he has risen)——古希腊复活了(Classical Greece had arisen)。所以,在独立日这天,着装正式的希腊人,包括表情严肃的政客和挂满勋章的军人,都会走进教堂,聆听大胡子牧师关于耶稣和国家双重象征的布道。

在雅典东部斯巴达镇的一座小教堂里,一位身材发福的牧师穿着蓝白相间的祭服站在祭坛上,他面前的教众全都手持同样蓝白相间的国旗。牧师讲述着希腊人在土耳其人统治下惨遭屠戮的历史,教众纷纷落泪。接着,牧师呼喊出革命英雄的名字。当他喊出最受人尊重的革命勇士赛奥多罗斯·克罗科特罗尼斯(Theodoros Kolokotronis)的名字时,教众里的一个男子喊道:“出现吧!”牧师又呼喊出另一位在战争中英勇献身的英雄马尔克斯·波扎利斯(Markos Botsaris)的名字,“出现吧”的喊声再次响起。拉斯卡琳娜·波博利那是一位富有的海军遗孀,她曾在独立战争时期资助了一支舰队,后来因为与邻居发生口角而被枪杀。当牧师喊出她的名字时,一位女士回应道:“出现吧!”然后,牧师开始布道:革命烈士牺牲了自己的生命,用鲜血染红了大地,所以希腊——这个拥有真正神圣信仰的国家——应该是一个自由的国度。接着,牧师质问道:今天的希腊人把从前辈手中得来的神圣遗产搞成了什么样子?“我们继承了一个自由的国家,却使她再次遭受奴役。”他的声音颤抖着,好像要抽噎起来似的,“我们自由吗?这叫什么自由?我的弟兄们,你们得不到应该得到的东西,因为他们抢走了你们的生活,夺走了你们的工作。这种自由使我们的国家沦为奴隶,”他继续说,“正是因为我们沦落到了这步田地,希腊大地才会哭泣!”

在雅典举行的主纪念仪式上的氛围也是如此。希腊总统卡罗普斯·帕普利亚斯(Karolos Papoulias)已经步入耄耋之年,他在青年时期曾参加过第二次世界大战中的希腊卫国战争。希腊议会大厦是一座新古典主义风格的建筑物,大厦前空旷的广场上搭建了一个小棚子。帕普利亚斯总统坐在棚子下面,看着一列列行进中的士兵、坦克、机动导弹系统和火炮。或许你会觉得这样的军力展示活动更像是发生在平壤,而不是在某个欧洲国家的首都。但是,长久以来,希腊都比其他欧洲国家更热衷于购买军火,并延续着在爱国主义节日里展示军事实力的传统。希腊与土耳其之间长期处于紧张状态,因而热衷于军购是可以理解的，但是这也加重了希腊的财政负担。令人奇怪的是，在广场周围观礼的人寥寥无几。希腊政府以保障仪式安全为由，封锁了进入市中心观礼的通道，而大多数民众都觉得这是为了避免抗议活动影响阅兵形象，毕竟近几年来在阅兵期间都发生过大规模的抗议示威，反对政府的财政紧缩政策。阅兵结束后，帕普利亚斯总统走到一组麦克风前，开始发表电视讲话。他那稀疏灰白的头发在微风中飘动着，他说："193 年前，一个虽然弱小但胸怀大志的勇敢民族为了自由，以大无畏的精神，与奥斯曼帝国展开抗争，并且最终取得了胜利。今天，我们的人民正在为挣脱债权人的枷锁而抗争。我们的历史表明，我们一定也能打赢这场战争。"

对于向希腊提供援助的欧洲和国际货币基金组织等债权人来说，帕普利亚斯的讲话里没有出现他们所期待的感激之言。20 多年前那个确定成立欧盟的协议带来了欧元的诞生。当时人们认为，如果将来欧元面临危机，欧洲国家彼此之间会展现出手足之情。但是帕普利亚斯的讲话中并没有体现出这种手足情感。为了避免出现欧洲大陆过去时有发生的大规模流血厮杀，几十年来，人们一直致力于构建更加紧密的政治经济共同体，而欧元则一度被视为欧洲一体化的精品之作。有一段时间，大家都觉得欧元运行良好，希腊人对此的感觉尤为强烈。欧元诞生两年后，希腊于 2001 年元旦正式宣布加入欧元体系。一年后，希腊人民开始使用欧元钞票和硬币。为了对应希腊字母表，欧元钞票使用了"ΕΥΡΩ"的拼写方法；希腊版的 2 欧元硬币上印制了希腊神话中的情景：众神之父宙斯化身一头青牛引诱袒胸的少女欧罗巴。在希腊刚刚加入欧元区的许多年里，投资者们认为，把钱借给希腊政府的风险不比借给德国政府大多少，即便德国比希腊富有得多，财政也更加稳健，被视为世界上最安全的资金投放国。自从借款变得更加容易之后，希腊政府便大幅提高本国工资水平和养老金，并花费巨资举办了 2004 年雅典奥运会。拿着新到手的钱，希腊人开始无节制地消费，这也惠及了其他欧元区国家（比如，希腊人会购买漂亮的德国汽车）和希腊本国（增加本地饭店和商店消费，刺激房地产升温）。从加入欧元区到 2008 年底危机爆发，这 8 年期间，希腊的国内生产总值（GDP）年均增长率为近 4%，在欧元区，这个增长速度仅次于爱尔兰。

从某种意义上讲，我自己也或多或少地见证了希腊经济的增长。20 世纪 80 年代时我还小，夏天常回希腊看望奶奶。她住的地方离古科林斯城（Ancient Corinth）废墟只有一街之隔。站在奶奶家的前院，就能看到蔚蓝的科林斯湾映衬之下，矗立着七根阿波罗神庙的残柱。奶奶所在的村庄地处古城废墟外围，生活条件比较落后，大部分土地都用来种庄稼了。这跟我所熟悉的长岛郊区的环境简直有着天壤之别。那时候，奶奶家最先进的家用电器是一台电热水器，有了它，洗澡的时候就不需要用燃气灶烧水了。奶奶家附近有一栋简陋的石头房子，里面住着一个贫穷的老妇人，她家里连自来水都不通。我那时经常去海湾游泳，有时会看到她戴着浴帽、拿着香皂在海水里洗澡。虽然像这个老妇人那么困窘的人并不多见，但这似乎足以说明，即使后来希腊发展繁荣了，但是之前的穷苦日子才刚刚过去没多久。

这十年间，我偶尔回过几次希腊，见证了那里不断发生的变化。在1981年加入欧洲联盟的前身——欧洲共同体之前，希腊政府长期依靠海外侨民的汇款维持经济运转。从这一年开始，它又找到了一个新的资金来源。虽然希腊当时的发展程度不高，经济相对落后，但仍被接收为欧共体成员，这带给希腊的是大量的欧洲农业补贴和基础设施基金。与此同时，安德烈亚斯·帕潘德里欧领导的希腊新一届政府上台。帕潘德里欧喜欢以救世主自居，是个花钱如流水的社会主义者。他曾是加州大学伯克利分校的经济学家，于20世纪70年代创建了中左翼的泛希腊社会运动党(PASOK，下称泛希社运党)。这一届政府开始大举借债，并将借债所得惠及民众。此举虽然提高了希腊民众的工资水平，但也加重了通货膨胀和国债规模。希腊人开始购置豪车，翻修住宅。为了防止德拉克马①大幅贬值，很多家庭买房置业，人民的生活水平蒸蒸日上。我记得有一年夏天，我从希腊回来后，发现希腊人的生活方式跟美国郊区已经没有多大差别了，我甚至心想："要实现国家现代化也没那么困难！"奶奶过世后，我回希腊就没那么频繁了，但希腊的发展势头依然迅猛。希腊加入欧元区数年后，我再次回到奶奶曾经居住的村庄，看到村里出现了几栋别墅，有了时髦的咖啡店，路上的宝马和奔

---

① 希腊货币单位。

驰也多了起来。

这一派繁荣景象背后的部分原因是：希腊在加入欧元区后，借贷成本降低了。借贷变得容易并非缘于希腊经济的基本情况，而是缘于投资者们的一种信心：他们将欧元区成员国的身份视为国家财政稳定的保证。但是在雷曼兄弟银行倒闭后，投资者们开始重新思考他们的国际投资的安全性，这种信心也开始随之瓦解，欧元区内部开始出现令人忧虑的分水岭。投资者们希望把钱放在安全的地方，即使没有回报也可以，只要安全就行。这样一来，希腊和其他被视为经济脆弱的欧元区成员国的借贷成本开始上升；相反，德国的借贷成本则与日俱减。

这还不是最糟糕的，希腊更大的麻烦还在后面。2009 年 10 月，希腊大幅修正了统计数据。政府当年的预算赤字占 GDP 的比重从最初的 3.7%调整为 12.5%。这个数字后来一再更改，最后的结果甚至超过 15%。从一方面来看，2009 年的数据修正也不是完全不可理解的，毕竟由于国际金融危机的影响，各国政府的预算都受到了一定冲击。但是希腊的数据更改的幅度太大，且自加入欧元区以来，每年都大幅上调预算赤字占 GDP 的比重。有鉴于此，欧盟统计局认定希腊政府在财政赤字和债务数据方面存在“广泛的误报”。

在希腊，大幅修正统计数据是家常便饭，特别是在选举过后更是如此。根据欧元区的“趋同标准①”，申请加入欧元区的国

① convergence criteria

家，其政府年预算赤字不得超过 GDP 的 3%。2004 年，希腊中右翼的新民主党上台执政。该党表示，此前执政的泛希社运党严重篡改了统计数据，而且透露希腊在加入欧元区时为满足“趋同标准”而捏造数据。2009 年，泛希社运党重新上台执政后再次大幅修正数据，并解释称，这是因为新民主党大量瞒报了其执政期间政府的真实开支。

其他国家对希腊国内发生的政治斗争并没有特别的兴趣，它们认为，这件事反映出的本质就是：希腊政府的数据统计太过儿戏，这个国家的财政状况就像迅速漏气的热气球一样，在空中摇摇欲坠。在希腊首次宣布数据修正的两天之后，其国家信用评级遭到降级。不久，希腊的国家信用评级被一降再降。转眼间，希腊除了支付高额利息外，已经无法再从市场上借到一分钱了。

就其本身而言，希腊不过是一个只有大约 1 100 万人口的小国。在此之前，人们对希腊的经济情况毫不关心，倒是对它美丽的海滩、大理石遗迹和古代哲学家更为着迷。希腊本不应该对国际金融体系造成严重的威胁，但它所拥有的欧元区成员国身份使它具备了很大的杀伤力。德、法两国的银行是希腊债务的最大国外持有者，如果希腊突然债务违约，将会进一步动摇已经陷入困境的欧洲银行体系。此时，欧洲货币联盟的严重设计缺陷已然暴露无遗。好像从未有人认真考虑过这样一个问题：当某个欧元区国家因为破产而不得不重新启用本国货币时，将会发生怎样的情况？爱尔兰和西班牙在房地产泡沫破碎后，陷入了严重的金融危机；意大利和葡萄牙的财政状况看起来也欠佳。如果希腊退出欧元区，那么接下来会是哪个国家？欧洲领导人设计的"单一稳定"货币面临严重危机，而这场危机就肇始于希腊。

希腊共和国之所以被纳入欧洲一体化进程，主要是因为它在欧洲大陆具有重要的象征意义。毕竟，美丽的欧罗巴就是希腊神话中的人物。古希腊文化是欧洲共同遗产的渊源，是民主制度和西方文明的首创者。如果没有希腊，哪里来的欧洲？20世纪70年代，当希腊申请加入欧洲共同体时，欧盟设计师之一的法国总统吉斯卡尔·德斯坦认为，希腊是"所有民主国家之母"，所以不能被排除在外。但是，希腊后来爆发的巨大危机证明了当初这种想法是多么的异想天开。

当希腊的债权人深入审视希腊国情时，发现到处都有问题，而且问题很严重：希腊具有根深蒂固的政治裙带主义，政客们为了换取选票，一味向特定群体输送利益，而让最需要救助的群体自生自灭；逃税现象随处可见，税务官员常常与逃税者沆瀣一气；公务员实行终身制，某人之所以能够成为公务员，不是靠自己的能力，而是靠托关系获得职位，这就导致公共管理体系的效率极其低下；由于法律不够健全，官僚机制不透明，加上执法不严，官员可以肆无忌惮地贪污受贿；陈旧的养老体系资金不足，物产法形同虚设，催生了数以百万计的非法建筑；法院系统的工作效率奇慢无比，几乎只是个摆设；公立学校质量低下，家长如果想让孩子考上大学，就不得不花钱供孩子上私立学校。

这不是欧盟的创立者构想中的21世纪欧洲国家应该有的样子。2012年,吉斯卡尔·德斯坦在接受德国《明镜》杂志采访时,似乎改变了先前的态度。“坦诚地讲,当时接纳希腊是错误的,”德斯坦说这句话时,与他同一时期任职的前德国总理赫尔穆特·施密特也坐在旁边,“当时希腊根本没有做好准备,即使到现在,它几乎依然是一个东方国家。”当“东方”一词被欧洲人用在这种语境中时,它所表达的可不是褒义。换言之,他认为,与其他先进的欧洲人相比,希腊人跟中东人差不多。德斯坦接着对施密特说:“我记得,1981年接纳希腊加入欧共体前,你曾表示过疑虑。你比我明智。”

其实,自希腊独立以来,这两种关于希腊是否具有“欧洲属性”的极端看法就已经明显存在了。希腊革命期间,对希腊推崇备至的欧洲文化名人们慷慨解囊,并促使本国政府提供军事支援,帮助希腊赢得了胜利。(所以,人们不应该只是问:没有希腊,哪里来的欧洲?也应该问一下:如果没有欧洲,哪里来的希腊?)英国、法国和俄国最终都支持了希腊的独立运动,并且向新生的希腊政府提供了担保贷款(后来,希腊政府债务违约)。英国浪漫主义诗人为希腊提供了精神支持。在希腊革命爆发的1821年,雪莱在《古希腊》里写道:

又一个雅典即将崛起,
留传给遥远的时代,
正如落日,

把灿烂的光芒留给天空；

离开吧，如果生活不能如此光明，

大地所能索取的一切，或许就是上天所能赐予的一切。

与此同时，欧洲人经常失望于现代希腊人根本无法配得上其先人的辉煌。即便是雪莱本人，也对自己设想的“又一个雅典即将崛起”表示怀疑。在希腊革命期间，雪莱和一位名叫屈雷劳尼的朋友来到意大利的一个港口，登上一艘希腊商船看望船员。根据屈雷劳尼后来的记录，他们二人当时很失望。“他们像野蛮人一样三五成群地蹲坐在甲板上，大声喧哗，行为散漫，抽着烟，吃喝赌博。”屈雷劳尼这样写道。他也注意到，船长担心自己的生意会受到影响，因此并不支持希腊革命。

“雪莱，你就是由此感受到希腊之灵的吗（Does this realize your idea of Hellenism, Shelley）？”

“不！我感受到的是地狱之火（No! But it does of Hell），”雪莱说，“快离开这里！这群人的身体里没有一滴古希腊人的血液，他们无法重新点燃希腊的薪火。”雪莱接着说：“我宁愿自己从未抱有过任何希望和幻想，那样的话现在就不会被现实所嘲笑。”

同样，长期以来，希腊人对自我形象的认知也并不坚定。赢得国家独立后，以农民为主的希腊人对自身历史的认识和自豪感不足，达不到英国浪漫主义诗人的层次，他们也从来没有读过柏拉图或者欧里庇得斯的著作。虽然其他国家的人认为希腊是启蒙思想的发源地,但是希腊人自己则更认同基督教教义。尽管希腊政府成功激起了民众的历史自豪感,但人们的负担感也随之而来。希腊人总是拿自己和祖先遥不可及的辉煌做对比,从而感受到巨大的自卑和压力。正如一句希腊俗语所说:"我们把光明带给世界,自己却留在黑暗里。"然而,每当提及自己国家拥有的丰富遗产,希腊人便会自视为高人一等。"我们创造文明的时候,他们还没有走出山洞呢!"我经常听到希腊人这么评价北欧人,他们认为欧洲人应该感激希腊,因为是希腊人把他们带出了山洞,引向了光明。当这种自我认知中的高大形象与负债的现实产生矛盾时,希腊人便不得不陷于悲情之中。毕竟在他们心中,全欧洲都欠着希腊呢。

如今,这些曾经住在山洞里的人正在公开讨论应不应该像截肢一样把希腊这条"坏腿"从欧元区里截掉。希腊最大的债权国、欧洲最大的经济体——德国——对于是否帮助希腊一直犹豫不决,这种态度放大了市场对希腊和欧元危机的恐惧。虽然欧元区的其他几个国家——爱尔兰、西班牙、葡萄牙和塞浦路斯——也都需要救助,但是德国人对希腊尤为鄙视。这不仅是因为希腊需要的钱比其他国家需要的总和还要多,也因为其他国家是为救助本国不负责任的银行而陷入危机,而希腊的银行在政府本身陷入财政危机之前一直运转良好。德国人认为,政府不知节制,要比银行和公民不知节制更加不可原谅。在欧共体其他成员看来,希腊政府的失职背离了欧洲一体化进程。

2012 年 2 月,时任美国财政部长的蒂莫西·盖特纳与一些欧洲国家的财长共进晚餐。《金融时报》获取的一份关于此次晚餐的采访稿中提到，盖特纳最后是这样总结这些欧洲国家财长对希腊的态度的："我们要给希腊人一个教训！他们真是太不像话了，竟然欺骗我们！他们借钱挥霍，破坏大局，我们要好好教训一下他们！"盖特纳接着说，他们"显然非常愤怒"。

对希腊政府最初的救助计划是带有惩罚性的——换句话说，这是抒发愤怒情绪的方式——使德国选民打消了对援助希腊的疑虑。为了避免道德风险，德国总理默克尔向选民强调了救助协议的严厉性，保证希腊人会受到足够的惩戒。第一次救助希腊后，默克尔在接受德国《星期日图片报》的采访时说，其他欧元区国家"也会竭力抵制此类救助协议"。同样，希腊人也采取了很多办法抵制这个协议。大家可以想象，当一家公司宣布减薪裁员的计划后，办公室里的气氛会有多么沉重。在希腊，这种气氛弥漫全国。作为此次救助计划的交换条件，希腊承诺进行大规模财政紧缩。就在希腊议会对关于接受救助的法案进行投票之前，希腊工会呼吁举行大罢工，大量抗议者聚集到了议会大厦前。很多议员上任以来的政策都是给民众发放福利，现在却要收回福利。这下子，议会大厦外面的抗议者们可不答应了，他们甚至一度试图冲击议会。议会大厦前，身穿具有革命时期特色服装的仪仗队原本在无名烈士纪念碑前站岗，然而抗议者们的暴动和防暴警察施放的催泪瓦斯，逼得他们不得不离开岗位。议会大厦附近的一家银行被纵火点燃，造成 3 名员工死亡，其中包括一名孕妇。这仅仅是罢工和示威的开始，在接下来的 4 年里，希腊各地总共发生了 2 万多场抗议和集会。

很多参与抗议的希腊人都明白，希腊历史上不乏被外国人控制的先例。以 1893 年为例，当时由于希腊主要的出口商品醋栗价格暴跌，并且面临着与今天同样的问题——税收不足、过高的国防开支和低效的公共管理——希腊债务违约。持有希腊债券的欧洲债主们——特别是德国——主张对希腊财政实行国际管制，以确保其能够偿还剩余债务。为达到这一目的，几年后，正当希腊在战争中败给了奥斯曼帝国、处于国力虚弱之际，一个名叫“国际金融委员会”的机构在希腊成立了。这个委员会在第二次世界大战前一直掌管希腊财政，向希腊征收印花税和烟草税，设立高额关税，并从国营的火柴厂、卷烟纸厂和盐厂中提取收益。这个委员会虽然带来了一些积极影响——比如在它的治理下，希腊建立了债务信用，可以增加公共债务——但是，希腊人对外国统治者依然深恶痛绝。

这一次，希腊人觉得自己的国家再度落入外国财政监管者的手里了。与希腊人的悲观情绪不同，新的财政监管者做出了一系列乐观预期，他们认为，如果能够落实第一个救助计划中要求的结构化改革和工资削减，就足以修正经济繁荣时期的无节制铺张，并在短期内提振希腊的经济竞争力。“三驾马车”预计，这些举措到 2012 年就能收到成效，希腊经济将恢复增长，若能够重启市场借贷，失业率将不会超过 15%。虽然国家债务高到了危险的境地，但是希腊将有能力偿清。欧盟委员会的一份报告指出，希腊人要“通过逆境的考验”才能实现目标。之所以这么说，主要是考虑到希腊需要在经济萎缩期间削减开支。然而，实际情况要比预期严重得多。事实证明，“三驾马车”的预期过于乐观、不切实际。很多经济学家认为，当经济衰退时，削减政府开支、减少民众收入、提高税收等措施都将加重希腊的衰退，“三驾马车”无疑低估了这样做的后果。后来，国际货币基金组织承认自己确实犯了一些错误。

在很多希腊人看来，经济严重衰退和失业率骤增，都证明第一个救助计划没有起作用。因此，2011 年，当欧洲和国际货币基金组织的领导人经过深夜谈判达成第二个救助计划时，希腊人已经不愿意接受了。此时担任希腊总理的是泛希社运党创始人安德烈斯·帕潘德里欧的儿子乔治·帕潘德里欧，他想要通过全民公投来使新的救助协议合法化。这个消息发布之后，欧洲其他各国的领导人怒不可遏：他们费尽苦心谈判达成的协议，竟然要由希腊选民的心情来决定能否实行。乔治出生于美国明尼苏达州，曾就读于艾姆赫斯特学院，说话略带美国口音，所以希腊人戏谑地称他为“小美国人”。他之前已经因接受第一次救助协议而大失民意，这一次，在国内和国际的广泛批评声中，他被迫宣布放弃公投，辞职下野。前欧洲央行副行长卢卡斯·帕帕季莫斯被推选为总理，他唯一的职责就是带领临时政府通过第二次救助协议。在一个冬日的晚上，为获得第二次救助，希腊议会通过了一揽子财政紧缩计划。当晚，雅典爆发了暴力示威，戴头罩的年轻人在市区四处纵火，使这座城市看起来像战场一样。在被称为“民主之母”的国度，民主的表现形式就是这样的。

2012年5月,希腊迎来了一次大选,这是第二次救助协议通过之后的首次议会大选。显然,之前的政治秩序正在瓦解,反对救助的政党力量呈上升态势。一些极左群体组成的极端左翼联盟(希腊激进左翼联盟)发誓将废除救助的谅解备忘录,借此机会赢得大量支持。他们声称希腊已经成了德国新自由主义政权的殖民地,他们要让德国为其在二战期间占领希腊的行为支付赔款,以此筹集资金。希腊的极右派选民更加极端,他们支持效仿纳粹党的金色黎明党——虽然他们并不承认自己是纳粹党。他们的活动范围已经不仅局限于雅典的落后社区,他们在大街上成群结队地追打深肤色的移民。金色黎明党的"希腊种族至上"主义赢得了很多希腊人的支持。

在这次议会选举中,希腊激进左翼联盟赢得的席位仅次于中右翼的新民主党,金色黎明党也进入了议院。由于没有任何一个政党获得的选票足以单独组阁,定于6月再次进行选举。而就在两次选举的间歇期间,希腊陷入混乱之中,一发不可收拾。希腊激进左翼联盟的年轻领导人曾是共产主义青年活跃分子,他们不爱戴领结,并威胁要拒绝履行希腊的债务责任。由于担心希腊激进左翼联盟会在第二轮选举中胜出,国际金融市场发生了剧烈震荡。希腊政府就"是否应该退出欧元区"进行公开讨论,"希腊退欧"(Grexit)成了高频词汇。由于担心银行的自动提款机很快就会吐出不值钱的德拉克马,希腊人一窝蜂地跑到银行去取钱。严重的银行挤兑和债务循环危害了经济复苏,导致希腊问题进一步恶化。

在后一轮选举中,新民主党抓住了那部分希望希腊继续留在欧元区的选民心理,把自己塑造成能留在欧元区的最安全选择,从而在选举中险胜一筹。根据多数党席位的特权,新民主党可以与前对手泛希社运党组成执政联盟。巧合的是,新任总理安东尼斯·萨马拉斯也曾在艾姆赫斯特学院就读,而且还和帕潘德里欧是室友。虽然萨马拉斯在作为反对党时期曾怒斥第一个救助协议,但上任后,他向欧洲领导人承诺会履行第二个救助协议。德国总理默克尔担心萨马拉斯下台,所以开始压制德国政府内对希腊的批评声音,并赞扬希腊为改革做出的努力。

希腊虽然暂时获救了,但是却陷入了漫长而痛苦的衰弱中。一位希腊酒店老板曾这样向我总结造成希腊窘境的原因:"首先,希腊自身有问题;其次,'三驾马车'也给希腊带来了麻烦。"我觉得这是审视希腊危机的绝佳视角。希腊使自己陷入了财政危机和经济崩溃,但是,欧洲和国际货币基金组织等债权方在应对希腊危机的过程中,也铸成了大错——当然,为了达成解决方案,欧洲和国际货币基金组织都面临复杂的挑战——先是在希腊危机伊始犹豫不决,后来又采取弄巧成拙的过度紧缩计划,这些无疑都加剧了希腊的困境。为了解决财政问题,希腊虽然采取了减支增税的措施,但是整体负债率依然持续攀升。虽然希腊曾从欧元区成员国身份中受惠颇多,但这一身份现在却成了制约希腊经济复苏的巨大障碍。由于不能自主调节货币政策,或者通过货币贬值来增强出口竞争力,希腊只能通过降薪来降低商品价格以促进出口，而出口的微量增长远远无法抵消降薪所导致的国内消费减少。与此同时，希腊的医疗改革也停滞不前。根据该谅解备忘录，希腊需要废除令政府负担沉重的法规，因为这些法规仅惠及有权势的利益群体。如果这些改革早就得以实行，希腊经济将更加开放、更具竞争力。

截至希腊人民纪念独立日之时，希腊经济在过去 6 年内已经缩水了 25%。受旅游业的拉动，希腊经济很快就能实现小幅增长，但是要抵消经济萧条所造成的破坏，使经济能够持续强劲增长，看起来似乎依然遥不可及。由于失业率在 28%的峰值附近徘徊，希腊已经成了一个令人看不到未来的国家，大量求职者涌向国外。希腊报纸上充斥着儿童在学校饿晕的报道。雅典城区和教区的部分街道上的商店被人洗劫一空，教堂和市政府的食品救助站前排起了长队。冬天，雅典的上空飘起有害的烟柱——人们为了节省高昂的燃油费，又开始使用木柴供暖。与此同时，政府债务占 GDP 的比重已经达到 176%的峰值。然而，政府收到的大部分救助资金不是用来偿还旧债，就是用来充实银行的现金储备，只有极少一部分是直接用来维持国家运转。救助计划保住了欧元，却令希腊这个国家摇摇欲坠。

为了求得自身生存，由保守派领导的政府试图强调积极的消息：除了小幅的经济增长外，希腊还获得了小部分“基本财政盈余”，也就是说，希腊除了能够偿还国债利息外，还能支付其他开支。这就意味着，令希腊陷入经济危机的严重赤字状况已经得到了大幅改善。此外，自接受救助以来，希腊首次亮相债券市场，并获得了基本上算是成功的融资。但是，希腊民众并没有从“债券融资”和“基本财政盈余”这些抽象概念中获得多少信心。政府的财政预算或许实现了大幅改善，但是希腊民众的财务状况却更加恶化了。

2015 年初，厌倦了经济不景气和谅解备忘录管制的希腊选民，彻底推翻了近几年来的政治秩序。危机时期组建的希腊议院四分五裂，希腊激进左翼联盟在提前举行的选举中大获全胜。新总理阿莱克斯·齐普拉斯上任后，立即表示要摆脱“三驾马车”的压迫，废除谅解备忘录，停止“紧缩的灾难”。齐普拉斯领导的新一届希腊政府声称，要寻求和政府债权方达成一项更有利于希腊的新协议——既要保证希腊留在欧元区，又要向希腊提供债务减免和财政空间，以使希腊恢复社会开支。

希腊人认为新政府此举重申了希腊的主权，但是欧元区领导人则视其为无理取闹、不负责任。特别是德国，执政党要求希腊履行现有的救助协议，质疑希腊政府不仅否认协议，而且竟然要求减免债务，让德国和其他欧洲国家的纳税人为自己买单。双方争执不下，关于希腊能否留在欧元区的争论再起，“希腊退欧”再次成为热词。虽然很多希腊人都为希腊激进左翼联盟叫板“三驾马车”的强硬立场叫好，但是焦虑的储户们却开始把欧元存款转移到国外，又一场银行挤兑一触即发。屋漏偏逢连夜雨，许多希腊纳税人都认为希腊激进左翼联盟会降低公民负担，所以停止纳税，导致新政府仅上任数周就陷入了还债和避免债务违约的漩涡之中。

在时间和资金双重压力的迫使下，希腊激进左翼联盟领导人不得不和前任一样，向债权方屈服。为了得到有限的妥协，希腊新政府同意将救助计划和修正过的谅解备忘录延长几个月时间。不过，新协议含糊其辞，给了希腊政府足够的空间掩饰自身妥协的事实。双方都可以利用这个喘息的机会对另一个更宏大的协议——实际上就是第三个救助计划——进行谈判。新一轮谈判就下一次金融救助的条款展开激辩，无论谈判结果如何，都会带来不可避免的经济和政治波动，这无疑将会进一步惩罚脆弱的希腊经济，促使希腊履行债务责任。在第一次救助之后，希腊在欧元区的地位似乎已经岌岌可危。但是，在希腊激进左翼联盟刚赢得大选时，很多希腊人都把这些忧虑抛到了脑后，觉得国家自主权已经回归——即使这种感觉不切实际、转瞬即逝。“希腊再也不是那个只知道唯唯诺诺地执行命令的服从者了”，齐普拉斯上台后，在议院发表的一次讲话中说道，“希腊也要发声，发出自己的声音。”对此，很多希腊人都表示赞同。在他们看来，希腊终于打破了债权方的枷锁，重获自由了。

2011 年，我第一次以记者身份来到希腊，抵达爱奥尼亚海上的扎金索斯岛。据称，该岛向当地成百上千名冒领补助的民众发放盲人津贴，我要就此为《华尔街日报》写一篇相关报道。接下来的几年里，我为了完成报道任务，多次重返希腊。我对希腊并不陌生，但是对我来说，这里毕竟是异国他乡，有时也会让我感到迷茫。这本书讲述了希腊的故事，也呈现出这里长期存在的、有着严重缺陷的政治秩序，您也可以从书中窥探到希腊可能出现的未来——这里有一些积极的变化，也有消极的发展，但前景依然不容乐观。本书标题引自 1964 年的影片《希腊人左巴》中左巴一角的台词，这部影片改编自尼科斯·卡赞扎基的同名小说。影片中性格豪迈的左巴成了人们心目中希腊人的典型形象，很多外国游客都想在希腊找到左巴的影子。在左巴看来，灾难不仅是需要哀悼的伤心事，同时也是值得拥抱的新开始。希腊历史悠久，经历过无数次令人哀叹的灾难，但即便如此，债务危机和由此引发的经济萧条，在很多希腊人的灾难列表上也是排名前列的。如今，希腊人承认，这场危机带来的一个重要好处就是：它把希腊长期存在的社会缺陷暴露无遗，使人们意识到，希腊需要从根本上进行政治改革。不过，希腊能否避免彻底的崩溃，从而转变成一个社会更加公正、经济更加自足的国家，还需要我们拭目以待。

第一章　盲人岛
Island of the Blind

我渴望拥有财富，但不会取不义之财；

不是不报，时候未到。

——梭伦

在扎金索斯岛[1]主港旁边的一个广场上，索洛莫斯的雕像屹然矗立着，眺望着蔚蓝的海洋。18 世纪末出生在这座岛上的索洛莫斯，常被人们称为希腊的国家诗人。他的名作《自由颂》的前两节还被写入了希腊的国歌，其中一句写道："希腊人的圣骨已复活，并且如以前一样勇敢，自由万岁，万万岁。"这些诗句创作于 1823 年，当时希腊正处于革命时期，希腊知识分子们从祖国两千多年的历史中寻求精神纽带，想要把新的国家凝聚在

① the island of Zakynthos

一起。索洛莫斯因为诗歌创作而备受推崇。广场上,他的雕像右手向外伸展,像是正在发表演说,尽管他本人可能并不擅长公开演讲。他是个完美主义者,经常反复修改自己的诗作,《自由颂》是他最终完成的为数不多的诗歌之一。

2011 年 12 月的一个下午,我来到索洛莫斯雕像前瞻仰。就在不久前,欧洲领导人和国际货币基金组织刚向希腊提供了第二次救助。作为交换,他们要求希腊政府对自身的治国方针进行彻底的改革。希腊政府急于表明自己接受改革计划的决心,于是立即采取行动,铲除了一些明显的腐败现象,并成功赢得了国际媒体的关注。这段时间里,欧洲和美国报纸的读者开始认识了一些诸如“小信封”(fakelaki)之类的希腊词汇。在希腊人的俚语里,“小信封”指的是贿赂,它可以“润滑”政府机器,使它加速运转。在希腊,如果你扭伤了脚,需要到公立医院治疗,你只需要交一个小信封,就不用排长队等待了;如果你家里没电了,电力公司的员工会说他们明天再上门检查,但如果你给他们一个小信封,问题就能马上得到解决。第二个事例是我亲眼所见的,那家房主对我说:“如果不给他们点油水,什么事情都办不成。”外国人还学会了“好处”(rouspheti)这个词。它源于土耳其语,指代一种特殊的互惠利益。政客和选民之间,政府私自授予的恩惠和选民投给政客的选票之间通常都存在“好处”交换。在希腊加入欧盟或欧元区之前,“小信封”和“好处”就已深深植根于希腊人的生活中了。现在,随着债权方对希腊的密切审视,其他国家才开始认识这些词汇。我也是最近才学会这些词。我来到扎金索斯岛是为了报道传言中的一宗丑闻事件。这宗丑闻既涉及“小信封”，也涉及“好处”，在希腊和德国都引发了巨大的轰动和关注。我最先是在德国听到这宗丑闻的。

那天，我正在柏林出席一个晚宴，席间有人谈到了希腊。坐在我旁边的是一位在德国司法部工作的中年男士，他问我有没有听说过“盲人岛”。他告诉大家，他在一篇报道里面读到，扎金索斯岛上有很多希腊人为了骗取政府的残疾补助而自称盲人。显然，他和在座的其他人都觉得这种行为很滑稽，也很可恶。就是这种新闻报道让德国人犹豫是否应该为希腊马上要获得的一揽子救助贷款计划作担保，这笔贷款可不是小数目。可能是因为自己的祖上是希腊人吧，我坐在一旁越听越生气：这些可恶的德国人！雅典都着火了，他们还在这里挑希腊人的毛病！就在当时，希腊大幅削减工资、养老金和社会开支。尽管反对声音越来越强烈，但是希腊政府为了获得第一笔救助金，还要进一步削减这些支出。雅典爆发大规模抗议活动，希腊似乎陷入了混乱。在座的人可能是察觉到我对这个话题很敏感，所以转移了话题。等我回到家，就找来希腊和德国方面有关扎金索斯岛的报道读了读。希腊卫生部怀疑这起事件中可能有涉嫌欺诈的行为，所以正在就该岛的高失明率现象展开调查。在调查期间，大量正常人冒领残疾补助的丑闻成为希腊的一大话题，希腊媒体在报道中把残疾人补助称为“猴子补助”。

几天后，我给希腊卫生部打电话，接电话的是当时卫生部副部长的一位助理。我最初的想法只是报道一下这种丑闻是如何引发广泛关注的，并不想批评诚实的希腊民众怎么会变成这样。但是，通过跟这位副部长助理的交谈，我没有发现可以支持这个视角的论据。这位助理对我说，扎金索斯岛上一共有39 000位居民，上一年有将近700位居民——或者说占居民总数1.8%的人——都在领盲人补助。补助的内容是每两个月724欧元的生活津贴，以及水电费折扣优惠。根据2004年世界卫生组织发布的一份报告数据，该岛名义上的盲人比例相当于很多其他欧洲国家的9倍左右。"欺诈无处不在。"这位助理对我说。不仅仅是在扎金索斯岛，也不仅仅是冒充盲人，在希腊，几乎每个州都有各种各样的假冒残疾人现象。他接着说："有证据显示，在选举之前，残疾补助开支会大幅增加。"我问道："卫生部是不是计划将这些假冒的残疾人绳之以法？"他告诉我，目前主要是要遏制这种行为，而不会惩罚参与者。"如果要抓人的话，或许有大量希腊平民都要进监狱。"

挂断电话，我搭乘航班飞往雅典，乘坐汽车来到伯罗奔尼撒西海岸，登上前往扎金索斯岛的夜间轮渡。在船上，我在一个类似电影院观众席的地方，坐在带有杯托的靠背椅上，看着电视里正在报道的希腊议会大厦前的抗议示威活动，这段新闻我上午刚看过。新闻播报员说，根据"透明国际"的"全球清廉指数"排名，希腊名列欧洲最末，与秘鲁和摩洛哥的排名接近。船靠岸后，我搭乘出租车来到位于该岛人口中心的扎金索斯镇。在路上，我问司机有没有听说过"盲人丑闻"，他说他听说过。"而且这是件好事儿，”他补充道，“这意味着政府终于开始对这种腐败现象采取行动了。”然而当我下车时，他多收了我几欧元，并且给了我一张旧发票，发票上的数额跟我付给他的钱数差不多。我太累了，便懒于多说。

第二天早上，我被教堂的钟声和孩子们欢快的叫声吵醒。我走到阳台，一眼望去，阳光下的爱奥尼亚海就像明信片上的一样蔚蓝。昨晚我刚到的时候，夜空中没有月光，所以什么都没有看见。我望向楼下，酒店旁边的一所小学已经开学，孩子们在校园里来回奔跑。这时，一个穿着褪色牛仔裤的学校领导走过来，登上台阶。孩子们马上停止欢闹，在台阶前歪歪斜斜地排成了几列。领导双手交叉开始祷告，学生们则跟着做。虽然这是一所公立学校，但是在希腊还没有政教分离的概念。这个岛上有很多阿尔巴尼亚移民工人，阿尔巴尼亚孩子和穆斯林儿童一样，站在队列后面，没有跟着做祷告。其他孩子则抑扬顿挫地念起了祷语：“向我们的圣父祷告：哦，基督，我们的上帝，请发慈悲救赎我们吧！阿门！”最后，他们又加了一句“美好的一天！”就匆匆往教室走去。

我之前拿到了在“福利部门”工作的一位女士的姓名和电话号码。所谓福利部门就是当地的一个政府部门，名叫“公共卫生与社会团结总处”，盲人津贴就是由这个部门负责的。当我走进这个部门的办公室，我要找的玛利亚女士在她的办公桌前向我打了声招呼。她穿着及膝的皮靴，红色的头发在脑后扎得紧紧的。在这里，她属于比较年轻的工作人员，整个办公室只有她一个人开着电脑。虽然有人提出要通过购买电脑来实现该岛公共管理系统的现代化，但是似乎并没有人制定具体程序，也没有人要求老员工使用电脑。不知道是因为我的到来让玛利亚感到紧张，还是她故弄玄虚，我们交谈时，她把声音压得很低。她说，如果声音太大，办公室的人就会知道她是在帮助我。她点燃一支细香烟，平静地对我说："这么说，你是想了解盲人。"她表示愿意带我去马路对面见市长，市长可以给我提供更多的细节，还说道："你很幸运，今天市政府开门，昨天大家还都在罢工抗议减薪。"说着，她拿出一份工资条来给我看，上面显示，她这个月拿到了大约800欧元，据她说，这比以前少了几百欧。

斯泰利奥斯市长的办公室位于一座庞大的圆柱形大楼里，这座大楼有着威尼斯哥特式风格的拱顶，因为该岛曾被威尼斯统治了数个世纪。在1953年的地震中，岛上的老建筑基本都被摧毁了，现在的市政大楼是仿照原来的样子重建的。市长一眼就看到了我，他长着一只大鼻子，留着浓密的灰白胡子。他曾经与共产党有联系，但是一年前却在泛希社运党的支持下赢得了市长大选。他呷了一口咖啡，点燃香烟，朝椅子后面靠去，右手拨动着珠串——很多希腊男子都喜欢用珠串打发时间。我打开录音笔，还没提问，市长就开口说话了：在上任之前，他就预计将有大量的扎金索斯岛居民领取盲人补助，这项补助每年都会耗费政府几百万欧元。"大部分人都是冒领的，"他说，"我会亲自把他们送上地方法庭，让他们把骗走的钱都还回来。"市长接着说："这不是威胁，希腊的这种腐败现象不能再持续下去了。"

他表示，一切都要“在阳光下运行”，因为履行正义是一种责任。眼前的这位希腊政客义正词严，倒让我觉得有几分可疑。他特别指出，前任区长——中右翼新民主党的一分子——和地方眼科医生是这起诈骗事件的主谋。这个眼科医生，市长告诉我可以在医院找到他；至于前任区长，市长则说他“失踪了”。

后来的事实证明，市长的话是错的。那天下午的晚些时候，我找到了前任区长狄奥尼索斯·格斯帕罗斯。他是一名泌尿科医生，办公室就在附近的一座三层粉色楼房的底层，楼顶有露天阳台。格斯帕罗斯在区长任上工作了 12 年，直到 2010 年希腊精简地方治理体系，撤销了区级建制，他才卸任。我按响门铃，他出来开了门。格斯帕罗斯个子不高，一头浓密的灰白头发向后梳着。听完我的来意，他不耐烦地说：“我不会随便把一个人当成瞎子，那些都是眼科医生干的。”他说完停顿了一下，小心翼翼地朝四周张望，看是否有邻居听到。街上有几只狗叫了起来。他把我请进屋里。

他的办公室里堆满了文件，墙壁粉刷成黄色，挂满了各种医疗证书。室内冷冷清清的，可见最近没有多少人来看病。他说他很久以前就要求对盲人的实际数量进行调查，但是卫生部没有回应。“那帮人在玩政治游戏，”他说，“你就这么写。”我乖乖地往笔记本上写下“政治游戏”几个字。格斯帕罗斯负责签字批准发放盲人补助，但是他试图让我明白，他的签字只是个官僚程序罢了。在此之前，已经有人认证并确定受补助者是真正的盲人了。“医生！”他说，“责任全在他一个人身上。是医生把正常人认定成了瞎子,不是区长!"

"他们说您发放盲人补助是为了换取选票。"我说。

"一派胡言!"他厉声回应。

"他们还说,医生是收了钱才会认定那些人是盲人的。"我又说。

他顿了顿。

"他收钱?"这位前区长用平稳的语气说道,"那我怎么能知道呢? 我根本就不认识他。"格斯帕罗斯往椅子里靠了靠,摆弄起手上的珠串来,"有人抨击他,说他收钱?"他的语气就像是从没听说过这件事似的。如果真是这样,那他就是这座岛上唯一没有听说过这件事,或者对这件事毫无兴趣的人。

我听说,格斯帕罗斯有意参加下一次议会选举。出门前,我问他有没有这回事。"嗯,"他略带迟疑地回答,似乎在权衡要不要告诉我,"我正在考虑。"

希腊卫生部总部位于一座破旧的七层建筑里。在雅典,这片区域是妓女和瘾君子经常出没的地方。我探访扎金索斯岛时曾去过卫生部,它的入口处挂着横幅和涂鸦标语:**我们的钱,都让你们给吃了!!! 强盗,我们已经五个月没有领到工资了**。跟希腊的其他部门一样,卫生部的工作人员也经常罢工。这更加凸显了希腊在履行改革承诺时面临的巨大困难。欧洲的决策者们整天抱怨希腊人没有执行救助协议里的改革措施,可是希腊政府的公务员们却经常为了抗议而罢工，还在政府办公地点张贴抗议标语，这样的政府真的能推行改革吗？

我来这里是为了拜访卫生部副部长马库斯·波拉利斯（Markos Bolaris）。那天，他把我们的会面时间往后推迟了几次。我进入卫生部大楼时已是深夜，路上经过了一座希波克拉底[①]的半身雕像。卫生间里既没有厕纸和洗手液，也没有擦手的纸巾。整座大楼空荡荡的，只有副部长办公室里依然是一派繁忙的景象。在这个办公室里，我见到了之前通过电话的那个助理。他坐在笔记本电脑前，身穿黑色T恤衫和牛仔裤，脚上穿着一双匡威滑板鞋。他摘下厚框眼镜，擦擦脸上的汗水，用英语问道："抽烟吗？"我们一起走到阳台抽烟。"糟透了。"他看着楼下的大街说。他曾经在英国读过书，说起话来夹杂着希腊口音和英国口音，听起来像苏格兰人。"每个人都陷入了恐慌，每天都有人罢工，"他说，"不工作怎么能解决问题呢？"他说自己现在每天工作12到14个小时，每个月还赚不到1 000欧元，"就这样，他们还说希腊人懒惰！"他接着说，明天卫生部工作人员计划占领办公楼，封锁大楼入口，不让部长幕僚和任何人上班。

波拉利斯传话过来说，他准备好见我了。我走进他的办公室，看到大木桌后面坐着一位样貌富态的中年男子。他留着浓密的灰白胡子，身穿灰色西装，打着红色宽领带，身后的墙上挂着圣母玛利亚怀抱耶稣的金色画像。

---

① 希波克拉底（约前460年—前370年）为古希腊伯里克利时代的医师，被西方尊为"医学之父"，西方医学奠基人。

“残疾人欺诈的问题有多严重?”我问道。

“非常严重。”他回答说。波拉利斯喜欢用短句子,好像这样可以显得他的话更有分量似的。他说,现在希腊政府每年要在残疾补助上花费将近10亿欧元。在过去的数年间,数以亿计的补助款都流到冒领者的口袋里了。地方官员为了换取选票或者政治好处,明知这是欺诈,还是给予批准;医生为了拿回扣也妄加诊断。为了说明这一点,波拉利斯从桌上取来一个文件夹,给我浏览了几页文件。伊莱夫希纳是雅典附近一个衰败的工业区,这些文件显示,一位胸腔科医生把这个区的30个人诊断为颈部疼痛、背疼和抑郁——这些症状都跟肺没有任何关系。“胸腔科医生!”波拉利斯重复着这句话,并竖起一根食指。等到这些病人积累了足够的病历,就可以被认定为重度残疾,从而有资格领取每个月数百欧元的补助。而且,没有任何证据能够证明这位医生见过这些病人,他们之间只有诊断文件和金钱交易。“他们在开店做生意!”波拉利斯说,他指责医生们“批量制造残疾证明”。

他说,政府要想打击这种现象,首先要做的就是把领取残疾补助的人员录入计算机系统。“这样能帮助我们看出问题,比如某个镇的残疾人比例偏高,或者某个医生开出的残疾诊断书过多。”作为一个外人,我觉得现代的欧洲政府应该早就有这种计算机系统了。然而,希腊政府就是没有。其中的原因包括政治惰性或无能,但也不完全如此,还包括人为的不作为。很多联邦和地方的官员以及政府职员依然使用落后的记录方式,以此来逃避追责，保住受贿所得或其他好处。眼下迫于债权方的压力，希腊政府不得不开始改进记录方式，对政府支出进行审计。为了建立数据库，卫生部要求所有接受残疾补助的人到全国各地的办公地点进行登记，录入新系统，否则就取消他们的补助资格。

当然，因为大多数接受残疾补助的人都符合资格，所以这项规定也就意味着真正的残疾人——包括盲人——不得不到政府部门进行登记，除非有监护人员代为登记。这自然激怒了残疾人维权组织。他们认为残疾人受到了不公正待遇，被单独列为欺骗政府的群体。希腊电视台关于残疾补助欺诈的报道也无济于事。一家电视台就补助欺诈案进行了辩论，节目插播的画面中，一个盲人（或者扮演盲人的演员）拄着拐杖走在雅典的街道上。“在大众媒体上表演残疾人形象是完全不可接受的。”希腊国家残疾人联合会主席当时这样对我说。从这个角度来看，希腊政府的改革似乎显得有些荒唐，虽然面临紧迫的改革任务，却没能尽快实现转变。在看待希腊问题时，不能只着眼于希腊政府犹豫不决或无力进行改革，还应看到它试图推行改革时的表现。

最终，有大约 20 万名残疾人来到各地的政府部门进行登记，这个数字比实际领取残疾补助的人数少了 3.6 万人。在卫生部看来，那些没来登记的人都是在冒领补助。按照这个人数推算，每年被冒领的补助金额差不多有 1 亿欧元。这比波拉利斯最初给我估算的数字少很多，他有时候似乎被改革的热情冲昏了头脑。不过,这仍然是一笔不小的资金,特别是如果乘以年数来计算的话。这仅仅是希腊揭发更多欺诈行为的开端,政府的其他部门也开始效仿采用这种数据化统计模式,以追踪每年发放的其他 50 亿欧元福利的去向。那么,希腊每年确切的福利开支金额是多少呢? 劳工部的一位助理告诉我,没人知道准确的数字,因为福利资金的管理部门不止一个。看来,其中有可能存在更多的欺诈行为。

另一个问题领域是社保体系。希腊劳工部当时也在普查领取养老金的人数,以及这些人领取的养老金种类。在希腊,有一大堆资金不足的社保机构给不同类型的群体发放养老金(其中就包括一种不同于残疾补助的残疾人养老金)。劳工部官员发现,根据文件记录,希腊竟然有 8 500 个百岁以上的老人在领取养老金,这个数字高得令人质疑。如果数据属实,就证明希腊拥有百岁老人的比例高居世界前列。不过,希腊政府断定,其中有大量的养老金都发给了死人——希腊媒体称这些人为“退休鬼”。实际上,是这些人的家属没有向政府报告亲人的死讯。

第一次普查结束后,劳工部长在电视上宣布:共有 4 万份养老金遭到冒领。至于在希腊加入欧元区之后遭冒领的养老金有多少,政府官员们则莫衷一是。2014 年,劳工部长估计这个数额约为 50 亿欧元。当然,福利欺诈(虽然数额很大)并不是使希腊陷入金融危机的原因,但它暴露了更为广泛的浪费和腐败现象,以及普遍的政治裙带关系,希腊政府的钱袋子就这样被掏空了。

在扎金索斯岛，警方的初步调查结果显示：680 个正在领取或申请盲人补助的人当中，有 498 人不具备资格，其中 61 人甚至还持有驾驶证。据估计，因这部分残疾补助冒领而造成的政府损失每年达 900 万欧元。卫生部副部长波拉利斯发誓要收回这些被冒领的钱，不过这并不容易。

波拉利斯把这些冒领福利的人称为“贼”。在与他的谈话中，我问他为什么政府过了这么长时间才发现这些“贼”。他很自然地回答道：“希腊过去是一头肥牛，现在却骨瘦如柴。过去的人不在乎这些欺诈，但是对于今天的我们来讲，却必须在乎。”接着，他又向我解释希腊为什么会发生这种事情。他说，或许像我这样的人无法理解，因为我从未在一个曾受外国人统治的国家生活过。

“德米特利，”他用我希腊名字的中间名称呼我，“2012 年，我们要在马其顿的塞萨洛尼基庆祝我们获得自由 100 周年。”塞萨洛尼基是希腊的第二大港口，位于希腊北部；而他所说的自由是指摆脱奥斯曼帝国的统治。“在此之前，统治我们的是苏丹。只有那些聪明的、敢于反抗的人才会拒绝向苏丹纳税。……他们以这种方式反抗苏丹。这种做法在希腊北部地区和雅典延续了 400 多年，不是一下子就能消失的。”据我所知，很多人的看法都和波拉利斯一样。因为希腊人被外国统治了数百年，反政府情绪已经深入他们的血液。他们认为，政府是人民的敌人，如果你能欺骗政府，不仅能让自己发财，从某种意义上说，还能成为爱国英雄。我对这个观点不置可否。不过，在希腊流行着这样一种态度：忠于政府并不代表忠于民族。希腊人并不把民族等同于国家，他们眼中的民族具有种族和部落的内涵。相对国家来说，民族这个概念要广泛得多。希腊民族历经数千年生生不息，其辉煌程度和对人类的贡献无与伦比。哪个现代政府能有这么伟大？特别是希腊政府，希腊人早就意识到了它的失灵。所以对他们来说，欺骗政府并不等于欺骗民族。

接下来，波拉利斯谈到了希腊的首任总统爱奥尼斯·卡波季斯第亚斯。这位总统出生于爱奥尼斯海上的科孚岛，曾担任沙皇亚历山大一世的外交大臣。当时的希腊革命国民议会认为他在国际上人脉广泛，而且颇有威望，所以选举他担任国家元首。当时，爱奥尼斯正居住在瑞士的日内瓦。不过，当他于1928年回国后看到刚成立的希腊共和国的状况，以及政府所面临的艰巨任务时，一定大吃一惊了。他面对的是一个以农业为主的欠发达国家，多年来饱受战乱、疾病和贫困之苦，政府和基础设施的建设都需要从零开始。各个革命派别常常自相争斗，进一步加剧了国家建设的难度。爱奥尼斯制订了实现国家现代化的计划，却没有机会去实施它。他回国仅仅几年后，就因得罪有权势的伯罗奔尼撒家族成员而被枪杀了。“砰，砰！”波拉利斯边说边比画着。

我不清楚这位副部长为什么要跟我讲这段历史，除了想说明当时的希腊是多么难以治理，或者现在仍然难以治理之外，他还想说明什么呢？“接着，野蛮人就从德国来了。那就是奥托。”他所说的奥托是希腊的第一位国王。他是巴伐利亚的一位王子,17 岁就登上了王位。英国、法国和俄罗斯在伯罗奔尼撒南端的纳瓦里诺海战中取得决定性胜利,击败了奥斯曼帝国,帮助希腊赢得了独立,然后这几个国家商定由奥托出任希腊国王。为了在希腊建立一个新的国家,并在雅典建造新都城,奥托上任的时候带来了一个庞大的随行团,其中甚至包括他的糖果师。当时的雅典城破败不堪,奥托请来一位保加利亚建筑师为他设计了一座宫殿。这座新自由主义风格的简约建筑就是现在的希腊国家议会大厦。

波拉利斯身为部级官员,竟然随口就说德国人是野蛮人,这着实令我有些吃惊。但是后来我发现,在希腊,这种现象非常普遍。“他带着德国士兵和德国法官,要来我们这里建立政府,”波拉利斯接着说,“但是底层的希腊人民会说:‘天呐! 这里可是希腊,但当官的竟然都是德国人!’所以我们不向德国人交税也没什么关系! 你明白吗?”他说,“我们抗税就是为了抵抗外国人。”

* * *

一天上午,当我从扎金索斯岛上的某个政府部门出来时,一位了解到我来意的时髦女士向我走来。“我奶奶以前领过这种补助,”她说,“不过补助现在被取消了,她很生气。或许她想跟你谈谈。”对我来说这简直是喜从天降。我一直想在岛上找一个曾冒领盲人补助的人聊聊,但是没有人愿意。在这里,告密似乎比承认诈骗还要严重。这位女士生活富裕,工作优越。她对我说,她奶奶是花了 1 500 欧元从医生那里买的诊断证明。她让我不要透露她和她奶奶的身份。

第二天上午,我在市中心广场的一个露天咖啡厅见到了这位女士和她的丈夫。我们边喝咖啡边聊。我从聊天中发现,岛上的道德风气令他们感到压抑。在坊间传闻中,人们不单是怀疑有人冒领盲人补助,还有人指控前任市长阿基斯·萨普罗浦洛斯雇佣阿尔巴尼亚移民试图放火烧毁存放财务记录的市政大楼,警察在这个阿尔巴尼亚人纵火之前抓住了他,当时,他持有大量汽油和其他易燃物。据说,毁掉这些记录对萨普罗浦洛斯有利。市议会成员指控他在未经议会批准的情况下伪造文件,擅自从市政府债务中支取数百万欧元。如果存放记录的房子着火,就能毁掉财务异常的证据。萨普罗浦洛斯在担任市长之前是当地医院的一名整形外科医生,他最终被判定为蓄意纵火罪,判处有期徒刑 8 年。不过他后来提起上诉,之后被释放出狱,并于 56 岁时死于心脏病。地方媒体报道说,针对萨普罗浦洛斯的蓄意纵火和挪用公债两项指控都不成立,他死于无罪之身。一家当地媒体在报道他的死讯时写道:“一个人死了,针对他的审判也就此结束。”

他们夫妻二人抱怨完岛上的政客后,这位女士告诉我一个坏消息:她奶奶不想见我了。“她很尴尬,不敢跟别人谈这件事,因为她认识那位医生,”她说,“扎金索斯岛是个虚伪的地方。岛上的人不愿谈论这个问题,他们不想直面它。”我问她能不能再给她奶奶打个电话。拨通电话后,我接过电话,自我介绍说是德米特利。这个电话使对方改变了主意。一个带有当地口音的苍老声音说道:"如果有人对你说,要给你一份养老金,你能说不要吗?毕竟我是个体弱多病的穷老婆子。现在他们不但不给我发钱了,而且还想让我还钱,我去哪里找钱还给他们呢?"我提议见面谈谈,她说:"我的德米特利,随时欢迎你过来。"

我上了她孙女的车,立刻出发,来到一个被小山环绕的乡村,穿过橄榄园和两旁种着桉树的马路,最后停在一座平房前。门口迎来一位矮小的胖女人,她脚穿纯白运动鞋,身穿格子长袍,围着一条碎花围裙。我们走进院子,在过道里看到一幅扎金索斯岛圣徒狄奥尼修斯的神像。狄奥尼修斯是16世纪的一位大主教,他宽宏大量,甚至原谅了杀害自己兄弟的仇人,因而在当地备受敬仰。我们在餐桌旁落座,老人给我端来一杯希腊咖啡。没等我开口提问,她便打开了话匣子。

"如果你有教父,就可以接受洗礼,"她说,"如果你没有教父,那就不能接受洗礼。"我愣了一下,才明白她的言外之意。所谓受洗就是指获得好处,要想获得好处就得有钱。想让教父为你洗礼,有时候必须花钱。"利益交换不会消失,"她接着说,"你想要得到好处就需要花钱,"她认为,我作为记者应该明白这个道理,"如果他们给你钱,你就能把我写成18岁。"

"我从不撒谎。"我想捍卫自己的道德,但话一出口便察觉到自己的莽撞。

“如果他们对你说，‘这几百万都给你’，你就能把我写成16岁！”她立即反驳道。接着，她语气平和下来。“我的孩子，我是个老太太，你还是个孩子。你读过书，而我没有文化，但是我一直都明白一个道理：有钱能使鬼推磨。”她再次提高声调，拍着桌子，“就算耶稣被自己的门徒背叛，也全都是因为钱！”她看着我在笔记本上潦草地做着笔记，“没有什么人是诚实的，你妈妈不是，你的孩子也不是。但是我，没有人像我一样，我是个诚实的人。这一点你应该很清楚，我不喜欢撒谎。”

“可是，如果您是个诚实的人，”我说，“那怎么……”

“我是个诚实的人！”她拍着桌子说道，“我跟你说，我从来都是说到做到。我是个纯正的希腊人。我不是坏蛋！我不是泛希社运党。我不是魔鬼！”

“您为什么这么说呀？”我问道。我不知道她为什么会提到泛希社运党，这个政党当时正为签署了第一个救助协议而陷入苦苦挣扎。

“因为你在写东西，我只会这么说。我是个纯正的希腊人，这不会改变。你懂吗？”

虽然我不确定自己是否理解了这位老妇人的话，但是我确实很喜欢她。虽然她说话语无伦次，但是通过刚才关于洗礼的隐晦说法，她已经以自己的方式传达了她认为我想要了解的情况。虽然她不像其他寡妇一样穿黑衣服，但是她的言行举止都透露着正在消失的一代希腊妇女的特点。我问她为什么不穿黑衣服，她说她从来就没有喜欢过自己的丈夫。

我鼓起勇气,问她能不能看见我。

“我看得一清二楚。”她回答道,然后开始抱怨自己的眼病和其他病症,包括焦虑和抑郁,这些病症迫使她每天要吃十种药。虽然我不是专业医生,但是也怀疑这些药是不是剂量太大了。一些希腊医生因为收受药物供应商的贿赂,会给病人超量开出昂贵的药物。在我去扎金索斯岛的那一年,希腊的药费支出占 GDP 的比例远高于其他工业化国家。希腊最大的社保基金因为要支付大量的药费而损失惨重。这位老妇人说,她的焦虑症是因为遭遇一次持械抢劫后留下的创伤后遗症。虽然如此,她在给我讲起那次经历时却似乎非常开心。她很擅长讲故事,还使用了道具。在开始讲故事之前,她从桌前起身,走到抽屉边,取出一把 6 英寸长的弯刀。她走到我面前,把刀举到离我脖子两英尺远的地方。

“啊,您小心点!”我惊道。

“他害怕了吗?”老太太问自己的孙女。

“他害怕了。”

“你不会有事的,小伙子。”老太太稍微往后挪了挪,手里拿着刀,在我旁边坐下。她将那次遭遇娓娓道来,就好像我们在围着篝火夜谈一样。

“那天,我在屋里躺着,忽然看见门开了,一只黑手套伸了进来。接着我看见一个围着黑头巾的孩子拿着刀子走了进来。”

“就是这把刀吗?”我问。

“就是这把刀，我的刀，”她压低嗓门说，“那个人说：‘我要杀了你。’”

接着，她提高了音调：“我说：‘离我远点，明天再来杀我！’”

片刻沉寂后，老太太接着说：“那家伙让我闭嘴。”

她又恢复了平常的语调：“我刚才难道没有看到你进来吗？我说话了吗？你现在却拿着刀子顶着我，想要像宰羊一样杀了我！”

老太太轻声模仿那个劫匪的语调说道：“按我说的做，钱！把钱拿出来！”她接着说，后来，又进来两个蒙面人，其中一个人用头巾把她的头罩上了。

“我跟他们说：‘去死吧！’”

说到这里，老太太笑了。

“他们把我连着床垫一起抬了起来，我当时就笑出了声。他们说：‘你在笑吗？’‘不，我的孩子，’我说，‘我没笑。你们要干什么？我们是要一起去电影院看电影吗？这里只有我们几个人。’”

老太太说，劫匪拿走了她藏在床垫下面的800欧元和一枚金戒指，还抢走了她手上戴着的另一枚金戒指。他们还从冰箱里拿走了一只新宰的兔子和一块芝麻酥，并且警告她不许报警。

“我跟他们说，我不会报警的。为什么呢？因为我很同情他们，不想让警察抓住他们。我也是母亲，也有自己的孩子。我不想报警，我发誓。”

我想，这个老太太的胆量真不一般。恐怕没有多少人能跟劫匪交朋友,还能安抚劫匪。她接着说:“有一个劫匪摘下了头巾说:‘大婶,我们这就走。’我说:‘上帝保佑你们。上帝会帮助你们改邪归正,因为你们这样做会害死自己的。我的孩子,我同情你们,你们这么年轻,这么勇敢,为什么要干这个呢?’”据老太太讲,那些劫匪是瘾君子,骨瘦如柴,抢劫是为了买毒品。

虽然老太太是个具有伟大母性的人,但劫匪走后,她还是报了警。来的警察是个高个子,他对老太太说:“我跟您说什么好呢,大婶?我虽然是个男人,而且还是警察,但如果换成是我的话,当时恐怕会吓个半死。”

讲完故事后,老太太补充了一句:“上帝赐给了我力量,我什么都不怕。”

“那您是怎么拿回这把刀的呢?”我问这句话的时候,这把刀离我的动脉仍然很近。

“他们把它丢在外面的地上了。”

“请把刀放回抽屉里。”老太太的孙女说。

“如果再有人来抢劫的话,我就宰了他们。”老太太边说边走到抽屉前,把刀子甩了进去。“德米特利,”她接着说道,“如果我还年轻的话,我当时就拿着枪追出去了。”

老太太的孙女看起来有些疲倦,好像她已经不止一遍地听过这个故事了。我又问了老太太几个关于盲人补助的问题。她不肯明说自己在申请补助时有没有贿赂医生,但说了这样的话:“他几乎把扎金索斯岛上的人都写成了瞎子!连猫狗都不放过!”接着,她就开始抱怨自己的补助被取消了,“我生下来就是穷人，到死还是个穷光蛋。”虽然希腊农民的退休金不高，但是她过的生活还算可以，因此我不知道她的话是否可信。这个女人用母爱来欺骗劫匪，而且冒领盲人补助。所以说，她的话也不能全信。

接着，我们又讨论了一下希腊面临的“危机”，她是这样说的：“我们是希腊人吗？我们不是希腊人！我们都是混蛋！你看看人家德国人，他们没有像我们一样背叛自己的国家！他们支持自己的国家。而我们是叛徒！我们把自己的国家搞得一团糟。他们会占领希腊，战争将会爆发。”她给我们看了几张家庭成员的照片，其中的很多人都早已去世了。我们经过圣徒狄奥尼修斯的画像，走到阳光下，看到几只鸡在院子里转悠。我们闻了闻院子里的芹菜和薄荷的气息，然后跟老太太道别。当我们上车准备离开的时候，她对我说：“我就是这样一个人，我把能说的都告诉你了。”

* * *

次日上午，我来到公立医院拜访眼科医生。公立医院位于一座小山上，在这里可以俯瞰岛上房屋的红色屋顶。根据地方官员的说法，尼古拉奥斯·瓦兹利是这座岛上唯一一家公立医院里唯一的眼科医生。所以，如果有人要想申请盲人补助，就必须得有他开的医疗认定书。医院走廊挤满了病人，闷热得让人喘不过气。我敲响了眼科医生办公室的门，门半掩着，我看到医生正坐在椅子上。我表明了自己的记者身份,表示想跟他聊聊盲人的事情。他让我进门,我走到他的办公桌前,坐到他对面。他留着浓密的灰白八字胡,头发横梳着,以遮盖半秃的头顶。他穿着白大褂,手里拿着眼镜,紧张得有些发抖。我有点同情他。在希腊,肯定不止一个医生在造假,但是为什么偏偏他却成了全国的典型呢?

当然,根本问题还是在于,因为正义的缺失和法律的松弛,人们已经习惯于私相授受好处等违法行为,这样一来,整个社会就达成了某种平衡。直到危机爆发,这种平衡才被打破。如果你认为周围的人都在骗钱,而只有你被单独指出的话,你当然会感觉不公平。同样,即使你做了错事,但是如果被单独抓了出来,你也会感觉自己受到了不公正待遇。这种欺诈的指控与政治斗争联系在一起,情况就变得更加复杂了。人们不禁怀疑,这个岛上的左派市长在口口声声要“追求正义”、追查政治对手的丑闻时,心里有没有别的盘算。

我把录音笔放到桌上。

“我们开始了吗?”医生问道。

“嗯。”我回答。

没等我提问,他就主动讲了起来,好像在电视新闻节目上宣读声明稿一样。

“这个问题有两个根源,”他解释说,“第一个根源就是前任区长和现任市长之间的政治斗争,这两人都‘急不可耐’地想要竞选议员;第二个根源是来自‘三驾马车’的压力。据我所知,几年前,政府曾经根据‘三驾马车’的建议对全国范围内的福利补助进行审查。我说的不单是盲人补助,还有很多其他种类的补助,包括聋哑人补助、精神病补助,还有癌症补助等等。盲人补助只是其中之一。”

他终于谈到扎金索斯岛的盲人问题上来了。“在一些地区,这种病人很多,因为这是家族遗传病。比方说,在我们附近的一个村子——我不能告诉你村名——那里有一家五口:父母和三个子女。这五个人里面有三个人领取盲人补助,我们能因为这种情况就说他们是欺诈吗?”他说,这些人是因为失明才领取这种补助的,“他们一点光明都看不到。”

“可是岛上有700个盲人吗?”我问。

“没有,没有,没有,”他快速回答道,“跟希腊的其他地方比起来,我们这儿的盲人数量不是最多的。媒体上的报道百分之百都是出于政治斗争的需要。”

“你在这里面就没有扮演什么角色吗?”

“我跟你说,这件事是有流程的。我们拿到证明后就签字,各个委员会也会签字。不过,即使证明上面有100个签字,甚至1 000个签字,只要区长不签,申请的人就什么都领不到。”

“也就是说你也签了?”

“签字里面有我的名字。但是在我签完之后,它们要被送到卫生部,送到不同的委员会。我再重复一遍,最后决定申请人能否领到钱的是区长。只要区长不签字,即使有1 000个人都签字了,申请补助的残疾人也领不到一分钱。”

"有人说你收钱了,收了 1 000 或者……"

"绝对没有,"医生坚决否认自己收取贿赂、开具虚假盲人诊断书,"这纯粹是诽谤,绝对的诽谤。有些人没有肩膀可以依靠,甚至吃不上饭,对这些人我们可能稍微仁慈了一点。"这个说法很令人好奇,因为只有盲人才有资格申请这种补助,所以不存在提供仁慈的空间。"我们发了点慈悲,但都在法律允许范围之内,"他接着说道,"至于他们说的其他的话,不管是什么,都是诬陷和诽谤。扎金索斯岛很美,有很多美好的东西,但是现在这个地方到处都是流言蜚语。"

几个月后,随着卫生部长加大打击力度,希腊媒体争相报道这宗丑闻。希腊电视台新闻谈话节目的风格介于《与媒体见面》和《杰瑞·斯宾格秀》之间。这些谈话节目邀请了希腊政府卫生部副部长、扎金索斯岛市长和前任区长,以及很多评论家来讨论这宗丑闻。在一个收视率很高的节目中,扎金索斯岛市长说,岛上的一些居民,包括某些领取盲人补助的居民曾往他身上扔酸奶——而且扔得很准——以抗议他的改革。他说他把别人扔过来的酸奶当作"勋章和荣誉",并说"我不在乎政治上的得失"。他还说,岛上有个牧师也涉嫌骗取盲人补助。

"那他是怎么读《圣经》的呢?"节目中的一位嘉宾这样评论道。

节目主持人对于这宗丑闻表现得非常愤慨。

"'三驾马车'应该过来帮我们调查吗?"他对电视观众说,"这真让人感到害臊,简直令人忍无可忍。此刻我真想说:'我们这是怎么了？'这些外人要'对我们做什么'？"

电视名嘴和市长呼吁开展刑事调查，医生受到的批评最为尖锐。在接受我的采访过后几个月，那位医生便从医院辞职了。他在电话里对我说，他的辞职与盲人补助丑闻的"噪声"无关，"我之前就已经准备好要退休了。"

一天下午，我漫步在扎金索斯岛的市中心，穿过珠宝店、高级时装店和咖啡厅。我既没有看到倒闭关门的店铺，也感觉不到任何经济衰退的迹象。这座城市看起来依旧繁华。市政府可能早就破产了，但是老百姓的生活过得还算不错。路过市长办公室附近的宗教领导机构时，我决定进去看看是否能找人谈谈岛上的宗教情况。在大门口，一个身穿黑色长袍的男人询问我的来意。我告诉他，我正在写一篇关于"盲人补助"的文章。

我被带到主教帕纳格奥提斯·卡波蒂斯特利亚斯那里。这位主教身穿黑色长袍，留着灰色的络腮胡子。在他办公室的墙上挂着一幅耶稣画像：耶稣倒在十字架下，身体被两只长矛刺穿。我坐在主教对面，接过他递给我的一块伊斯坦布尔点心——他最近刚去伊斯坦布尔拜访了东正教的普世牧首(Ecumenical Patriarch)。就在我们讨论点心质量的时候，一位波兰妇女进来请求施舍。她说自己要养活三个孩子，但却找不到工作。她靠在夏天卸卡车挣钱，每天能挣 23 欧元。她补充说，卸卡车这种工作"是男人的工作"。

“我从来没有在教堂见过你。”主教说。

“我确实常去教堂。”她回答道。

“我给不了你太多。”主教说着，写了一张小纸条给这位妇女。纸条上写明了捐助的金额——50 欧元——她可以凭借这张纸条在另外一间办公室兑现。

“这些已经很多了，”这位波兰女人说，“这笔钱够我生活两三天的啦。”她躬身退出办公室，边走边说，“耶稣与你同在。”

我刚打开录音笔，主教就主动打开了话匣子，就像我采访的其他人一样。

“我们都知道，希腊正在经历一场危机。这场危机表面上看是经济和政治方面的危机，但归根结底是一场道德危机。”接着，他开始把道德问题归结到外国人，特别是外国游客身上。近年来，扎金索斯岛上的居民与外国背包客之间的关系越来越紧张，有些事件甚至造成了严重后果。主教说，旅游业是殖民主义，腐蚀了当地人的灵魂。他还说，扎金索斯岛的居民为了迎合游客，建造廉价酒店，成了“游客的奴隶”，“这就是危机的根源。”主教认为，要想摆脱危机，当地人就必须避开游客，重归真正的自我。

当时，关于希腊财政问题的起因究竟是什么，引起了希腊人广泛的讨论。希腊为什么会陷入困境？谁该为此负责？关于这些问题众说纷纭。在迅速崛起的极左派看来，希腊民众是无辜的，问题的始作俑者是注定失败的新自由主义政策。这些政策牺牲了公众利益，使大资本家获利。极右派却将这一切归咎于犹太银行家和抢走希腊人工作的移民。两大主流政党一开始相互指责，直到它们的支持率骤降，为了保住执政地位，最后不得不握手结盟。在很多人看来，问题的根源在于"三驾马车"；还有人把问题归咎于德国总理默克尔。很多希腊人都认为，希腊成了国际经济洗劫计划的一个靶子。不过，我倒是头一次听到有人把希腊经济命脉之一的旅游业（纵然有些游客行为不端）说成是国家财政问题的根源。

所有这些解释都有一个共同之处，那就是，希腊人总是把问题归咎于别人——通常是外国人。从某种程度上来说，这种倾向是可以理解的。作为一个小国，希腊曾长期受到外国人的摆布。即便在当下，希腊依然受到国外债主的压迫。对于很多希腊人而言，无论是主教还是其他人的解释都很有吸引力，因为他们想把造成自己国家衰落的责任推到别人身上。主教的话让我不禁怀疑：如果民众普遍的反省态度都是如此的话，希腊还能够改变自己的命运吗？在我告辞之前，主教拿出一本自己写的关于环保理论的书，签上名后送给了我。我打开书看了一下开头，序言中有这样一句话："不管我们愿不愿意，当面临共同的危险时，我们都要团结合作。"我收下礼物，对他表示感谢。

第二天是圣·尼古拉斯节，一早我就乘坐渡轮前往伯罗奔尼撒。劲风掀动着爱奥尼亚海的波浪，也吹动了碧蓝天空上棉花似的云朵。在市中心，东正教礼拜的声音透过圣·尼古拉斯教堂穹顶的扬声器流了出来，随风飘送。"现在，永远，直至世世代代。"牧师和其他教职人员吟诵道。城市里到处飘浮着背诵主祷文的声音,与户外咖啡厅的电子音乐声混为一体。咖啡厅里的顾客聚在暖灯旁,边抽烟,边品尝咖啡。这个节日是为了纪念圣·尼古拉斯,纪念他那"矢志不渝"的爱心。主广场上,市民们给路灯挂上白色的灯饰,就像装扮圣诞树一样。

* * *

离开扎金索斯岛后,我拜访了一家位于雅典的公立医院。卫生部长召集了扎金索斯岛上的400多名领取盲人补助的居民,让他们来这里接受视力测试。虽然扎金索斯岛距离雅典路途遥远,但政府不信任当地医生的诊断,要求岛上的居民必须长途跋涉到雅典来。在医院的候诊室里,我见到了帕纳吉奥迪斯·弗赞提斯。他是扎金索斯岛上的一个退休果农,身材瘦削,双腿微弓。在此之前,弗赞提斯从未领取过盲人补助,但在听说政府要给盲人进行视力测试后,他毅然决定带着女儿过来一趟。他说自己有眼疾,曾经两次申请盲人补助,却都没有成功。当时,他求眼科医生给自己做失明诊断,但是医生向他索要800欧元,而且要求分两次支付,弗赞提斯微薄的退休金根本支付不起这笔费用。"我当时要是有钱的话,就给他了。"弗赞提斯对我说。现在他来到雅典,想看看自己能否通过正常渠道获得盲人补助。

弗赞提斯说自己的右眼看不见东西,而且左眼也有问题。一位医生后来对我说,这个老农民的视力损伤程度还不够领取盲人补助的标准，要想领取补助，必须双眼几乎完全失明才行。其实，我之前也产生过怀疑，因为在医院的时候，弗赞提斯一边谈论危机，嘲弄“把一切都偷走”的政客，一边用他那浅蓝色的左眼打量着我。虽然弗赞提斯没有达到申请补助的标准，他的故事却让我对希腊的社保体系有了进一步的了解。社会保障无法被有效用于它该起作用的地方，反倒被很多政客滥用，成为他们行贿的赃款。弗赞提斯长途跋涉了几个小时来到雅典，就是因为他根本不相信自己不用花钱就能得到应得的补助。在格斯帕罗斯担任区长时期，有大量的补助发放给了可疑的盲人。当我向弗赞提斯提起这位前区长时，他笑了。

“那些人吃了那么多，也会给投自己票的人一些好处，”他对我说，“那个区长将来会成为主教的。”希腊人常用“吃”这个词来形容非法占用公款。弗赞提斯的意思是说，那些“吃”公款的人会分一些好处给选民。这个观点虽然没错，但是在希腊也不无争议。如果说人们对希腊财政问题的内部原因有什么共识的话，那就是“钱都被政客们吃了”。在跟希腊人谈论这场危机时，我经常会听到这种说法。但是，很少有人承认公民也“吃”了。关于希腊的钱是如何被消费掉的，一位政府高层给出了更为全面的说法。不过，公众对于他的说法认同度并不高。

2010年，时任希腊副总理的西奥多罗斯·潘格罗斯(Theodoros Pangalos)在议会发表讲话时，提到了希腊人经常向政府官员追问的那个问题：“你们是怎样吃掉国家的钱的?”潘格罗斯身躯肥硕，勉强能够挤进议会的座席。他在讲话中回答道:“我们都吃了,政治包庇主义、腐败和好处费已经腐蚀了政治的本义。”这句话——简称为“我们都吃了”——很快就不胫而走,成为概括债务危机的流行语。希腊人在说起这句话时常常带着嘲讽和愤怒,他们觉得是政客以及与其交好的权势阶层吃掉了国家的钱,至少比其他人吃得都多。然而,愤怒的人们没有考虑到,政客并不是存在于真空中的,他们会想方设法与选民一起挥霍,并借此保住选票。发生在扎金索斯岛上的丑闻虽然臭名昭著,但是大多数时候,这种政治上的私相授受更加普遍,也更加合法:比如,公务员工资和福利快速上涨;某些领域的退休金大幅提高;随意通过一些规定以保护处于垄断地位的卡特尔等等。因为是政客制定了这样一种体系,并从中大获其利,所以当他们——特别是像潘格罗斯这样长期担任泛希社运党高层的人——把选民也牵扯进来的时候,会让人感觉非常卑鄙。可以说,广大选民并不认为自己也对此负有责任。

弗赞提斯关于扎金索斯岛前区长和选民的看法不无道理。2012年5月,格斯帕罗斯赢得扎金索斯岛选区的选举,成为希腊议会的新民主党议员。选举的结果让人不得不怀疑,选民是否真的想要打破他们一直反对的政治现状?胜选当夜,格斯帕罗斯穿着西装,系着与希腊国旗颜色一样的蓝白色领带走上大街。他的支持者聚集到街上为他鼓掌,很多人还亲吻他的脸颊。格斯帕罗斯对人群发表讲话说,胜利属于想要在岛上改善生活的、有道德修养的市民们。“今晚不是属于我的,”他说,“而是属于扎金索斯岛人民,属于年轻人,属于希望,属于更加美好的明天。”

格斯帕罗斯是个不幸的人，因为他的成功是短暂的。全国议会选举无果而终，没有产生一个多数政党，出现悬浮议会①。虽然格斯帕罗斯在一个月后进行的第二次选举中得到的票数多于第一次，但还是不敌快速崛起的左翼政党候选人，最终屈居第二。新的胜利者是一个名叫斯塔夫罗斯·康托尼斯的中年律师。他说，这场选举打击了让扎金索斯岛蒙羞的腐败，并且证明了这种腐败并非缘于岛上的人民，而是缘于不良政客。

在选举中失利也意味着，格斯帕罗斯无法享受希腊宪法所赋予的议会豁免权。根据希腊报纸2014年底的报道，他被指控欺诈，眼科医生也因为制造虚假诊断证明而被指控，但是二人都坚称自己无罪。该岛骗取盲人补助的居民也将面临犯罪指控。在希腊，这种程度上的追责并不常见，这表明政府越来越希望改变。希腊的两大主要政党在过去数十年里建立起了根深蒂固的政治庇护主义。2012年的选举结果意味着，这两个政党通过结成执政联盟，仍将在未来几年把持议会。格斯帕罗斯败选当夜在电视上宣布，这次选举仍然值得庆贺。虽然他输了，但是他所在的政党将领导全国政府。他还宽慰自己的支持者说：“我不会离开政坛。”

---

① 悬浮议会（hung Parliament），是指没有一个党派赢得议会多数席位所组成的议会。

第二章　全民避税
Off the Books

正人君子永远斗不过卑鄙小人。

——特拉西马库斯,载柏拉图《理想国》

伊兹拉岛是爱琴海里高高凸起的一块贫瘠的"石头",位于伯罗奔尼撒东海岸的边缘地带。岛上有几千名居民,多数生活在伊兹拉城,城里的房子大多是用白色石头垒成的。伊兹拉城位于主港边的马蹄状坡地上,看起来就像是一座剧院。伊兹拉这个名字并非出自希腊神话中赫拉克勒斯猎杀的那只九头蛇"伊兹拉",而是源于古希腊语里的"水"——当地人说,岛上以前有很多泉水。可是到了今天,岛上已经基本没有淡水了,自来水管里流出的带有异味的水是用船运过来的。由于缺乏淡水和耕地,岛民大多以航海为生,小岛曾经凭借繁荣的海上贸易而兴旺一时。现在,岛上的旅游业十分发达。伊兹拉岛以北不远就是雅典，每年夏天，进出岛上港口的船只几乎都是来自雅典的摆渡船或者游艇。伊兹拉岛上没有汽车，这也成了吸引游客的原因之一：从渡轮上下来之后，游客们通常会碰到一群提供骑驴服务的人。岛上山路陡峭，驴子是常见的交通工具。总的来说，伊兹拉是个平静的地方，通常情况下不需要动用防暴警察来维持秩序。

可是在2012年夏天的一个晚上，便衣经济侦查警察的到访却在这个平静的岛上引发了一场骚乱。警察造访了一家名叫"渔船"的鱼馆，这是一家位于港口附近的百年老店。警察接到报告称这家餐厅发生了几起违法事件。原来，在世界大部分地区，餐厅只需在客人用餐结束后给客人开具一张收据。而在希腊，法律规定餐厅每给客人上一道菜就要在桌上留一张收据，以便政府获得餐厅的准确消费记录；如果餐厅没有记录，政府也比较容易发现。由于财政紧张，政府把餐饮税和其他购物税的税率提高到了23%，只有爱琴海上的岛屿可以享受部分优惠。很多商家经常逃税，他们认为，眼下经济形势不好，消费者手头越来越紧，他们逃税是为了给消费者提供更低价的商品。警察经过调查发现，渔船餐厅没有按照规定给几桌客人提供收据。这家餐厅的老板娘斯娃斯蒂·玛弗罗马蒂斯是个50多岁的妇女，身材结实，穿着带印花图案的衬衣。警察向她亮明身份，并宣布她因公然违法罪被逮捕了。玛弗罗马蒂斯说自己当时血压升高，浑身开始颤抖，并感觉眩晕。"我又没有杀人，"几个星期后，当她回忆起当时的情景时，这样对我说，"为什么要把我跟犯人关在一起呢?”警方勉强同意她去当地医院就医,但是逮捕了她的儿子伊利亚斯,他在这家餐厅做服务生。警方准备用渡轮把伊利亚斯带到大陆上去录取指纹,但是一些当地人却不同意。

历史上,因政府横征暴敛而引发的暴乱不胜枚举。此时,一场小型暴乱即将在伊兹拉上演。警察在鱼馆执法的事情在岛上传开后,群情激奋。有传言说,警察已经把伊利亚斯带到了渡轮上。谣言很快散播开来,七八十个愤怒的岛民冲到了港口,想要解救伊利亚斯。一些人登上渡轮,跟船员发生了争执,可最后发现伊利亚斯并不在船上。原来,警察听说聚众闹事的人越来越多,迫于压力,只得放弃把犯人运送出岛的计划,转为将他关押在岛上的警察局。港口管理部门表示,已经设法将愤怒的人群劝下了船。渡轮虽然得以离港,但出于安全考虑,摆渡公司在事态平息之前暂停了对该岛的服务。

夜幕降临,民众聚集到了当地警察局外。这是小巷里的一栋古朴的石头建筑,跟周围的建筑没什么两样。滞留在局里的警察把门窗都锁上,在房间里度过了漫长的一夜。外面的岛民切断了警察局的电源,开始往里面丢鞭炮和火把。“放了伊利亚斯!”人群呼喊着。黎明时分,来自大陆的防暴警察乘船——伊利亚斯称之为“军舰”——过来把他押送到了港口。聚集的人群与防暴警察发生了口头和肢体冲突,一位当地的博主在博客上写道:“他们开始在港口扔催泪瓦斯,整个港口弥漫着紧张而又略带几分嘲讽的气氛,我们岛还从来没有出现过这种情况。”

伊利亚斯在大陆录了指纹，很快就被释放回家。防暴警察也再次来到岛上，为负责调查经济犯罪的警察提供保护。要想真正开展调查，经济警察必须穿便衣，现在有防暴警察保护，他们心里究竟有怎样的想法，就不得而知了。警方在进行第二次调查时，被当地居民当成了取乐的对象。年轻人争相与防暴警察合影，颇有几分狂欢的意味。当地人对我说，警察回来后再没有发现违法事件，就好像这全都是他们的功劳似的。第二天，希腊媒体争相报道此事。当然，北欧媒体也进行了相关报道。在北欧民众眼中，这是希腊人狂放不羁的又一例证。很多岛民都为自己受到如此的关注而感到难为情。时任伊兹拉市长在办公室接受了我的采访，他的办公室墙上挂着很多维多利亚式的伊兹拉名人画像。他对我说："警察来到我们这个小岛不是什么好事。你是希腊人，你写的东西要反映我们国家的真实情况，不要破坏希腊的国际形象。"

希腊警方之所以加大征税力度，其中一方面原因是，广泛的政府活动需要满足债权人的核心要求：政府要多征税。在希腊，全民都深陷于偷税的恶习，偷税成风和政府长期不作为是导致希腊金融危机的最主要原因。如果有更多的希腊人交税，希腊的债务危机可能就不会发生（设想一下，虽然这可能不太切合实际，但是假如政府能够负责任地使用缴上来的税款，那么债务危机或许也是可以避免的）。但是，由于长期默许甚至鼓励逃税，政府现在不得不面对一个难题：要从哪里开始打击逃税呢？一个重要的逃税领域就是居民日常购物的消费税，比如餐饮方面的消费。在大多数地方,人们为了逃税而采用现金交易,并且不记账。结果导致餐饮方面的逃税现象在希腊极为普遍,随便一抓就是一大把,夏天发生在伊兹拉的风波就是明证。除了经济警察以外,财政部也对旅游景区的饭店和企业展开了调查。被调查的 4 000 多家企业中有一半违法,违法案例达 31 237 起。根据欧盟委员会 2014 年的一份报告显示,希腊每年因消费税征缴不力而导致的财政收入损失达 100 亿欧元,占其 GDP 的 5%以上。

虽然希腊加大了征税执法力度,但是随着经济进一步崩溃,偷税漏税现象变得更加严重。消费者手上的钱少了,就不得不减少消费,同时也不得不想方设法偷税。此外,民众之所以不愿缴税,还因为政府开始征收很多新税种,比如与电费绑定的高额房产税。如果纳税人不缴这种税,就可能会被断电。这些骤然增加的税种和飙升的税率极大地加重了民众的税负,与此同时,人们的收入却在大幅缩水。政府在此时加强执法,让很多希腊人觉得不公平,认为自己受到了压迫。在他们看来,政府把处理危机的责任强加到了人民身上,但那些真正的偷税大户——有钱有势的人,以及有政治背景的人——却能逍遥法外。

伊兹拉事件引发了一场激烈的争论:政府凭什么对小餐馆店主严苛执法,对富人却无动于衷呢?这一事件发生后不久,保守派领导下的希腊政府感到有必要为自己的行动做出辩护。“严重的偷税漏税问题困扰着希腊经济,使任何复苏的希望化为泡影,”政府发言人说,“不论是谁,也不论源头在哪里,我们都必须加大打击力度，并且要立即、彻底地铲除所有的偷税行为，”这位发言人说，“我们绝不容忍国家就此灭亡。”作为回应，极左派的反对党不断批评政府不作为、不愿意向与自己关系密切的富人和精英开刀。“你们给伊兹拉的那个小餐馆老板戴上了手铐，”左翼政党领袖齐普拉斯在议会上说，“政府会像对待她一样，给那些在外国银行账户里藏匿数十亿欧元的逃税大户戴上手铐吗？我们都在等着瞧。你们不会逮捕他们的，但是，我们会将他们绳之以法。”

关于伊兹拉事件的争论核心是一个非常关键的问题：现在的情形相当于政府手里有一张 3 000 亿欧元额度的信用卡，而且信用额度还在不断提高，但是谁来为政府还款呢？在伊兹拉，这个问题的答案基本上分为两派：一派是乘坐游艇来度假的富人游客，一派是以向游客提供服务为生的岛民。一天早上，我走进岛上的一家书店，想买一个笔记本，正好看到两个人在争论。这场争论很好地说明了两派的分歧。

“你认为发生在伊兹拉岛上的事情是件好事吗？”一位正在买报纸的 59 岁游客说。

“狗急了还咬人呢！”书店老板为曾发生的暴乱大声辩护道。他的脸色显然没有养尊处优的游客好。

这位游客的 T 恤衫正面印着“经济学”字样。他争辩说，如果很多小企业都偷税，那么加到一起就会成为“了不得的大问题”。他说自己经营一家企业，从国外进口汽车零部件，像他这样做大企业的人不能像杂货铺或饭店老板一样轻易逃税。“我在这里吃，在这里喝，如果自己不主动索要，根本没有人给我收据！”他冲书店老板喊了一句就走了，去租来的摩托艇上继续享受蔚蓝无云的纯净天空。

书店老板接着跟我聊了半个小时。他说，警察在萨马拉斯总理去德国会见德国总理期间跑来伊兹拉岛，这绝对不是巧合。“他想表现一下：‘我是个好孩子，我已经开始打击偷税漏税了。’”书店老板说，“他们还没有开始向偷税的大资本开刀呢！”希腊左派用“大资本”来形容富有的资本家精英，“根本没有正义可言。”我用零钱买了笔记本，老板给我开了一张收据。

那天傍晚，我来到处于争论中心的“渔船”餐厅。这家餐厅位于滨海路上，距离渡轮码头很近。那个时间，人们还没睡醒午觉，港口的餐厅大多空荡荡的。夜幕渐渐降临，但是高耸的峭壁依旧映着夕阳的光芒，很刺眼。斯娃斯蒂·玛弗罗马蒂斯正在店里烤沙丁鱼，服务生伊利亚斯是她的儿子，30来岁，留着小山羊胡，正坐在收款台清点拉链包里的零钱。我在靠门口的一张桌子边坐下，等他们忙完手头的事情。我用这段时间浏览了一下墙上的黑白照片，在其中一张照片上，年轻的玛弗罗马蒂斯穿着绣花裙子和白色鞋子，站在餐厅门口，开心地看着镜头；她帅气的爸爸在后面抱着她，脸上也露出开心的笑容。这家餐厅已经在他们家族延续了四代，虽然希腊经济不景气，但是小店的生意看起来还不错。希腊在过去几个月里一直动荡不安：一个月内举行了两场议会选举，发生了大规模抗议，并且由于民众担心希腊退出欧元区而导致银行挤兑……这些事件打击了国外游客到希腊旅游的热情,使得当年的希腊旅游业遭受重创。不过,伊兹拉岛依然接待了很多来自雅典和海外的忠实回头客。

伊利亚斯来到我的餐桌旁坐下,他说自己不明白警察为什么要说饭店有 11 次违规行为,餐厅当时只有三桌客人点餐,而且收据马上就会给客人送过来。“整件事情都很奇怪。”后来,伊利亚斯的母亲过来了,她说愿意为偶尔的疏忽上缴罚款,但是想逮捕她就太过分了。“发发慈悲吧!”她曾这样请求警察。就在我做笔记时,一位身穿粉色裙子的客人在我们身边停留了片刻。“只有这家店不偷!”她对我说了这样一句话就往卫生间走去。我知道她是说这家店从不偷税。

伊利亚斯说,那天晚上聚集起来保护他的人有一两百个。“他们都气坏了,”他说,“四分之三的家庭都断电了。”当然,我知道他夸大了因交不起房产税而被断电的居民数量。他说自己和母亲从早上一直工作到晚上。“政府就知道抓我们,却不对那些大老板动手。因为他们抓不了大老板,或者根本就不愿意抓。”

“所以他们就来找我们的麻烦。”他妈妈补充道。

在希腊接受首次救助时,一些关于希腊人瞒报游泳池数量的新闻见诸国内和国际报端。在希腊,与房子配套的游泳池是要交税的。随着希腊政府面临的征税压力越来越大,他们宣布要用卫星图像来确定雅典北部别墅区的泳池数量。此前,只有几百个希腊人上缴了泳池税,所以当这个消息传开后,很多没有交税的希腊人都开始慌忙遮挡泳池,油布一下子供不应求。根据政府的统计,整个希腊有将近 17 000 个泳池。经过调查之后,财政部官员向媒体透露,富人区的医生和律师虽然住着奢华的房子,可上报的收入却少得可怜,通常只有每年不足 12 000 欧元,低于当时的缴税基数。政府官员们表示:这一切必须就此结束。这代表了一种态度的转变。危机发生之前,政客们通常会鼓励税务员睁一只眼闭一只眼,以维护自己在选民中的形象;但是如今,这些政客开始展现自己强硬的一面。只不过他们能否实现实质性的改变,依然是由希腊官僚机构的能力决定的。希腊的官僚机构更倾向于和偷税者同流合污,而不是对其进行打击。所以,改变现状并非易事。

财政部聘请了一位计算机科学教授来开发软件以甄别偷税行为——这是为打击偷税漏税而采取的公开行动。2011 年,这位教授觉得自己的努力都是白费力气,所以提出辞职。教授说:"高级税务官员根本就不愿意使用我采集的信息。"他还说,税务官通常采用"4-4-2 协议"处理偷税漏税:如果发现某人偷税 100 欧元的话,那么这笔钱就会被分成三份——国家得到的那部分会比较少——四成归纳税人,四成归税务员,剩下的两成象征性地上缴国库。这暴露出了一个严重的问题:控制偷税漏税是一项繁重的任务,但是政府里严重缺乏正直的审计人员。

希腊人对这种长期存在的现象心知肚明。由于偷税行为是如此的司空见惯,以至于希腊的银行根本不用个人所得税申报表作为判定客户真实收入的依据。所以,在确定是否可以发放车贷或者房贷时,各家银行会使用一个“调整性公式”,依据一些与收入证明没有直接关系的数据来判定客户的真实收入。三位学者——弗吉尼亚理工大学的尼科拉斯·阿塔瓦尼斯(Nikolaos Artavanis),芝加哥大学的阿戴尔·摩尔斯(Adair Morse)与玛格丽塔·楚特乌拉(Margarita Tsoutsoura)——利用这些公式对一家匿名的大型希腊银行提供的数万份信贷申请数据进行评估后发现,希腊主要的偷税者是自主就业的高收入人群。虽然世界各地的自主就业人员都存在低报收入的情况,但三位学者发现,在希腊,这种情况尤为严重。比如,他们通过分析得出结论,2003 年至 2010 年期间,医生、律师、会计和住宿餐饮从业人员每个月的还贷额超出了他们上报的收入总额。在其他国家,没有一家银行愿意贷款给那些还贷额超过收入的人,更不用说是整个行业人群了。但是希腊的银行就敢这么做,因为它们知道,收入报告里面的数字并不能反映客户的真实收入。自主就业人群的高偷税率令希腊财政官员头疼,因为大约三分之一的希腊人都是自主就业的。这一比例高居欧盟国家之首,约相当于全欧盟平均水平的两倍。据这项研究的几位学者保守估计,2009 年,希腊的自主就业人群大约瞒报了 280 亿欧元的应缴税收入。这一年,希腊政府的财政情况发生了严重困难,政府损失的财政收入约达到当年财政预算的三分之一。

参与希腊救助计划的德国、荷兰和芬兰等欧元区国家的民众本来就对救助希腊持保留态度,当他们读到希腊到处都是泳池、希腊人均保时捷汽车拥有量非常高，以及希腊航运大亨享受宪法赋予的免税权这类报道时，心里就更加不安了。德国公共电视台播出了一部名为《希腊谎言》的纪录片，该片反映了德国民众的普遍情绪：既然希腊人都不愿意借钱给自己的政府，德国人为什么要借钱给希腊政府呢？在影片中，播音员用略带威胁的戏剧化口音介绍了一位被称作"大亨"的希腊船长。镜头中出现了一位看起来养尊处优的富人，穿着天蓝色运动夹克，望着自己的游艇。这位大亨说，不应该向管理混乱的腐败政府交税。"你会交税给阿尔·卡彭[①]吗?"

除了《希腊谎言》之外，德国《明镜周刊》也发表了一篇类似的封面文章《贫穷的谎言：欧洲的危机国家是如何隐藏财富的》。这篇文章的灵感源自欧洲央行的一份调查报告，这份报告显示，希腊——以及同样接受救助的塞浦路斯和西班牙——公民的家庭财产水平要高于德国。报告还显示，虽然希腊政府破产了，但是希腊人并没有破产。与之相反，在德国，虽然民众生活拮据，但是政府却比较富裕。希腊中等收入家庭的数量是德国的两倍，主要是因为希腊人一般都拥有房产，且通常不止一处。这项调查所使用的数据主要是欧洲债务危机爆发之前的数据，所以很多希腊评论员都表示，引用这些数据旨在误导民众，或是为了宣传噱头。但德国选民们依然感觉自己上当了。德国总理默克尔或许意识到了这种情绪可能引发的政治后果，所以

① 阿尔·卡彭(Al Capone)，20世纪二三十年代美国芝加哥地区的黑手党头目。

对德国《图片报》表示,这一调查结果“不符合事实”,因为它没有提到德国的高养老金和海外资产。实际上,默克尔的话也有几分道理,德国人愿意把更多的钱交给国家,是因为他们相信自己会得到更多的福利和更好的服务。但是,有一点她没有说明,那就是很多希腊人虽然不愿意把钱交给国家,却能够享受与他们贡献水平不相符的高水平福利。

“三驾马车”想让更多富裕的希腊家庭吐出一些隐藏的财富,提高房产税就是让他们出血的方法之一。国际货币基金组织是希腊的债权方之一。在伊兹拉事件发生前几个月,该组织的总裁克里斯蒂娜·拉加德接受了英国《卫报》的采访。采访中,拉加德对希腊政府的财政紧缩政策没有流露出丝毫的同情,并表示将密切关注希腊的偷税问题。记者问拉加德是否忽视了缩减财政开支可能造成的后果:“妇女在分娩时可能找不起产科医生,病人可能因为买不起药而得不到救治,老人可能因为缺乏看护而死亡。”拉加德回应说:“不,我想得更多的是尼日尔乡村学校里的儿童,他们每天只能上两个小时的课,而且不得不三个人共用一张椅子。他们是如此渴望受到教育,他们的样子一直萦绕在我的脑海里。我觉得,他们比雅典人更需要帮助,”拉加德接着说,“至于雅典问题,我还想到了那些一直企图逃税的人,希腊所有企图逃税的人。”这些话可能太不考虑希腊人的感受了,所以拉加德的“脸书”页面出现了数千条愤怒的跟帖。拉加德试着挽回局面,在脸书上发消息称自己“对希腊人民和他们所面临的挑战深表同情”。不过,她同时再次强调说:希腊人，特别是最富有的希腊人应该纳税。当时，希腊选战正酣，很多希腊政客都公开谴责拉加德，指责她刻板地看待希腊人并侮辱希腊人民。针对拉加德的指责，齐普拉斯回应说："希腊工人是交税的，这不可抵赖。"接着，他便开始抨击政府不向"大资本"开刀。

伊兹拉事件过去几个月后，一个名叫科斯塔斯·瓦克斯瓦纳斯的调查记者公布了一份包含约 2 000 名希腊人的名单，称这些人在汇丰银行日内瓦分行持有账户。这份名单证实了在民众中广为流传的说法，那就是政府的征税行动不针对有权有势的人。名单中出现了许多大人物的名字，其中不乏内阁前任和现任部长的亲属们。这份名单以克里斯蒂娜·拉加德命名，被称为"拉加德名单"。几年前，在拉加德担任法国财政部长时，法国政府获得了一份包括数千名在瑞士银行持有秘密账户的欧洲人的名单。法国政府根据这份名单对国内的偷税漏税行为展开调查，并将相关信息透露给了其他欧洲国家，以便各国开展相应的调查。2010 年，法国政府把一张刻有名单中希腊人信息的 CD 转交给拉加德的同事吉奥古斯·帕帕康斯唐迪诺（Giorgos Papaconstantinou）。这位看起来非常年轻的泛希社运党政客当时任希腊财政部长，他表示，问题账户中的存款约有 200 亿欧元。人们觉得这份名单给对了人，他可能会据此展开调查。但是，两年过去了，当瓦克斯瓦纳斯公布这份名单时，希腊政府仍然没有开展任何调查。帕帕康斯唐迪诺后来表示，原始的 CD 被不小心弄丢了，不过还有一个备份。后来经调查发现，备份材料里面有三个人的名字被删除了，而他们正是帕帕康斯唐迪诺的侄子和另外两个亲戚。在这之后，帕帕康斯唐迪诺被指控篡改名单。希腊议院通过投票表决，剥夺其作为前任部长所享有的豁免权。特别法庭判决帕帕康斯唐迪诺篡改文件的罪名成立，并判处他一年有期徒刑，缓期一年执行，但同时判决他欺诈罪名不成立。在审判过程中，帕帕康斯唐迪诺坚称自己是清白的，否认曾篡改名单，并表示自己是被陷害的。在议会的一次讲话上，他说自己是整个国家不幸的替罪羊，因为他在债务危机初期担任财政部长期间，承担了签署首个救助计划的职责，而当时有很多人都反对这个计划。

希腊政府并没有对名单上的人员迅速展开调查，反而立即开始对在杂志上发表名单的记者瓦克斯瓦纳斯进行审判。杂志一上架，长久以来被希腊政府视为眼中钉的瓦克斯瓦纳斯就立刻被逮捕，并以违反个人信息保护法为名遭到起诉，法院很快就开庭审理此案。瓦克斯瓦纳斯被判无罪释放，不过，一名检察官认为判决有误，要求重新审判。一年后，瓦克斯瓦纳斯再次被判无罪，与此同时，针对"拉加德名单"中人员的调查仍然毫无进展。被逮捕后，瓦克斯瓦纳斯在《卫报》上写道："在古希腊神话里，正义的化身是一个盲人的形象。在现代希腊，正义同样也只会眨眨眼、点点头。"他说，"拉加德名单"表明"整个权力体系"都把钱转移到了国外，这还只是对其中一家瑞士银行的分支机构进行调查的结果。"但是在希腊，还有很多人正在垃圾堆里翻找食物。"

瓦克斯瓦纳斯说得没错，虽然很多富有的希腊人逃税，躲避正义的审判，但是其他人却生活在水深火热之中。我看到在雅典的垃圾堆里寻找食物的大多是穿着体面的老人，他们把自己的养老金给了生活同样煎熬的儿孙们。见到这种场景后，我试图搞清楚希腊危机的本质到底是什么：是不是希腊人明明有钱，只是不想让政府知道自己有钱——换句话说，他们是不是所谓的"贫困线"上的演员？抑或他们真的是财政紧缩政策和经济崩溃的受害者？

很快，我便觉得自己不应该从这两种说法中做出选择，因为它们都对。在任何社会里，受经济危机冲击最大的永远是那些最穷的人，希腊也不例外。在这里，收入的不平等早就超出了欧洲标准，福利体系也早已支离破碎，从中获益的只有特殊利益群体，而最需要帮助的人反而得不到帮助。希腊是欧盟国家中仅有的两个没有最低收入补贴的国家之一——另一个是意大利。虽然希腊的家庭纽带较为牢固，可以提供非正式的社会福利网，但是随着经济萧条的持续，民众的生活越来越难以为继。据欧洲统计局统计，截至2013年末，36%的希腊人"面临贫困风险或生活苦难"，希腊的经济状况仅强于保加利亚和罗马尼亚。20%的希腊人面临严重的物质匮乏——买不起生活必需品，还不起房贷，付不起取暖费。希腊危机原本是一场公共债务危机，现在却逐渐演变成一场个人债务危机。随着人民的经济收入下降，税务负担加重，失业率上升，越来越多的希腊人将和他们的政府一样走向破产。而其中最令人忧心的是，贫困家庭中拥有年幼子女的家庭所占比例越来越大。这些人没有藏匿在海外账户里的钱，他们为解决国家财政危机付出的代价却最大。

大多数极度苦难的希腊人已经放弃了希望，他们不指望经济会复苏，也不指望希腊政客会创造一个更加公正的社会体系。在一次与陌生人的邂逅中，我认识到了这一点。这场邂逅不是发生在希腊，而是在德国的斯华比亚。斯华比亚地处丘陵起伏的德国南部地区，经济繁荣。我是在 2013 年春天到访那里的。在德国，斯华比亚因其居民生活井井有条、艰苦朴素而闻名。当地汽车产业兴旺，长期以来吸引着大量南欧国家劳动力来此就业。当然，这些南欧人中包括很多希腊人。大多数南欧移民都是在 20 世纪六七十年代迁居此地的。不过，如今因本国经济不景气，成千上万的希腊人正背井离乡，陆续来到这里。在斯华比亚的一个小镇上，零星分布着一些旧木屋。我到一家订单仓储库房转了转，仓库老板是一对希腊移民的儿子，他对我说，这里生意很好，所以他可以多雇几个新来的希腊人。我在仓库里走了一会儿，遇到了一个新来的希腊妇女玛利亚·绍丽多，她 38 岁，身材苗条。当时她正往货架上扛儿童聚会用品——红气球和黄彩带。这些商品将会被打包装好，运送给折扣零售商。绍丽多刚从希腊北部的一座小城市过来不久。她说她之前工作的超市已经停发工资了，她和同事们都领不到钱。她还坚持在那家超市工作了一段时间，希望最后能够拿到一点钱，但是却没有等到这一天。她的丈夫是个卡车司机，情况比她好不到哪里去。等到家里的钱都用光了，他们就决定到德国开始新的生活。他们把两个孩子留给在希腊的爷爷奶奶照顾,然后便来到了斯华比亚。好在之前他们有个叔叔已经移民过来了,他帮助他们度过了过渡期。他们住在仓库附近的一间地下室,阴暗潮湿的房间里没什么家具,只有一张毯子和几把椅子。绍丽多对我说,只要他们能够建立起一个像样的家,就会把孩子接过来。自然,她非常想念自己的两个儿子。"太难了。"她含着眼泪说道。说这话时她戴着手套,手里拿着一包气球。我低头看看地板,发现她穿着一双运动鞋,其中一只的脚趾处已经破开了洞。她说,等把儿子也接来德国,他们就再也不回希腊了。"我们不是在给自己寻找未来,"她说,"我们是在给孩子寻找未来,不幸的是,他们在希腊没有未来。"

* * *

诸如阿吉斯·索卡扎波洛斯(Apostolos Tsochatzopoulos)这样的政客足以证明,为什么很多希腊人认为政府缺乏向公民征税的道德正当性。索卡扎波洛斯是希腊巨贪,疯狂"吞食"公共资金,成了政治精英和寡头中胡作非为和贪得无厌的典型代表。他是少数因私吞公款而受到惩罚的大人物之一,因而也成为高层腐败的典型代表。在雅典的出租车上,只要你提起索卡扎波洛斯这个名字,每个司机都会跟你说个没完。我去希腊的时候,索卡扎波洛斯正在雅典郊区的监狱里服刑。他可能是希腊最遭人痛恨的人了。

为了了解他是怎样损公肥私、积聚巨额财富的，我们有必要从1995年12月末的一天说起。那天，一艘土耳其货船在距离安那托利亚海岸只有几海里远的一座小岛旁触礁了。这座所谓的岛其实是一块大礁石，面积约有10英亩。岛上遍布悬崖峭壁，无人居住，只生活着一群野山羊。这次事故引发了希腊和土耳其之间关于这座岛和附近岛屿的主权之争。希腊政府坚称此岛属于希腊，所以准备前去拖船，但是遭到了土耳其船长的拒绝，因为他认为这块礁石是属于土耳其的，所以这艘船应由土耳其拖离。希腊和土耳其的相互敌视由来已久，且众人皆知。两国为塞浦路斯问题争执不下，在爱琴海的领海和领空归属上也各执一词。一开始，这场争端似乎并不严重，这艘土耳其货船最终接受了希腊船只的帮助，两国外交部长也悄然无声地互换照会，就该岛主权归属问题各说各话。希腊人称这个岛为伊米亚岛（Imia），土耳其人则称之为卡达克岛（Kardak）。不过，这个问题还远没有解决。

当时，由于泛希社运党的民粹主义创始者，同时也是索卡扎波洛斯的导师的安德鲁斯·帕潘德罗身体不适，因此指派索卡扎波洛斯临时出任代总理。索卡扎波洛斯与泛希社运党的关系可以追溯到20世纪60年代后期。当时，他在慕尼黑求学，学习土木工程。正值希腊军政府时期，索卡扎波洛斯在德国加入了帕潘德罗组织的泛希腊解放运动。该组织的目标后来成为泛希社运党的行动纲领：减少美国“冷战”政策对希腊事务的影响，在希腊实现社会主义经济改造。1974年，独裁政权垮台，泛希腊社会主义运动(即泛希社运党)正式成立。7年后,帕潘德罗当选希腊总理,开始提高公共开支,对负债累累的私营企业进行社会主义改造。不过,他没有带领希腊退出北约,也没有关闭希腊的美军基地。泛希社运党在上台后连续执政近20年。索卡扎波洛斯也在泛希社运党执政后开始了他的部长生涯,获得了"阿基斯"这个昵称。他最初被任命为公共建设部长,后来在泛希社运党执政期间一直担任部长职务。索卡扎波洛斯平时穿着讲究,目光炯炯有神,一张四方脸轮廓清晰,是个温文尔雅、能说会道的人。据说,帕潘德罗曾将其与19世纪的英国花花公子"布鲁梅尔"相提并论。至于他对帕潘德罗的忠心表现,则被浓缩为一个笑话:"几点了,阿基斯?"帕潘德罗问。"您觉得是几点就是几点。"索卡扎波洛斯回答说。

撞船事件发生后没几个星期,年迈的帕潘德罗因身体原因辞去了总理职务。已经担任代总理的索卡扎波洛斯被视为热门接班人。但是,泛希社运党内部的派系斗争使他的竞争对手康斯坦丁·西米蒂斯以微弱优势胜出。西米蒂斯的主要目标是领导希腊加入欧元区。他在大学当过教授,为人谦和低调,被视为支持欧洲一体化的"现代化主义者"。他没有前任那样哗众取巧,当然也没少与之产生冲突。因为西米蒂斯是个技术性官僚,所以被反对者戏谑地称为"会计"。就在西米蒂斯宣誓就职后两天,一家希腊杂志发表了一篇关于土耳其的挑衅"突然升级"的报道——内容就是一个月前发生的伊米亚领土争端。很快,希腊媒体纷纷进行相关报道:土耳其人欺负我国政府软弱无能,想要夺走我们的岛屿。这些报道在西米蒂斯当选后发表并非偶然,他的政敌想要借此机会利用媒体来渲染他的软弱形象。

希腊和土耳其两国顿时剑拔弩张。为了宣示希腊主权,伊米亚附近岛上的几个希腊人准备乘船登岛。前往该岛的船上有几个男人,一个穿着黑色马甲的牧师,两个小男孩,还有一个带着摄像机的电视记者。在他们登岛之前,两国关系已经非常紧张。战斗机在头顶盘旋,两国军舰在周边海域游弋,互不相让。登岛期间,电视记者用摄像机拍下了这几个希腊人手持国旗、高唱希腊国歌的镜头。牧师对着镜头说:"国家高于一切,我们的灵魂在此,永远不会离开这座岛屿。我们此时此刻就在这里,这里属于希腊。"牧师把他和同伴比作"守边人"——曾经在拜占庭帝国东侧抗击穆斯林侵略者的勇士,"谁要是敢来这里,必先踏过我的尸体。"

接着,土耳其主流媒体《巴扎日报》(*Hürriyet*)发表了非常极端的鼓动性报道。该报记者乘坐直升机登上伊米亚岛,拔掉了希腊人之前插上的国旗,换成土耳其国旗。这一期报纸在头版头条发表了此次登岛活动的照片,并附上标题《战旗飘飘》。作为回应,希腊政府派遣特种部队登岛,重新换上希腊国旗。土耳其不甘示弱,派遣突击队在附近岛屿登陆。一时间,该岛附近海域出现多艘军舰。在此次事件中,一架希腊直升机坠海,造成三名机组人员身亡。这场小孩掐架式的闹剧险些把两国拖入全面战争,幸亏当时的美国总统比尔·克林顿和其他外交官紧急斡旋,促使双方达成协议,停止继续登岛插旗,这才把两国从战争的边缘拉了回来。

很多希腊人坚信希腊对伊米亚岛拥有不可争辩的主权，所以这次事件给他们留下了挥之不去的阴影。他们觉得美国人促成的协议不过是政府胆小怕事的结果（一位美国外交官后来得出结论：在伊米亚岛的主权归属问题上，希腊的法律依据更站得住脚）。新就任的西米蒂斯在国会讲话上对美国的斡旋表示感谢，却被希腊人民嗤之以鼻。他在争端中的表现招致广泛批评，就连本党内部以索卡扎波洛斯为代表的保守派势力也对他表示不满，并在接下来的几个月中不断挑战他的党内领导地位。为了弥合党内分歧，安抚对手，西米蒂斯任命索卡扎波洛斯为国防部长。这是个位高权重的职务，在当时那种情况下更是如此。

由于希腊和土耳其在历史上就冲突不断，所以两国都长期保持大额军购，国防开支占 GDP 的比重远高于其他欧盟国家。在伊米亚事件中蒙羞后，希腊人民不断要求政府扩大军购规模，这使得索卡扎波洛斯的权力极度膨胀。希腊政府的腐败现象司空见惯，国防部的军购合同数额之巨大，给国防部官员提供了攫取巨额非法收入的机会。希腊著名调查记者塔斯克·塔勒格罗曾说过这样的话："如果你觉得能进国防部的人不能发财的话，那你就太傻太天真了。"

伊米亚冲突过后，希腊便开启了庞大的国防现代化进程，总共投入将近 170 亿美元的预算。在接下来的十年间，希腊从美国采购了战斗机，从德国采购了潜艇，从俄罗斯采购了地对空导弹，从斯洛伐克采购了大炮，后来还从德国采购了装甲车等等。

根据斯德哥尔摩国际和平研究所统计，2002 年至 2006 年期间，希腊这个不起眼的小国竟然成为全球第四大武器采购国。在索卡扎波洛斯离开国防部后的 2004 年，就开始有人怀疑他在军购项目里中饱私囊。那一年，他与第二任妻子瓦斯莉绮·斯塔马蒂结婚。据斯塔马蒂的家人说，她出身希腊中部的一个小地方，以前在公共电力公司上班，经常回乡下老家帮父母干活。这场婚礼在巴黎举行，据媒体报道，作为新郎的前希腊国防部长乘坐一辆“闪亮的蓝色捷豹”出场。婚礼仪式在新人入住的四季酒店举办，惹得其他顾客抱怨订不上贵宾客房。这场奢华的婚礼引发了希腊人民的怀疑：部长的工资虽然不低，但他怎么能这么有钱呢？“你是怎么发财的，索卡扎波洛斯先生？”希腊《每日报》以此为题发表了一篇文章。更让民众困惑的是，索卡扎波洛斯是个公开的社会主义者，曾猛烈抨击“大资本家”，呼吁社会公平正义。如今，却有媒体报道称，他和妻子在四季酒店住的皇家套房面积达 2 630 平方英尺，室内装潢极尽奢华，是全球最昂贵的十几个酒店客房之一。索卡扎波洛斯后来辩称，他和妻子没有入住贵宾客房，媒体报道只不过是想要诋毁他的声誉。他说，那家酒店“有的是可供一般人入住的普通客房”。

索卡扎波洛斯举行婚礼之后不久，一名希腊检察官向议会提交了两份关于他担任国防部长期间的军购案卷。案卷显示，这位前国防部长可能涉嫌违法行为。检察官之所以要把案卷提交议会，是因为根据希腊法律，他无权单独调查此案。希腊宪法规定，政府部长——无论是否离任——享有检控和调查豁免权，除非议会批准调查。这两项军购项目,一项涉及采购自美国的雷达系统,另一项涉及采购自俄罗斯的地对空导弹系统。批评者认为,雷达系统对希腊毫无用处,导弹系统则价格太高而功能有限。议会组成了特别委员会对此案展开调查,委员会成员因所属党派不同,就这些武器系统的作用给出的结论也不同。不过,委员会最终还是发表了调查报告。属于执政党的新民主党成员提供了一些似乎很有价值的线索,其中关于俄罗斯导弹系统的内容尤为重要。一个希腊军事评估委员会认定,该系统无法满足希腊的基本需求,而其他武器制造商生产的导弹系统则可以满足条件。那么,国防部究竟为什么要与这家俄罗斯武器制造商签署价值 8 000 万美元的合同,购买 21 套导弹系统呢?此外,还有三家企业参与了该协议中的大额资金流转,它们所起到的作用是什么?这三家公司分别是位于雅典的达米林国际公司(Drumilan International Hellas A.E),位于塞浦路斯的达米林清算有限公司,以及位于英属维京群岛的达米林国际有限公司,其中达米林国际有限公司持有前两家公司 99%的股权。几年后,一家希腊法院判定,这三家公司参与了交易回扣的洗钱运作,先后洗白了 2 500 万美元资金,并把这些钱存入了多个与索卡扎波洛斯有关的国际银行账户。

调查委员会中的泛希社运党成员认为索卡扎波洛斯遭到了“不公正的抨击和诋毁”。该党重量级人物埃万盖洛斯·维尼泽洛斯(Evangelos Venizelos)是这个委员会的成员之一,他后来成为党魁。他说这个委员会是“展现真实状况的最好舞台”。

在他看来,所谓的"真实状况"就是新民主党为了抹黑泛希社运党而捏造出莫须有的丑闻。维尼泽洛斯说,真相已经"蒸发"。事件的发展似乎证明了他的观点,虽然关于这两项军购的争论一直持续,但是议会没有投票支持检方对索卡扎波洛斯立案。在希腊议会发布调查报告的几个月后,一家俄罗斯法院以滥用职权罪判处阿尔马兹·安泰集团公司两名前高管四年有期徒刑,这家公司正是向希腊出售地对空导弹的武器制造商。俄罗斯法院认定,该公司在与希腊进行交易的过程中向"第三方"输送经济利益。现在,行贿者已经落网,但受贿者依然逍遥法外。

2010 年,索卡扎波洛斯因巨额财产来源不明遭到调查。据希腊《每日报》报道,索卡扎波洛斯的妻子在雅典的黄金地段购买了一套新古典风格的三层豪宅,该豪宅位于雅典卫城附近的步行街上,从房间里可以看到帕特农神庙。她是以 110 万欧元的价格从美国怀俄明州夏延市的诺比利斯国际有限公司手中买下这座豪宅的,而且大部分房款以现金形式支付。诺比利斯国际有限公司之前是从一家位于塞浦路斯的名为托卡索的投资公司手中购买的这座豪宅。后来经调查发现,托卡索公司的持有人正是索卡扎波洛斯的表弟。他在其后承认自己为部长表哥洗钱,而且经手的金额特别巨大。索卡扎波洛斯本打算和娇妻住在属于海外公司的房产里无忧无虑地享受免税生活。据《每日报》报道,索卡扎波洛斯之所以决定从诺比利斯公司买下这座豪宅的产权,是因为希腊即将出台新的法律,"重建税收公平,打击偷税漏税"。新法律规定,政府将对外国企业在希腊境内的房产课税。

此一时,彼一时。希腊的政治气候跟五年前已经完全不一样了,整个国家处于破产边缘,政府忙于缩减工资和养老金,民众中弥漫着不满情绪。喜剧演员拿索卡扎波洛斯的妻子花几千欧元购买卧室窗帘的传言对其进行挖苦和讽刺。在这种背景下,必然会有人成为牺牲品。首席检察官下令对索卡扎波洛斯的房产是否存在偷税或其他违法行为展开初步调查,泛希社运党也暂时中止了他的党员资格,等待调查结果。这一次,同事们不会再护着他了。

事态的发展从一开始就对索卡扎波洛斯很不利。德国慕尼黑的检察机关开始对富乐斯多公司(Ferrostaal)展开调查。这家企业自我标榜是一家“拥有专业知识和融资能力的行业服务提供商”,而检察机关比较关心的一项融资活动是该公司在索卡扎波洛斯担任国防部长期间参与的希腊潜艇采购合同,认为其中可能存在行贿受贿问题。在当时,那桩潜艇采购合同在希腊已经成了人尽皆知的丑闻。十年前,希腊国防部决定向富乐斯多公司和霍瓦兹德意志造船厂(HDW)联合体采购几艘顶级德国潜艇。HDW 是位于波罗的海港口城市基尔的一家造船企业。当时,它刚研发出新的“214 型”柴油-电力潜艇,正在全球寻找首个买家。德国检察机关发现,富乐斯多公司管理层为了赢得希腊的订单,找到一伙被称作“祷告团”的人疏通希腊方面的关系。这个组织在希腊人脉颇广,可以影响希腊国防部掌握财政大权的人。这家德国企业的“祷告”果然灵验了,希腊决定采购四艘新式德国潜艇，将其作为国防部“阿基米德”项目的一部分，该项目以古希腊数学家、科学家阿基米德命名。此外，双方还签署了另外一份协议，其中规定由德国企业对希腊海军现役的三艘旧德国潜艇进行升级改造。希腊为这两个合同先期支付了约20亿欧元。

然而，这两个合同的执行过程并不顺利。第一艘潜艇在制造完成后的测试航行中就出了问题。据希腊海军官员说，这艘潜艇在某些条件下会出现严重倾斜。HDW公司的代表则说，倾斜属于正常现象，其他主要问题都已经解决了。对此，一位退役的德国海军上校在希腊电视节目中说：“没什么大碍，只要当心咖啡别洒了就行。”双方自此陷入了无休止的纠纷。德国制造商指责希腊方面不履行合同，以潜艇功能问题为由拖延付款。伊米亚事件促使希腊紧急采购潜艇，但是十年过后，希腊仍然没有新潜艇可用，旧潜艇也没有完成改造。2010年，在签署第一个救助计划后，希腊政府与HDW公司达成了一项复杂的替代协议。希腊终于决定收下那艘“歪斜”的潜艇——不管公平与否，这艘潜艇在希腊人心目中的印象已经是这样了——同时再接收五艘相同型号的潜艇；一艘旧的希腊潜艇也将由HDW负责改造。根据新的协议，希腊政府要再多支付1亿多欧元。当时，对于濒临破产的希腊政府而言，来自土耳其的外部威胁已经没有那么迫在眉睫了，采购潜艇似乎并非明智之举。虽然债权人一再敦促希腊政府大幅削减社会福利开支，但是它仍然将大把的钱用在购买德国潜艇和其他武器上。对此，很多希腊人感到无法理解。

这个潜艇合同既证明了希腊政府的软弱无能,同时也暴露了德国的蛮横。我有个远房叔叔是个农民,在雅典摆摊卖水果。一次我在农贸市场上碰到他,见他随身带着一台专门打印收据的机器,这可不寻常。叔叔对我说,经济犯罪调查人员最近开始检查小贩的收据记录了。一位女士花几毛钱从水果摊上买走两个柠檬,叔叔给她打印了一张收据。这个场景让人感觉十分滑稽。叔叔抱怨说,政府为了几艘没有交付的潜艇一花就是几十亿,出手这么阔绰,可居然连几个柠檬都不肯放过。他年轻时是个玩世不恭的嬉皮士,现在胡子已经灰白,为人非常谦和。但是一提到买潜艇这件事,他就压不住火,不仅对希腊政府不满,也痛恨德国政府:"他们简直就是骑在我们头上拉屎!"2011 年底,一家德国法院判定富乐斯多公司的高管为获取潜艇合同贿赂希腊官员。判决结果公布后,希腊人民更加恼火了。事实证明,这仅仅是个开端,发生在欧洲——主要是德国——的军工企业与希腊国防部官员之间的行贿受贿案件陆续浮出水面。富乐斯多公司在此次案件中被判处罚金 1.4 亿欧元。

现在,贪污受贿者也终于被绳之以法了。2012 年,索卡扎波洛斯在位于雅典卫城附近的家中被捕。这座豪宅成为检察机关追溯德国潜艇交易回扣的核心证据,一连串的银行账户流水记录最终指向了几年前买下这座豪宅的海外公司托卡索(Torcaso)。法院以巨额财产来源不明罪判处索卡扎波洛斯有期徒刑 8 年,之后又以洗钱罪判处他有期徒刑 20 年。索卡扎波洛斯洗白的资金包括在德国潜艇和俄罗斯地对空导弹采购中获得的数千万美元回扣。检察官告诉我,从严格意义上讲,索卡扎波洛斯被判刑是因为洗钱罪,而不是贪污受贿罪,因为他曾担任政府部长,所以可以免受贪污罪名的指控。此外,还有十余名涉案人员被判有罪,其中包括索卡扎波洛斯的妻子、女儿、前妻、表弟、会计和他在国防部的得力助手。

索卡扎波洛斯案为后来很多案件的调查开了个头。希腊最高检察院的几名检察官对我说,虽然他们抓住了前部长,但也只是触碰到了军火采购支出窝案的冰山一角。国防部的运作模式就像有组织犯罪网络一样,没有独立的合同审计部门。一位 2010 年从国防部退休的官员在希腊电视台上说,自 1996 年以来的每一项军备合同都不干净。1998 年至 2002 年,希腊在军备采购上的支出约为 100 至 150 亿欧元。检察官告诉我,据他们估算,其中 7%到 10%的支出属于非法支出,数额最高可达 15 亿欧元。

索卡扎波洛斯被判刑后,希腊国防部一位级别并不是很高的官员在证词中提到,自己曾对一项从德国克劳斯·玛菲-韦格曼公司采购大量坦克的提案提出过保留意见。“这家德国企业的希腊代表处人员在我办公室留下了一个包,里面装着 60 万欧元的现金,”这位官员说,“我后来就再也没有反对过这项军购提案。”这位官员在接下来的五年里,利用工作上的便利收取了数百万欧元的贿赂。在索卡扎波洛斯离开国防部后,希腊花费 17 亿欧元购买了 170 辆德国豹 2 坦克。不论是克劳斯·玛菲-

韦格曼公司的德国总部,还是驻希腊代表处,都否认曾在交易中行贿。克劳斯·玛菲-韦格曼公司驻希腊代表是军备界的名人,我采访过的人都叫他“国王”或者“皇帝”。截至2014年底,有关部门还在对坦克交易进行调查,但是尚未立案和起诉。很多国防专家都对这项采购的逻辑提出质疑,因为只有在长期陆战中,坦克才有用武之地,而希腊卷入长期陆战的可能性很小。关于这些坦克实用价值的争论远不止于此。据希腊媒体报道,采购坦克的协议中不包含炮弹。人们不禁要问:如果没有炮弹,要这些超级先进的坦克又有什么用呢?

虽然索卡扎波洛斯已经成为众矢之的,连政界的人也对他大加鞭笞,但是特别令人难以置信的是,在索卡扎波洛斯所处的小圈子之外,竟然没有人了解国防部的大漏洞。我试着就此问题采访过几个政界高层或者国防部官员,但几乎没有人愿意跟我谈论这个问题。虽然有几名官员答应见面,但是后来几乎都没有赴约。还有一名官员在接受采访后跟我联系,要求不要发表关于采访的任何内容。在白费了半天力气后,我觉得自己这么做就好像在向大厨打听料理秘方一样,不会有任何收获。

入狱后,索卡扎波洛斯继续否认针对他的一切指控,并表示自己是“权力中心政治和道德沦丧”的替罪羊。他有这样的感觉也不难理解,正是培养他的政治体系让他沦为这个体系最邪恶的象征。在接受审判期间,索卡扎波洛斯一再强调,一个包含总理和多个部长在内的政府委员会也在军购项目上签了字。他说,为了弄清真相,其他人也必须出庭。虽然他一再请求,但从未得到满足。被判刑前，他缓慢而有节奏地对着电视镜头说：“在当今的时代背景下，一切都是光明正大的，正如他们所说，要让公众知道所有的真相。”他边说边望着四周空旷的地方，仿佛是在找寻自己要说的话。

就在伊米亚事件发生后的大规模军购过程中，希腊也在为加入欧元区而努力。要想加入欧元区，希腊就必须和其他成员国一样，将年度财政赤字降低到 GDP 的 3%以下。希腊能够满足这项要求确实令人诧异。在伊米亚事件发生前的 1995 年，希腊财政赤字占 GDP 的 9%以上。2001 年元旦，鉴于希腊政府公布的财政数据，希腊被接收为欧元区成员。最初上报的数据显示，希腊在刚加入欧元区头几天的财政赤字远低于 3%这个上限。正因如此，希腊才得以一边大幅提高军购开支，一边保持严格的预算计划。它是怎样做到这些的呢？

并不是所有人都相信希腊上报的数据。伦敦的一些投资银行家把希腊统计局局长称为“魔术师”，因为他能够让赤字消失。后来，希腊政府在欧洲统计局的监督下修正了 1997 年至 2003 年的数据，赤字才重新浮出水面。实际上，希腊的财政赤字水平从来都没有低于过 3%这个标准，只有在 1999 年时才勉强接近 3%——而当年的财政状况是能否加入欧元的考核依据。换言之，希腊政府为加入欧元区做了多年努力，但却从未达标。2004 年，欧洲统计局发布的报告显示，希腊的军事支出统计缺失是赤字数据大幅修正的主要原因。欧洲统计局表示，至少从1994年开始，希腊的武器支出就存在前后不一的矛盾现象。希腊曾一度向欧洲统计局表示，该国一贯在武器交付之后才登记开支，后来又说，此类军事信息涉及机密，所以数据统计人员从来都不会收到武器交付的信息。1997年至2003年，通过发行国债采购武器的多数开支并未包含在统计范围之内。简而言之，军购协议并未进入希腊的国家预算记录。

2014年夏的一天，我在雅典拜会了泛希社运党党员雅诺斯·帕潘托尼欧，他曾在希腊加入欧元区前夕担任希腊财政部长。他认为，帮助希腊加入欧元区是自己从政以来所取得的最大成就。因此，他绝不赞同希腊是靠捏造数据才能进入欧元区的说法。我是在“进步政策研究中心”拜访他的，他是这家智库的主席。我来到这里的时候，这家智库似乎没有什么活动，里面除了帕潘托尼欧之外，只有他的助理和一个瘦削的老头。这个老头到得比我早，他是想来问一下，为什么这次领的退休金比上次少了几欧元。帕潘托尼欧的助理对老头很不耐烦，但还是告诉了他该去哪个政府部门咨询此事。老头离开后，帕潘托尼欧走出办公室跟我握手。他毕业于威斯康星大学麦迪逊分校，并在剑桥大学获得了经济学博士，是泛希社运党“现代化”派系成员。卸任希腊财政部长一职后，他接替索卡扎波洛斯出任国防部长。

帕潘托尼欧穿着西装外套和卡其裤，见到我后露出一张标准的笑脸，显得有点做作。他看起来心情不是特别好，这是可以理解的。当时，他正面临很多税务调查，他的妻子在“拉加德名单”上“榜上有名”，经济侦查机关似乎终于开始对这个名单展开调查了。在接受我采访之后几个月，他和妻子因2009年未申报财产而被判有罪，各自获刑4年，缓期执行。他们还因2008年未申报财产而面临指控。此外，帕潘托尼欧还因为在国防部任职期间的行为而遭到调查。在我对他进行采访前后，检察机关已经在豹2坦克军购案的调查上取得进展，而这项巨额交易就是在帕潘托尼欧任内完成的。除此之外，一家希腊报纸还援引十年前负责调查索卡扎波洛斯的议会委员会主席的话说：当时的调查显示，帕潘托尼欧也参与了回扣的“分赃”。作为回应，帕潘托尼欧否认自己参与分赃，并指责相关人员或媒体诽谤。

虽然帕潘托尼欧对希腊媒体声称自己是清白的，但在跟我见面时，他不想谈论关于瑞士银行账户的指控，也不想谈自己在国防部的工作情况。“你知道，国防部这摊水已经被这些指控给搅浑了，”他有些不自在地笑着说道，“我可不想跟这类事情扯上什么关系，这可不是什么好事。”我觉得他的这些说辞很难令人信服，因为他毕竟曾担任过国防部长，而且还是索卡扎波洛斯的继任者。在他刚就任国防部长时，部里的情况究竟是怎样的呢？在我几次尝试跟他讨论这个话题后，他说自己为国防部“结构和政策的合理化”做出了贡献。

在采访中，帕潘托尼欧否认希腊为加入欧元区而做假账。他对我说，2004年的赤字调整是新民主党要的政治手腕。新民主党修改了国防支出的计算方式，为的是诋毁泛希社运党政府，同时把自己塑造成更加注重财政纪律的形象。他说,那次数字调整“让希腊背上了弄虚作假的恶名”,这是不公正的。对于希腊的债务危机问题,帕潘托尼欧沉思了片刻后说道,虽然希腊现在面临各种困难,但是欧元区成员国身份依然是希腊向前发展的最大希望。“对于我们这些支持国家现代化的希腊政界人员而言,希腊这样的国家之所以要加入欧洲经济一体化和货币联盟,就是为了通过把国家逼入一个规则的体系,来促进自身的改进和提高,”他说,“现在,我们的希望仍是如此。”

第三章　赔款之争
The Resistance

把枪扛在肩上

穿越城市、平原和村庄

我为自由开路

我伸出手，让自由从我身边走过

——希腊人民解放军军歌

2014年3月初，德国总统约阿希姆·高克赴雅典对希腊进行国事访问。他曾是一名路德派牧师，口才颇佳，非常适合担任总统这个象征性的领导职位。这是他第一次来到雅典。在抵达雅典的当天晚上，他偕女友丹妮尔·夏迪特到雅典卫城遗址漫步游览。高克说，这对他来说是个特别的时刻。他在东德长大，在学校读书时就痴迷古希腊文化，对这个西方文明的发源地有过无数遐想。他和女友在帕特农神庙前驻足留影。他把双手放在残破的石墙上，顺着雅典卫城的南坡眺望酒神剧场，还看到了奥林匹亚宙斯神庙，“现在，我这个已经步入暮年的老人终于满足了年轻时的愿望，亲眼看到了令我魂牵梦绕的地方。”高克对记者说。这是个愉快的夜晚，但是接下来的访问要比他想象中困难得多。

第二天，高克会见了希腊总统和其他官员，其中包括91岁高龄的极左翼政党——希腊激进左翼联盟——成员马诺利斯·格列索斯。格列索斯是第二次世界大战期间希腊的抗战英雄，他在73年前一个春夜的壮举令他的声名家喻户晓。当时，德军刚占领雅典不久。格列索斯那时才刚满18岁，一天夜里，他和一个高中同学爬上雅典卫城，推倒了城墙上的一杆纳粹军旗。第二天，德国人在希腊媒体上发布通缉令，宣布将对推旗者判处死刑。不过，这两个年轻人却一直“逍遥法外”，没有因为此事被捕。这起事件是希腊被纳粹占领时期出现的首次反抗义举，格列索斯因此获得了至高无上的国民英雄地位。因为他持左派政治立场，所以左派政治团体更是对他推崇备至。

高克在希腊议会大厦对面的布列塔尼大酒店会见了格列索斯，他满面笑容地迎上前去，“终于与英雄相见了，能够见到您这样的传奇人物，我感到很高兴，也很荣幸。”高克边与格列索斯握手边说道。另一边，格列索斯却板着脸。他穿着一身宽松的深色西装，没系领带，稀疏的白色长发向后梳着，披在肩上，浓密的白胡子从上颌一直垂到下巴。格列索斯已经有些驼背了，但是看起来比实际年龄要年轻一些，碧蓝的大眼睛依然闪烁着犀利的光芒。他说话时没有面对高克,而是对着翻译,这似乎有点不合外交礼仪。“我当时在凯撒利亚尼的射击场等着他,但是他没有来。”凯撒利亚尼位于希腊郊区,格列索斯说的这个射击场是一座纪念馆,纳粹德国在占领希腊期间曾在这里杀害了数百名希腊政治家和共产党员,遇害的人中包括格列索斯的弟弟尼克斯。1944 年 5 月 10 日,尼克斯因参加抗战活动在这里被执行死刑。在开往行刑场的卡车上,尼克斯在帽檐上匆匆写下了几句话:“亲爱的妈妈,吻你,为你祝福。今天,我就要赴死了。我爱希腊人民。”他在帽子上签上自己的名字和地址,从车上丢了下来。路边有人捡到帽子,交给了他的母亲。当母亲拿到帽子的时候,正是她的儿子被执行死刑的时刻。

一大群希腊记者都在对着高克拍照,他竭力保持着微笑。接着,格列索斯和希腊领导人齐普拉斯一起陪着高克进入会议室。格列索斯后来说,他在会议室给德国总统朗读了一首诗,那首诗是他为纳粹占领时期遇害的四名同志写的。这几名同志遇害时,格列索斯正被关押在雅典的埃罗夫监狱。这座石头砌成的监狱后来被拆除了。这首诗是这样写的:

一注意,二禁止,三出去
尖锐的声音
一次、二次、三次、四次
将平静打破

一座建筑刺穿大地的肌肤

直插伤口上的血肉

对第三帝国犯下的罪恶进行忏悔是每一任德国总统的职责。高克对希腊《每日报》说，他此行的目的之一就是承认德国对希腊的“精神债务”。虽然精神债务的说法受到欢迎，但是格列索斯和很多希腊人真正希望得到的却是物质债务的承认。“精神债务是什么意思？”格列索斯在会见德国总统之前对一家希腊电台说。他和很多人都认为，实际上，根据德国在占领期间给希腊造成的破坏程度计算，德国欠希腊的债务高达 1 620 亿欧元，其中还不包括利息。这个数额相当于希腊总债务的一半，所以如果得到偿还，可以大大缓解希腊的财政危机。但是德国人却不想向希腊人支付赔款。格列索斯说他在布列塔尼大酒店的会议室向高克提出了赔款问题，根据他的说法，高克除了表示会向德国政府转达外，基本上“沉默不语”。

“德国欠希腊的债，而不是希腊欠德国的”，大概没有多少德国人会接受这种说法。2013 年夏天，德国发行量最大的报纸《图片报》上的一篇文章可能很好地总结了德国人对希腊索赔的普遍看法。这篇报道的题目是《这些希腊人是怎么彻底疯掉的？》，为了更好地说明主题，报道中还配上了一张图表，列举了希腊根据救助协议获得的资金数额，文章发表时这一数额已经达到 2 100 亿欧元。这篇报道就是为了强调究竟是谁欠谁的钱。当时正值德国财政部长沃尔夫冈·朔伊布勒对希腊进行访问。除了德国总理之外,没有人比脾气暴躁的朔伊布勒更令希腊人厌恶了。在希腊人眼中,默克尔和朔伊布勒成了对希腊的惩罚性政策的象征,正是他们造成了减薪、养老金缩水和经济产出减少现象。朔伊布勒访问雅典,是为了宣布德国准备向一个投资基金注资 1 亿欧元,用来帮助资金短缺的希腊企业——这是一种姿态,表示德国除了让希腊严肃财政纪律外,也会帮助它振兴经济。"但这并没有换来雅典的感恩,迎接他的反倒是憎恨和恶意。"《图片报》的文章这样写道。

一家希腊报纸在报道德国财长访问时用的标题是《见鬼去吧,朔伊布勒!》。据《图片报》报道,双方的冲突是由希腊极左翼领袖挑起的,他在德国财长访问期间竟然提出德国应该向希腊支付战争赔款。朔伊布勒已经在另外一家德国报纸上发表过观点:希腊绝不要指望获得赔款,就此针对德国提出的任何指责都是不负责任的。朔伊布勒表示,希腊领导人应该宣传改革的好处,而不是"用这种说法来误导民众。"

希腊的保守派政府则表示,要就战争索赔问题把德国告到国际法庭。在朔伊布勒到访前后,希腊财政部长宣布,根据总理指示,财政部已经组建了专门团队研究财政部地下室里陈放多年的旧资料——也就是希腊政府所谓的"档案"。这些资料共 761 卷,可能成为希腊寻求战争赔款的法律依据。关于这些资料的秘密调查报告已经发给了希腊的准司法部门——国家法律委员会。政府表示,国家法律委员会将确定怎样利用这些资料。时任希腊外交部部长的德米特里斯·阿弗拉莫普洛斯(Dimitris Avramopoulos)在一次议会演讲中回顾了希腊人民在被德国占领期间的悲惨遭遇,希腊的“经济陷于崩溃,人民食不果腹,暴力横行,偷窃成风,文化遗产被破坏殆尽,占领者肆意纵火施暴”。他还说,希腊将“要回原本就属于我们的东西”,时代虽然变了,“但记忆不会消退”。

这些举动或许都是对民众的作秀罢了,希腊的保守派政府并不想得罪德国。德国是希腊最大的债主、唯一的依靠,也是它离不开的盟友。几个月前,希腊总理萨马拉斯在雅典接见了来访的德国总理安格拉·默克尔。这是希腊危机发生以来,德国总理首次访问希腊,这对希腊来说是一个重要的转折点。在此之前,默克尔的一些同事还要求把希腊赶出欧元区。这次到访前,默克尔已经下定决心。她认为,希腊如果退出欧元区,对其他成员国家造成的风险太大。即使希腊人不值得帮助,也必须要保住希腊。默克尔让德国政府内批评希腊的人噤声。虽然希腊的改革收效甚微,但是默克尔对其举措大加赞扬。毕竟,在她看来,此时执政的希腊政府是她唯一的伙伴。希腊极左翼势力认为救助计划是造成希腊经济崩溃的祸根,所以发誓要与默克尔展开斗争,推翻救助协议。相反,希腊政治联盟的支持者主要是支持希腊继续留在欧元区的民众,而这部分人的数量正在不断减少。他们认为希腊与德国合作会更好,担心抵制德国可能会导致希腊退出欧元区这一严重后果。希腊选民对默克尔的权力非常敬畏，这也是萨拉马斯热情接待她的理由之一。不过，敬畏并不等于喜欢，在希腊，你很难找到一个喜欢默克尔的人。

在默克尔访问雅典期间，约有 4 万人参加了抗议示威活动，其中有一位瘦削的老年人笑着走在议会大厦前，手中的海报上写着："滚出我们的国家，你这个婊子！"抗议者被远远隔开，市中心大部分地区都实行了交通管制，除了获得安全许可的人之外，所有车辆和行人都不得进入。在安全管制区执勤的警察成千上万，街道两侧每隔十码就有一处岗哨。屋顶布下了随时待命的狙击手，城市上空盘旋着巡逻的直升机。在希腊市中心，示威者和警察的喊声此起彼伏。希腊的电视里出现了默克尔和萨马拉斯在总统府外边散步边交谈的画面。对政府友好的电视频道主持人说萨马拉斯在会谈中非常友善和放松，并且可以肯定的是，他没有向默克尔索要战争赔款。

鉴于极左翼党派把格列索斯奉为领袖，把索要战争赔款作为主要施政纲领，因此当时的希腊政府觉得有必要就此表态。不光执政党，希腊的其他主要政党也持这个看法。以金色黎明党为例，虽然该党意识形态的先驱就是德国纳粹，但是它也主张向德国索赔。这些政党之所以这么做，就是为了迎合选民。2012 年的一项民意调查显示，91%的希腊人认为政府应该想尽一切办法索要战争赔款。超过四分之三的受访者认为德国正在朝着"第四帝国"的方向发展。

债务危机破坏了欧洲的团结。类似的民意测验凸显了希腊选民和德国选民之间的认知鸿沟。大多数德国人都觉得希腊人挥霍无度、不负责任,希腊的政府也十分腐败,应该得到惩罚而不是帮助。在德语中,"债务"的拼写与"罪恶"相似。在德国有这样一句谚语:"不珍惜一分钱的人,不值得拥有一块钱。"这很好地体现了德国人强烈的财务责任感。在经济繁荣时,希腊人显然没有珍惜手中的零钱;而德国选民从心理上和财务上都不情愿帮助花钱大手大脚的希腊人。为了说服选民,默克尔强调希腊政府将要进行痛苦的改革。她不止一次地对选民们说,希腊人必须"完成作业"才能获得德国的经济支持。

然而,对于很多希腊人而言,"做作业"就意味着面临失业或者减薪。如果这就是获得帮助要付出的代价,他们宁肯不要这样的帮助。因为,这样一来,希腊人又不可避免地唤起被德国人主宰时的记忆,希腊的报纸杂志上也开始频繁刊登默克尔留着希特勒式小胡子或者佩戴纳粹肩章的讽刺画。在希腊,我经常听到仇德的言论,用词非常激烈。我带儿子去游乐场的时候,在出租车上和超市里都听到过"这一次是经济战争"或者"他们这次下手比上次在战争中还狠"这类的话。第二种说法尤其荒谬,这太不尊重那些在被占领时期经历过大屠杀和饥荒的同胞了。但这类言论我确实经常听到。

随着希腊经济危机的加深,仇德情绪也甚嚣尘上,这种情绪跨越了党派之分。希腊知名评论员乔治·特拉加斯是个右翼民粹分子,身材臃肿,头发灰白。2012 年初的一个早上,他在自己的电台节目开场时说:"德国保护国的公民,大家好!"他伴着惊悚的音乐接着说,"我们没有政府也没有民主,我们的民意无人理睬。我们没有自己的法律。我们是奴隶,是奴才。希腊就是一块殖民地。"他的嗓门提得越来越高,几近嘶吼,"从色雷斯到拉哥尼亚,到处都有外国人在践踏我们的国家。德国人又开始放火了！他们又开始火烧希腊了!"这对特拉加斯而言只是一个普通的早上。他还曾在希腊的电视节目中使用过极具讥讽意味的希特勒式敬礼。特拉加斯把希腊议员说成是"通敌者",还把默克尔说成是"柏林的狗"。他喜欢在默克尔的讲话中插入纪录片中纳粹集会的声音,或是纳粹时期德国人经常高呼的口号"胜利万岁"。纳粹标志也成了希腊人进行街头抗议的标配。德国使馆位于雅典的高档社区,一次,我从使馆前走过,看到使馆对面的楼上挂着两条横幅,一条横幅上画着希特勒的脸和纳粹标志,还有一面溅血的希腊国旗,旁边写着:"1941 年,德国人进入雅典,我们进行抵抗。"第二条横幅上印有一面德国国旗,国旗上画着伸出食指的默克尔,她的表情冷峻,旁边写着:"2013 年,德国人来到雅典,我们却在睡觉。"当然,德国大使馆的工作人员肯定不想每天上班都看到一面硕大的希特勒画像。希腊政府最后让人把横幅撤掉了。

这种敌意有时也会表现得相当激进。在塞萨洛尼基举行德国和希腊市长会议期间,示威人群中有人高喊:"纳粹,滚出去!"并且用矿泉水瓶和冰咖啡袭击了德国领事沃夫冈·赫尔施乐-奥本米尔。袭击者之所以采取这种过激手段,是因为另一名德国人的发言激怒了他。默克尔的特使汉斯-约阿希姆-弗拉切尔对记者说:"希腊市政府如果需要 3 000 个工作人员的话,在德国同样的工作只需要 1 000 人就够了。”希腊人自认为非常勤劳,所以对于指责他们懒散的批评言论(通常来自德国人)非常敏感。2012 年,针对 8 个欧洲国家进行的皮尤调查显示,其中 7 个国家都认为德国人是最勤劳的,只有希腊人持不同看法,他们认为自己才是最勤劳的。(实际上,经合组织的报告显示,希腊人的工作时长确实超过其他欧洲国家,但时间长并不等于效率高。)弗拉切尔后来说,他当时批评的不是希腊人民的职业道德,而是希腊市政府“效率低下的结构设置”。

还有一些针对德国的攻击更为严重。2013 年末的一个早上,有人持枪冲着德国驻希腊大使官邸进行了扫射。德国大使的住宅位于雅典郊区,持枪分子手持冲锋枪对着大门扫射了约 60 发子弹。据希腊媒体报道,有些子弹进入了大使十几岁女儿的房间。后来,一个自称“公民战士团”的组织宣布对这次袭击负责,并且发表了长篇宣言,反对资本主义和帝国主义,并向“德国资本主义机器”宣战。该组织还声称曾向位于雅典市郊外的梅赛德斯-奔驰总部发射过一枚火箭弹,但没有射中目标,而是落到了附近区域。自从军事独裁政府于 1974 年垮台以后,希腊民间一直存在左派恐怖主义团体,经常袭击美国人。这些团体中最厉害的要数“11 月 7 日革命组织”。这个组织在过去的大约 30 年里杀死了 23 个人,其中包括美国中情局驻雅典站站长和其他几名美国官员。2007 年,该组织还使用发射器向美国大使馆投掷了一枚手榴弹。现在,德国成了他们的重点攻击对象。虽然这些恐怖主义团体不可能得到希腊民众的支持,但是他们的活动也从一个侧面证明了矛盾的加剧。

希腊债务危机考验着欧洲的团结，而考验的结果不容乐观。虽然欧洲各国领导人口口声声说要追求团结并推动欧洲一体化，但是希腊人和德国人之间，债务人和债权人之间的敌对情绪却与日俱增。两个国家之间的差异不仅体现在现实的情绪上，更体现在经济和财政状况上。德国的失业率处于东西德统一后的最低水平，而希腊的失业率却飙升至欧洲最高。惊慌失措的投资者纷纷抢购德国十年期国债。德国国债利率非常低，相当于投资者付钱给德国，让德国替自己保管资金。相反，同期的希腊国债利率却高达37%左右。这就意味着，希腊人基本上不可能从市场上借到钱，而德国人借钱不但不用付利息，甚至有利可图。德国能够在增加一些社会项目支出的同时留下部分财政盈余，而希腊虽然大举削减开支，债务却有增无减。

在德国人看来，这样的差距说明希腊应该学习德国的政策。但是在希腊，你经常听到相反的观点：这正好说明德国人牺牲他国利益，利用欧元牟利。换句话说，德国人又在抢劫希腊了，只不过这次没有派军队罢了。

正是在这种环境下，被崇拜者称为"民主斗士"或"国家抗战象征"的格列索斯又开始了新的斗争，想要完成他未竟的事业。这项斗争开始于他推倒雅典卫城纳粹旗帜的那一刻。格列索斯常说，希腊要求赔偿不是出于怨恨或报复，而是因为现代德国人对于他们的祖辈所犯下的罪行没有表现出丝毫愧疚。不过，他有时话中带刺，凸显了两国之间的紧张关系。"他们说我们欠他们的，”格列索斯在伯罗奔尼撒的纳夫普利奥城接受访问时说道，“是他们欠我们的，我们不欠任何人。我强调一下，我们不欠德国任何东西。他们害死了多少希腊人？所以是他们亏欠我们！”

1941 年 4 月末的一个晴朗的上午，德国人乘坐坦克、汽车和摩托车从北面进入雅典。入城后不久，他们便在雅典卫城上竖起了一杆军旗。希腊人把雅典卫城称为“圣石”，希特勒也曾把这里称作“人类文化的发源地”。希腊的蓝白旗被替换成了德国的红黑旗，正式宣告了“野蛮人”的到来——“野蛮人”是希腊人对侵略者的蔑称。

当时，格列索斯正准备进入雅典大学学习商业和经济。他身材高瘦，留着小黑胡子，骨子里透着一股反抗权威的斗志。在纳粹入侵前，统治希腊的是独裁者梅塔克萨斯。格列索斯当时就是反法西斯学生团体的成员，他敢于写黑板报反对当局政府。现在，雅典被纳粹占领，他的反抗精神更加强烈。多年后，格列索斯回忆说，就在德国占领雅典当晚，他和一个朋友一起到自己生活的工人阶级社区外打探情况。他发现，为了方便占领军行动，纳粹用木板竖起了德语的交通标志。格列索斯认为应当破坏这些路标，所以没跟朋友商量就私自打掉了一块路标。他的朋友见状赶紧离开，但是格列索斯却留下来继续实施破坏。就在这时，他听到路上有人朝他走来，于是连忙躲进一户人家的门廊里。走来的是一位老人，他看到了格列索斯的所作所为。“弯一下身子，好让我亲你一下。”老人家说。接着，他亲吻了格列索斯的额头。对于格列索斯来说，这一举动足以让他觉得整个希腊都会支持抗战。

在接下来的几个星期里，格列索斯经常和一个名叫阿波斯托罗斯·桑塔斯的朋友见面。他们志同道合，在一起谋划如何反抗德国占领者。他们设想过从德国士兵那里偷一把手枪，或者点燃一辆坦克或一架飞机。他们曾尝试往德国停车场里丢燃烧弹，但是由于制作工艺太粗糙，炸弹没有爆炸。最后，他们想到一个好主意。他们经常在议会大厦旁边碰头，在那里可以清楚地看到“圣石”上飘扬的德国军旗。二人决定找一个晚上趁夜色爬上去，把德国军旗给拔下来。

几周后，克里特在经历了 10 天的浴血抵抗后向德军投降。德国人宣布第三帝国在希腊的敌人已经被全部击败。“那又怎么样呢?”70 多年后的一天，格列索斯在他的客厅里对我回忆道，“我们今天就给你们点颜色瞧瞧，让你们知道战斗才刚刚开始。”那天深夜，在昏暗的月光下，格列索斯和桑塔斯从雅典卫城陡峭的北坡爬了上去，在一个洞穴里停留片刻，然后爬上供奉着雅典娜和波塞冬的伊瑞克提翁神殿。桑塔斯后来回忆说，当他们在月光下看到雅典卫城的神庙时，心情十分激动，觉得自己“是伟大祖先的后人”。

他们发现上面没有守卫，于是沿着古城墙的边缘爬到插着旗子的东墙。他们用力拽拴旗子的绳子，费了一番周折，终于把旗子摘了下来。两个人热情相拥，挥着旗子舞动了片刻后便拿着旗子原路返回。他们把旗子上印着铁十字的一角撕下来留作纪念，剩下的部分丢进了枯井。

第二天，雅典的报纸刊登了公告：有人撕下了一面德国国旗，此案目前正在调查中，撕旗者一旦被抓住将处以死刑。格列索斯后来说，德国人不该发布这则公告，他们要是不说，可能还没有人知道呢。经过德国人的广而告之，这件事情传遍了希腊，也传到了国外。这说明德国人并非无懈可击。虽然格列索斯在德军占领期间数次入狱，但是直到从希腊撤离后，德国人才知道是他扯掉的那面旗帜。二战结束后，希腊陷入内战，交战双方一方是在德国占领期间进行抵抗的共产党，另一方是受美国扶持的右派反共政府。1949 年，内战以共产党的失败告终，但是意识形态之争却持续了四分之一个世纪。在此期间，共产党人不是被杀就是被流放到荒僻的野岛。鉴于格列索斯的政治活动，他在坐牢和流放中度过了 16 年，在希腊政府打击“红色纳粹”的斗争中，他曾两次被判处死刑。如果不是因为他在雅典卫城的壮举为他赢得了国际声誉，以及萨特、毕加索和戴高乐等国际名人政要为他奔走呼吁，格列索斯很可能早就被处死了。戴高乐曾称格列索斯为“欧洲第一个游击战士”。1963 年短暂出狱期间，格列索斯赴莫斯科领取了列宁和平奖。同年，《纽约时报》记者 C.L.苏兹伯格在一篇关于希腊共产主义威胁的文章中称他“具有英雄气概，但是个危险人物”。

2014 年春天的一个周日上午，我在格列索斯位于雅典郊区的家中见到了他。他家周围绿树成行。我一进门就看见他穿着宽松的睡衣，面前堆满了报纸。他缓缓起身，领我走到一张放满书的桌子旁边，给我腾出一块坐的地方。接着，他拿出他最近出版的一本书——《占领时期的黑色记录》，并在上面签名。书中记录了希腊在二战期间被占领时发生的大屠杀、处决和绞刑。这些杀戮始于 1941 年 6 月的克里特坎达诺斯（Kandanos）村大屠杀，终于 1945 年 4 月的科斯岛大屠杀。签完字后，格列索斯开始向我介绍他在布列塔尼酒店跟德国总统谈话的主要观点，也就是德国欠希腊的债务类别（他没有使用“战争赔款”这个词，因为他觉得这个词容易让人产生误解）。这些欠款包括被窃的古董、经济破坏、强制劳工和由此引发的其他破坏等类别。当说起这些时，他滔滔不绝，激情澎湃，好像已经讲过几百遍了。讲到一半，他还起身取来一枚德国在占领希腊和其他地方时发行的伪币。伪币上印着普鲁士城堡和一个戴着白头巾的忧郁妇女。格列索斯指了指伪币上用哥特体文字写的德语名称“德国信用办公室”，说道：“你看到签名了吗？”可是上面没有签名。他等我回答完了，接着说道：“这是假的。”格列索斯用手指弹了一下这张伪币，重复了一遍“假的”。他说，当时的理发师宁肯免费给德国兵理发也不愿意收这种伪币，因为这种伪币是和希腊货币挂钩的。如果收了伪币，损失会更大，因为找零钱的时候需要用希腊货币。当时，特别是在占领初期，希腊货币多少还有一些价值。这是德国人对希腊人民巧取豪夺的手段之一。我用格列索斯的放大镜看了一下这张伪币，并问他是从哪里搞到这种钱的。他沉默了片刻，没有看我，好像被我的问题激怒了。“我是从德国人那里偷来的。”他说。他的妻子乔治娅比他年轻，当时正坐在一旁读报。听到丈夫的回答后，她发出了沙哑的笑声，听得出来她平时抽烟不少。“在被占领时期，我是个战士，”格列索斯提高嗓门接着说道，“所以我什么都能弄到，我本来还有很多这种伪币，只是后来弄丢了。”于是我问他是怎么弄丢的。对他来说，这个问题好像也很愚蠢。他的嗓门比刚才提得更高了：“我在德军占领期间曾三次被捕！我还能做什么呢？我妈妈害怕死了，她把那些东西都烧了。”看来，我已经惹怒了这位希腊抗战英雄。

乔治娅插话了：“别激动，马诺利斯！”

当时，格列索斯已经宣布要竞选欧洲议会的议员了。他以91岁高龄毅然参选，令崇拜者对他更加敬重。格列索斯对我说，他参选的“主要原因”就是想把“愈演愈烈的希腊索赔斗争闹到全欧洲去”。虽然斗争在近期才开始加剧，但是格列索斯想让我知道，他很早之前就已经提出这个问题了。他对我说，实际上，早在1965年访问德意志民主共和国时，他就向当时的东德领导人瓦尔特·乌布利希提出过这个问题。当时，格列索斯是希腊全国议会中“左翼民主联合党”的议员。那个时候，希腊共产党被禁，左翼民主联合党其实就是共产党的代表。“你不要觉得我是共产党，你也是共产党，你就不用为第三帝国在希腊的所作所为做出赔偿了，你们欠我们的。”当时，格列索斯这样对乌布利希说。乌布利希和高克一样，沉默不语。

格列索斯提到他会见乌布利希这件事，让我想起了他和他的政党，以及他与德国现任领导人之间的本质区别。默克尔和高克都在东德长大，而且从某种程度上讲，他们的政治观点中最大的特点就是反对东德政治体制。高克尤其如此，他本身就是以东德政府异见分子的身份在政坛崛起的。虽然格列索斯不是独裁主义者，而且对直接民主坚信不疑，但在意识形态的斗争中，他却站在了高克的对立面。作为一个政党，希腊激进左翼联盟涵盖了托洛茨基主义和生态社会主义等广泛的左翼意识形态人群，但追根溯源，它主要还是1968年"布拉格之春"和苏联武装入侵捷克斯洛伐克后引发的希腊共产党内部分裂的产物。当时，希腊共产党坚决忠于苏联。时至今日，希腊共产党仍然在希腊议会占有稳定的席位。从希腊共产党中分裂出去的一部分支持欧洲一体化的党员经过演化和发展，形成了今天的希腊激进左翼联盟。虽然该联盟不像希腊共产党那样希望苏联复活，但是它所具备的冷战时期的意识形态却并未消失。举例来说，在基辅发生广场起义后，希腊激进左翼联盟领袖对欧洲和美国怀有帝国主义目的搅乱乌克兰表示关切。但是在俄罗斯兼并克里米亚，并在乌克兰东部地区煽动叛乱后，齐普拉斯访问了莫斯科，批评西方制裁俄罗斯，并对基辅的新纳粹分子提出警告。面对冷战疑云重启的新局势，希腊激进左翼联盟选择站在了"以前的同志"一边。

在希腊激进左翼联盟看来，德国新自由主义是由银行家和大资本家主导的，也是为他们服务的。希腊激进左翼联盟认为自己正在与德国新自由主义展开激烈的意识形态斗争，这场斗争不仅会引发希腊的社会主义革命，使之更有凝聚力，而且对整个欧洲也具有示范效应。（希腊激进左翼联盟的口号是“希腊正在引路前行”。）希腊激进左翼联盟的支持者认为，资本主义已经奄奄一息，希腊将引领人们走向更加光明的未来。在格列索斯眼中，希腊正在率先开展一场新的抗争。“希腊面临现在的情况并非偶然。”他在客厅对我说。在二战早期，希腊给了“轴心国”沉重一击，打败了从北部入侵的墨索里尼军队。“我们打破了‘轴心国’不可战胜的神话，”他说，“现在，我们正在开创一个新的先例，并将引领整个欧洲的变革。”

数年来，希腊都被嘲讽为欧洲问题的根源。希腊激进左翼联盟的口号很受希腊人欢迎，它说，这场危机不是人民造成的，而是不受限制的资本主义造成的。这种说法在民众中很有煽动力。虽然希腊激进左翼联盟在2012年大选中以微弱劣势败选，但是当我与格列索斯见面时，该联盟在希腊的各种民调中一直领先。这样一来，希腊就成了欧盟国家中唯一一个由左翼政党主导的国家。看来，是这场债务危机给希腊左翼提供了执政机会。在“轴心国”占领希腊时期，共产党是最强大的抵抗力量。从那时起，希腊左翼政党就一直渴望能够执掌希腊政权。格列索斯对我说，他反对希腊激进左翼联盟的一个口号，即呼吁选民选出“第一个”左翼政府。他说，这不是第一次了。在被占领期间，希腊共产党战士从“轴心国”手中夺回了希腊的大片领土——战士们称之为“解放希腊”。“我们曾经拥有过，但不幸的是，我们放弃了。”格列索斯这样说。他认为，希腊左翼再一次看到了胜利的曙光。

要想理解希腊人民对待赔款的强烈态度和对二战耿耿于怀的情结，我们必须了解希腊在二战期间的遭遇，以及这场战争对希腊后来的发展造成的长期影响。德裔希腊学者哈根·弗莱斯彻是一位历史学家，他撰写了很多关于这段历史的著述。他认为希腊在被占领期间的遭遇非常悲惨，程度仅次于斯拉夫国家。

正如格列索斯所言，战争开始于 1940 年下半年，当时希腊军队打败了墨索里尼侵略军，给同盟国家以巨大的精神鼓励。意大利失败后，德国人不得不在 6 个月后亲自派军入侵希腊。德军加入战场后 3 个月，希腊便沦为德国、保加利亚和意大利三国的占领区。第三帝国在西欧国家实行“理性剥削”，但是它占领希腊后不久便开始推行历史学家约翰·路易斯·洪都拉斯所说的“洗劫一空”政策。德国当局以极低的价格收购希腊的企业、工厂和商船。铝、铬和镍等可以用来制造炮弹的矿石都被开采出来运往德国。运输车辆都被征用，食品储备都被搜刮。洪都拉斯写道，在占领希腊后的前 18 个月，第三帝国“几乎无偿攫取了一切有价值的经济要素”。

德国的洗劫政策，加上英国实施的海上封锁，给希腊造成的困境可想而知。1941 年夏，就在希腊被占领后没多久，饥荒爆发了，紧接着发展成为人们所熟知的“大饥荒”。那个时代幸存下来的人差不多都经历或者见证过饥荒。我父亲在科林斯附近的一个村庄长大,村子当时被德军占领。父亲无法准确描述饥饿的感觉,但是他向我讲述了奶奶给他一片蘸有橄榄油的面包吃时他身体中传来的兴奋感。当时,粮食是稀缺物资,相对而言,父亲是比较幸运的。雅典和外岛地区缺少耕地,在那些地方,人们的遭遇要比我父亲悲惨得多。历史学家马克·马佐尔写道,雅典经历了"欧洲被占领区中,除集中营以外最严重的饥荒"。虽然死亡的具体人数很难统计,各方说法不一,但是据说,有大约30万希腊人在法西斯占领期间被饿死。而当时,希腊的总人口只有700万左右。

和其他被占领的国家一样,希腊也要被迫支付"占领费",但规定的数额高得离谱,曾一度超过了国民总收入。希腊只好通过不断印钞票来支付这笔费用,导致通货膨胀迅速发生,而占领费又要根据通货膨胀进行调整。20世纪20年代初的魏玛政府时期,德国出现了恶性通货膨胀,这次惨痛的经历让当代德国人对通货膨胀十分敏感,唯恐避之不及。然而,根据历史学家理查德·克罗格(Richard Clogg)的说法,1946年,希腊的物价水平相当于其在1941年5月的5万亿倍,相当于魏玛政府时期德国通货膨胀率的5 000倍。除了支付占领费外,希腊傀儡政府还被迫于1942年借款4.76亿马克给德国。(格列索斯说,这个数额相当于今天的540亿欧元,但按照一般方法进行换算的结果是110亿欧元。)战争结束前夕,第三帝国开始偿还这笔欠款,但是战败后便停止继续偿还了。格列索斯对我说:"在被占领之前，希腊人就一直向外国借钱。占领军撤走后，希腊还在借钱。如今，希腊又要借钱了，而且越借越多。希腊自建国以来只当过一次债主。那是什么时候呢？就是在希腊最悲惨的年代，还要被迫借给别人一大笔钱。”

希腊在被占领时期物资匮乏，原有的社会秩序也被打乱了，这些都为抵抗运动提供了基础。特别是共产党领导的国家解放阵线及其军事组织希腊人民解放军，获得了人民的广泛支持，成为希腊农村最主要的游击武装。在抗战过程中，希腊人民解放军还消灭了一些其他的抵抗组织，得以壮大自己。由于游击战大规模爆发，占领区的德军最高统帅下令，德军每牺牲一名士兵，就杀掉 50 到 100 个希腊人。在反游击战中，德军进行了一系列恐怖屠杀，烧毁村庄，大肆杀戮，造成 2 万多名平民伤亡。约有 100 万希腊人的房屋和农田被夷为平地或洗劫一空。大部分希腊犹太人都被运往奥斯维辛集中营。战前有 8 万名犹太人生活在希腊，最后活下来的不到 1 万人。还有很多希腊人死于疾病。据估算，约有三分之一的希腊人患上了肺结核、疟疾或伤寒等感染性疾病。更坏的情况是，德国和保加利亚军队在战争结束前夕从希腊撤退时对希腊的基础设施进行了系统性破坏，大量的桥梁、公路、铁路和隧道被毁，科林斯运河也被堵塞。

希腊的悲惨遭遇并没有随着纳粹的撤离而结束，新的战事开始了，又一场长期暴力冲突一触而发。在被占领期间，各种抗战力量之间已经存在摩擦，随着占领军撤离、社会秩序开始重建，这种冲突变得更加激烈。英国政府曾试图阻止希腊国内的抗战活动，如今面对日益壮大的共产党势力，英国感到十分焦虑。战争期间，位于开罗的希腊流亡政府受英国政府扶持。现在，流亡政府也对国内的共产党势力感到不安。为了削弱共产党的力量，英国支持了一小股非共产党武装势力，也就是希腊国家共和联盟军（EDES）。该势力的领导人更像一个投机主义者，而不是坚决的抵抗派。希腊人民解放军和国家共和联盟军之间不可避免地爆发了战争。随着希腊傀儡政府成立反共的“安全师团”，追捕左翼游击队，内战进一步升级。最终，希腊内战全面爆发，又有成千上万人因此丧生。

德国领导人从来没有为占领希腊期间的劫掠行为和由此引发的希腊内战而道歉。根据历史学家哈根·费莱斯切的说法，德国之所以不肯道歉，是因为怕希腊因此索取赔款。希腊人民遭受的苦难基本上被人遗忘了，埋没在这场战争给全人类带来的巨大灾难里。最终，高克承担起了直面历史的责任。2014年，他在访问希腊期间，和希腊总统一起前往位于该国西北部的里格亚德斯镇（Lighiades）。1943年，德国士兵曾在这里制造惨案，杀害了几十名希腊人，其中多数是妇女和儿童。高克向受害者纪念碑敬献了花圈，并流下了眼泪。他对着人群和电视机镜头表示忏悔。“这些在德国文化中成长起来的人竟然成了杀人狂魔，这令我感到耻辱，”他说，“民主的德国虽然逐渐走出了过去，但德国对希腊人民的亏欠，我们却知之甚少，这更让人感到耻辱。”他接着说，他真心希望对这些暴行负有责任的人能早点出来道歉。“这些没有说出口的话，以及对事实的无知，构成了又一个债务负担，他们竟然试图把受害者从记忆中抹去，"高克说，"今天，我要说出那些罪行累累的人和战后历届德国领导人都不愿说出的话：当年发生的事情是粗暴的、罪恶的。我怀着深深的罪恶感和悲痛之情，代表德国，请求受害者家属原谅，并且向这些行径的受害者鞠躬致歉。"站在高克身旁的希腊总统不禁潸然泪下。

可以肯定地说，很多当代德国人都是在新闻上看到希腊政府向德国索赔后，才知道自己的先辈在纳粹时期曾经入侵过希腊。在德国的高中课本里，德国占领希腊这段历史并不是重点教学内容——不光在德国高中，在其他很多地方也是如此。高克的访问和道歉很感人，可以帮助德国民众更好地理解希腊。但是他的这种姿态似乎并不能安抚多少希腊人。就在高克访问里格亚德斯镇后，格亚迪斯镇惨案的唯一幸存者帕纳戈迪斯·巴姆波斯卡斯对一位德国记者说："他说的都是空话。"惨案发生时，巴姆波斯卡斯还是个婴儿，他的后背挨了一刺刀，但是仍然活了下来。他的母亲和哥哥都在那次惨案中遇害。巴姆波斯卡斯说，没过多久，他的父亲也因伤心过度去世了。他没有参加高克访问期间的这场纪念仪式。"我想要正义，那就是赔偿。"

拜访格列索斯不久后的一个晚上，我看到他在格拉迪斯(Galatsi)的一个工薪阶层社区进行竞选活动。格拉迪斯是雅典郊区一块人口密集的地方，周围有几座陡峭的山峰，阻断了城市建筑的扩张。这里就像格列索斯的家乡一样,很多居民都来自他的故乡——基克拉迪群岛的纳克索斯(Naxos);也有不少人来自他出生的地方——位于纳克索斯岛东部一个叫阿布拉胡的村庄。不过,他早在几十年前就搬到这里居住了。他很受老家村民的喜爱,他们还为他歌唱:“你有一颗钢铁般坚强的心,和石头一样牢不可破的胸膛,你爬上了雅典卫城,你是阿布拉胡最勇敢的人。”

格列索斯走到准备发表演讲的小广场上,人们都涌上来亲吻他。这次活动的组织者中有一位女士,她用不容置疑的冷峻口吻对着话筒说:“没有一个格拉迪斯居民会挨饿,也不会有一个学生在学校里饿昏过去。”她说:“没有一户人家会停电。”在格列索斯旁边的折叠椅上,坐着一位头戴黑色头巾的老太太,看样子已经80多岁了。我问她是怎样认识格列索斯的,她说:“我们是最好的朋友。”老太太的女儿卡特里娜·伯格卡来到我们中间,她是一位退休教师,戴着一条项链,挂着很大的心形吊坠。她说:“他(指格列索斯)是我的灵魂。”伯格卡在格列索斯一次回岛时初次见到他,当时她还是个十几岁的少女。“见到他,就像见到神一样,”伯格卡说,“我觉得他就是神话中的人物,是普罗透斯,是第欧根尼,是卡雷斯卡基斯。”(普罗透斯是古希腊神话中的海神,第欧根尼是古希腊哲学家,卡雷斯卡基斯则是希腊革命战争时期的英雄。)伯格卡接着说,“这个人一直在战斗,没有片刻停歇。他不畏惧疾病,不害怕衰老,不怕德国人,不怕法西斯,也不怕独裁……他什么都不怕。当你看到一个92岁的老人这样站立着,并努力向前冲,不管你愿不愿意,你都会有种战斗的冲动。你也会向前冲！他就是你的英雄!”

在此之前,我听过几次格列索斯的演讲。他非常雄辩,侃侃而谈,很能吸引听众。关于很多话题他都能讲得滔滔不绝。我曾经听他讲过黄金和矿石挖掘(他在流亡期间读了很多这方面的书籍,因为当局认为这些内容是无害的),还听他讲过灌溉(他曾经研究出一种把雨水引入地下水的方法),也听他讲过马克思主义关于货币本质的理论。我很佩服他的活力和激情,也像其他人一样尊敬他,相信他的英雄事迹。虽然他可能不是故意误导或者迎合听众,但我经常发现他说的内容与事实不相符,所以做不到盲目崇拜他。在竞选宣传途中,他说希腊拥有丰富的矿产资源,但是没办法开采,因为政府官员“把开采权卖给了外国人,而外国人不愿意让希腊发展重工业”,他们想让希腊成为“欧洲的度假胜地”,成为没有生产力的附庸国。“他们想让每个希腊人都成为酒店服务员。但是我们想不想自立?”一席话引得听众中爆发出阵阵掌声。这是希腊激进左翼联盟的老套宣传方式,他们认为希腊是被外国势力控制的。这些外国人只想着如何遏制希腊,不愿看到希腊繁荣发展。

关于他经常提起的赔款问题,他的几种说法也很令人生疑。在一些场合,我听到他对人们说,德国最近敦促捷克共和国赔偿苏台德地区的德国人,因为这些人在二战末期被捷克斯洛伐克驱逐出境,他们在捷克的资产也被没收了。格列索斯说:“德国三年前提出这个要求,现在苏台德的德国人已经要回了他们的资产。这过去很久了吗?”德国人经常说,由于时间太过久远,所以希腊不能因为二战期间的损失向德国索赔,格列索斯的这种说法正好印证了德国的虚伪。他还举了另一个例子——“最重要的是,”他说,“德国政府最近同意不再向遭受纳粹迫害的犹太人支付一次性赔偿,而是为他们发放养老金。”他在讲到“养老金”这个词时故意加重了语气,“换句话说,遭受纳粹迫害的犹太人的子孙后代将会源源不断地收到养老金!”一位听众怀疑地摇摇头。“这件事情就发生在三个月前,”格列索斯接着说,“这很久远了吗?”

格列索斯说,他在与高克见面时提到了这两件事情,但是德国总统“沉默不语”。如果格列索斯真的对高克提起过的话,那么高克的沉默可能意味着这两个例子都是杜撰的。第一,捷克共和国从来没有赔偿过苏台德的德国人,也从来没有归还过他们的资产。第二,德国政府最近决定扩大对第三帝国时期被德国占领的犹太隔离区幸存者的养老补贴范围,但是格列索斯没有提到的是,这些补贴仅仅适用于那些曾经在隔离区工作过的犹太人,所以才被归作“养老金”。此外,这些受补助的犹太人的后代不能继承这项福利。格列索斯用这些错误的说法来做宣传,显然不利于问题的解决。

不管怎么说,格列索斯很会煽动人心。我对他这种哗众取宠、捏造事实的行为十分反感,但同时也被他感动得落泪。在格拉迪斯演讲的那天晚上,他的情绪格外高涨。那天正值他的弟弟遇害70周年,所以他以对弟弟的哀悼开始了演讲。话筒的音量调得很大,格列索斯对着话筒激情呐喊,他的声音仿佛把空气都刺穿了一个窟窿。直到演讲结束,他才降低了嗓门。如今他年事已高,人们经常问他是不是已经厌倦了这类活动。他的回答是:“亲爱的朋友,你认为你是在跟马诺利斯·格列索斯说话吗?”停顿片刻,他接着说,“不!”他的音调又高了起来,“你是在跟我所有死去的朋友说话!我的那些战死沙场的伙计和战友们,他们过来对我说:‘格列索斯,现在是什么情况?我们的梦想啊,我们的梦想怎么样了?’我弟弟也来找过我,他愤恨地跟我说:‘哥哥,你还活着,可是我早早就走了。你活过的这些年头,我也想要好好地活一遭。’我该怎么跟弟弟说呢?”这时,格列索斯已是泪流满面,委屈得像是被恋人误解和中伤了似的,“我该怎么回答弟弟,怎么回答?”我往四周看,人群中没有几个不落泪的。格列索斯接着说:“我就跟他说:‘弟弟,相信我。我们都在努力,我们还在战斗,我们仍在前线。我们什么都不会丢下,我们一直在建设。我们打破旧河山、建设新世界。总有一天,弟弟,你会实现你的梦想,你会看到自己的梦想成真。我不能让你重生,但是我可以为你的斗争作证,为你和其他人的斗争作证。’这就是我来这里的原因,这就是我继续战斗的原因。”听众中掌声四起。“我绝对不会死在床榻上。就是死,我也要站着死在与你们一起战斗的路上。”最后,格列索斯用他常用的话语结束了这次演讲。人们经常对他说:“我们需要你。”但他认为这样是不好的。“只要你们还需要我,对我说‘格列索斯,我们需要你’,那就说明我们的国家还没有进步。等你们都说,

‘格列索斯，我们不需要你了’的时候，那就说明一切都好了。”

德国领导人的访问对希腊人来说有着特殊的重要意义，特别是1956年西德总统特奥多尔·豪斯来访的那次。当时邀请他的希腊国王保罗恰好是德国末代皇帝的外甥。这是德国总统在战后首次对希腊进行国事访问，希腊右翼政府急于献上殷勤的招待，因为西德被视为希腊的重要经济伙伴和打击共产主义的重要盟友。考虑到11年前希腊还处于德国的占领之下，所以德国总统在雅典受到的欢迎获得了积极的反响，至少从当时的媒体报道来看确实如此。德国总统受到热烈欢迎，雅典协和广场中心甚至布置了战斗坦克以增加隆重感。据说，还有一些希腊农民在豪斯访问时经过的路边摆上了鲜花——他们可能意识到德国人是他们出口香烟、水果、坚果和橄榄的大买家。据德国《新闻周报》的一位记者报道，德国总统被希腊人民“纯洁、伟大和真诚的盛情款待”所感动，也被他们愿意“忘记过去，不记旧仇”的态度所感动。和高克一样，豪斯抵达雅典后不久也来到了雅典卫城朝圣。豪斯曾说：“欧洲是建立在三座山上的，一座是雅典卫城，另外两座是罗马的卡皮托利山和各各他山(Golgotha)。”(各各他山是耶稣受难的地方，位于耶路撒冷。)

虽然政府方面热情款待，不提旧事，但现实却远没有那么简单。虽然希腊政府可能没有心存怨恨，但是很多希腊民众并未原谅德国人在战争期间犯下的罪行。一份美国大使馆的记录上写道:“在雅典,看不出希腊民众有多大热情”,民众对德国总统致以的掌声“稀稀落落,而且并非出自真心”。希腊的二战受害者组织借机向德国索赔。某团体向德国大使馆寄信说:“人民之间的友谊不能建立在鸿沟两侧,这条鸿沟是由悲惨、痛苦和不公正造成的,而可以弥合这条鸿沟的赔偿却迟迟看不到要来的迹象。”当时正在崛起的左翼反对派也要求德国进行赔偿。毕竟,根据 1947 年达成的巴黎协议,希腊已经从保加利亚和意大利获取了 1.5 亿美元的赔偿,而且还从意大利手中割占了多德卡尼斯群岛。左派政客们质问道:“为什么主犯却不支付赔偿呢?”

但是,美国意识到了第一次世界大战结束后制定的赔款政策的失败,考虑到德国如果按照自己造成的破坏程度支付赔款的话,那么国力将永远无法恢复,因此选择保护德国免于支付固定额度的赔款。根据 1953 年的《伦敦债务协议》,德国巨额外债的一半被一笔勾销,战争破坏赔款问题也被推迟到直至“赔款问题达成最终协议”。这个由美国支持的协议对于战后西德的复苏至关重要,因为它让西德在没有负担的情况下建立了繁荣的出口导向型经济,并且从 20 世纪 50 年代开始长盛不衰。(希腊激进左翼联盟经常强调德国当时获得的免债待遇,呼吁德国免除希腊的债务。)得益于“马歇尔计划”,希腊在内战结束后也开始重建基础设施,经济迎来繁荣发展,但是,这些并不能让左翼政客和战争受害者团体停止向德国索赔。20 世纪 50 年代后期,随着格列索斯领导的左翼民主联合党的民众支持率大增,这种要求愈加强烈。该党还指责希腊政府通敌卖国。

希腊政府在国内的形象因另一个与战后正义相关的事件而严重受损,那就是只有极少数在希腊犯下罪行的战争犯受到了惩处。希腊政府同意接受德国检察机关对该国战争罪犯的调查结果,但是,德国当局不想过多重提纳粹历史,所以没有对这方面的案子表现出多大兴趣。美国中情局当时的一份报告显示,在豪斯访问期间,希腊政府曾提出威胁:如果德国不支付赔款的话,希腊将重启关于德国战争罪犯的调查。但德国拒绝了赔偿,于是,在1957年,希腊重启了调查。那年,一位名叫马克斯米利安·莫顿的德国律师刚好要到希腊为一起民事案件作证,这位律师恰恰就是战争犯嫌疑人之一,而他要处理的这起案件牵涉到他战时的翻译官。在德军占领希腊期间,莫顿是塞萨洛尼基地区的军事管理官员。当时生活在塞萨洛尼基的犹太人约有5万人,他们中将近一半人被运往奥斯维辛-比克瑙集中营。战后,莫顿被美国人逮捕,但是希腊政府没有表现出要起诉他的意愿,所以他最终获释。这一次,莫顿担心希腊当局可能会对他不利,所以离开德国之前,他从希腊驻柏林领事那里得到了保证:他在希腊不会遇到任何法律上的麻烦。得到保证后,莫顿启程来到希腊,刚入境就被逮捕了,个中缘由很难说清。德国政府认为这次逮捕带有政治目的,因此为营救莫顿而展开斡旋。中情局当时的一份报告显示,莫顿被捕只是个误会,他很快就会获释。但是毫无疑问,莫顿成了希腊人跟德国人讨价还价的筹码。在莫顿被羁押期间,德国和希腊达成了一项经济协议。根据协议,德国将向希腊提供两亿马克的优惠贷款。德国签署协议的动机是多方面的,因为它同时也希望帮助希腊稳定国内局势,确保希腊留在西方(而不是苏联)的势力范围内。这也是在不承认战争破坏赔款的法律前提下向希腊提供经济援助的方式——用历史学家海兹·A.里切尔的话说,这笔贷款是"隐形的赔款"。德国政府还获得了一个附加好处,据另一位历史学家苏珊娜-索菲亚·斯普里奥提斯透露,在经济协议的秘密附录上,时任希腊总理的康斯坦丁·卡拉曼利斯向德国总理康拉德·阿登纳保证,希腊会将莫顿送回德国,并不再起诉其他德国战争罪嫌疑犯。

然而,莫顿在被捕初期受到了严厉的惩罚。被捕两年后,一个希腊军事法庭判处他有期徒刑 25 年。不过,这次判决是为了安抚希腊民众。几个月后,希腊政府推动议会通过了一项战争罪犯特赦令,当时的司法部长说,"纠结于过去"不利于希腊与西德建立良好的经济和政治关系,这违背了希腊的利益,希腊"虽然对于自己付出的牺牲非常自豪,但是我们绝不心怀仇恨"。这项法案受到了左翼反对派、受害者团体和世界犹太人大会的坚决抵制,世界犹太人大会称之为"向泯灭人性和目无法纪的势力屈服"。莫顿被悄然释放回国,德国政府对他在希腊被监禁时受到的损失进行了补偿。回国后,莫顿指控卡拉曼利斯在纳粹占领希腊期间为纳粹充当线人。虽然卡拉曼利斯和希腊政府对此断然否认,但这件事还是在希腊政坛掀起了一阵波澜,被称为"莫顿事件"。

莫顿获释几个月后，德国还同意向希腊支付 1.15 亿马克的赔款，用于补偿纳粹时期因种族或信仰问题而遭到迫害的希腊公民——这个赔偿协议类似于德国与其他国家签订的协议，即向大屠杀幸存者支付赔偿金。德国外交部部长致函希腊大使，表示该协议中的条款意味着希腊未来将不得再向德国索要与纳粹迫害相关的赔款。希腊大使拒绝了这一要求，并在回函中表示，希腊保留在未来根据"最终协定"进一步索取赔款的权利。他所说的"最终协定"就是十年前签署的《伦敦债务协议》中提到的内容。

等到柏林墙倒塌、东西德统一后，达成"最终协定"的时机好像已经成熟。在希腊，有人重提索要赔款和战时强迫借款的要求。20 世纪 90 年代，希腊战争受害者群体向法院提出集体诉讼，状告德国在战争期间犯下的罪行。希腊法院判决原告胜诉，要求德国赔偿损失。德国政府以国家豁免权为由不承认判决，并警告希腊政府，这种判决将严重危害两国关系。作为回应，希腊法官试图没收包括雅典歌德学院在内的德国政府资产，并准备将资产拍卖所得用来补偿受害者。不过，希腊政府阻止了这些没收行动。希腊债务危机爆发后，希腊人民对于德国人所谓的"债务"说法再次表示反感，这样一来，希腊政府陷入了两难境地：怎样才能既平复国内民众向德国索要赔款的强烈意愿，同时又不得罪德国呢？毕竟德国是希腊最大的债主和依靠。

2014 年初，一些德国国会议员——主要是希腊激进左翼联盟的同盟左翼党——对德国政府发出质询，要求政府解释为什么认为希腊的索赔要求是非法的。政府给出的回应中提到了1990年签署的一项国际协议，该协议承认了统一后的德国。这个名为《最终解决德国问题条约》的协议是在时间上最接近于第二次世界大战的和平条约，条约签署国包括东德、西德、美国、苏联、英国和法国。德国政府认为，这项协议解决了与德国有关的所有由战争引发的法律问题，包括赔款问题。当我在格列索斯家与他会谈时，他说希腊从来没有签署过这个协议，也从来没有跟德国达成任何和平协议。他的计划是：等希腊激进左翼联盟执政后，他会邀请德国签署一项和平协议，其中将规定德国须向希腊支付赔款。不过，他不愿意细说他将怎样说服德国人。"我肯定，只要我们讨论到和平协定，他们就会赔款的。"他对我说。

2014年5月25日，希腊激进左翼联盟赢得了欧洲议会在希腊的选举，领先新民主党几个百分点。该党的支持者认为这场胜利具有历史性意义，因为这是希腊激进左翼联盟首次赢得全国范围的选举。他们相信，按照这个趋势，希腊激进左翼联盟不久便可成为希腊的执政党。实际上，仅仅7个月后，希腊激进左翼联盟就提前赢得了大选，成为执政党。在欧洲议会选举中，格列索斯获得了45万张选票，成为希腊国内得票最多的候选人。由于心脏原因，格列索斯无法乘坐飞机，所以需要在布鲁塞尔和斯特拉斯堡之间来回奔波，非常麻烦。布鲁塞尔和斯特拉斯堡是欧洲议会的会场所在地。他要乘汽车出行，并在这两个城市中找个地方住下。

在一个闷热潮湿的夜晚，格列索斯在雅典市中心的一家咖啡厅举办告别晚会；同时也是他的新书发布会。这是一本谈话录，由新当选阿提卡大区行政长官的杜若(Rena Dourou)编写。杜若与格列索斯同属一个党派，都是希腊激进左翼联盟的成员。在晚会上，杜若和齐普拉斯坐在格列索斯旁边，他们都赞扬了格列索斯孜孜不倦的斗争精神。最后发言的格列索斯与其他人不同，他像是听到教官命令一样从椅子上腾地站了起来。他穿着一件没系扣子的短袖衬衫，露出修长瘦削的胳膊。他的穿着和讲话的热情让人感觉他仿佛是个孩子。他首先对来宾表示感谢，特别是在场的两位外交官：一位是巴勒斯坦驻希腊代表团团长，一位是越南驻希腊大使。当他介绍巴勒斯坦代表团团长时，听众热烈鼓掌。介绍越南大使时，他说，越南人民为了赢得独立而艰苦斗争，战胜了武器先进的敌人。接下来，他感谢了来给他送行的纳克索斯村老乡。之后，他开始演讲。他说，希腊激进左翼联盟赢得选举对于他这样的老战士有着非常重要的意义，因为他们奋斗了一辈子，都盼着左派力量能够上台执政。"我们将要证明，这已经成为了事实，"他激动地对人群说道，"战友们都从未屈服，有一些你们不曾听说过的战友给我打电话，他们高兴得哭了起来。我们为什么会喜极而泣？因为道路已经打通，齐普拉斯，"他边说边看了一眼将要成为希腊领路人的齐普拉斯。格列索斯讲完后，主持活动的女士给了他一小包土，这包土是从他弟弟遇害的地方取来的。"我希望你能够带上这包土，"这位主持人接着转向听众，几乎是哭着说道，"他这次又要去攀登城墙了,去攀登一座不怀好意的城墙。他还有很多旗子要拔。”

我不知道格列索斯要在欧洲议会拔掉什么旗子,因为那只不过是欧盟庞大官僚机构中一个没有实权的部门。20 世纪 80 年代,格列索斯就曾短暂担任该议会议员,后来因失望而辞职回乡,在纳克索斯建立了直接民主的治理模式。现在,格列索斯将会发现,虽然欧洲议会的权力有所提高,但其实并没有太大的变化。欧洲议会共有 751 个议席,来自各国的议员操着 12 种不同的语言,在辩论中,每位议员只有几分钟的发言时间。在当年的欧洲议会选举中,有一大批极右派议员当选,包括法国国民阵线和英国独立党。这两个党的纲领都是建立在反对欧洲议会这种欧洲一体化机构的理念之上的。这一年,当选欧洲议会议员的有一名来自德国纳粹主义政党“国家民主党”的成员,还有一名来自希腊新纳粹主义政党“金色黎明党”的成员。可以说,本届欧洲议会成了吵架和打闹的场所。看来,格列索斯应该很难有效利用欧洲议会在赔款问题上与德国抗争。从本届议会的议员构成上看,希腊激进左翼联盟的崛起似乎也不大可能像格列索斯期望的那样,在欧洲范围内掀起社会主义革命。

新书发布会结束后,格列索斯走下台阶,被一群崇拜者包围。人群中有一个老头,身材魁梧健硕,看起来年轻时肯定特别强壮。他小心翼翼地走过来,看到了格列索斯身边负责保卫的便衣警察。老头当年加入共产党的时候,曾一度受到便衣警察的监视。“哈!”老头说,“他们以前追踪我们,现在在你面前也要低头哈腰了!”一群乐手奏响手中的乐器,大家欢唱起来。这时我才知道,原来对于格列索斯老家的一些人来说,格列索斯就是他们谱曲作词的题材。“你有勇气、坚不可摧的灵魂、钢铁般的意志,一如既往,你将开始新的战斗。这些年,你的心、你的灵魂和你的力量,从未改变,”几个上了年纪的老太太开始即兴演唱起来,“你将成为史册上光辉的一页……因为我们有格列索斯,我们无比自豪……雅典卫城的英雄!”我凑到格列索斯耳边,问他会不会想念希腊。“不会,”他说,“我会带上希腊一起出发。”

第四章　公务员谋杀案

Murder in the Civil Service

越是公平公正，讲究论功行赏的地方，那个地方的公民就越好。

——伯里克利

潘盖翁市位于希腊北部，辖区内山峦密布，绿树成荫。2007年12月27日晚，该市财政局的两名工作人员把市长特里安塔法洛斯·库库迪斯约到偏僻的沿海公路上，想要与他商议如何解决越来越严重的经济问题。他们在这起事件之后被调查，公诉人指控财政局长与市长合谋，在此前的3年内，多次将市财政经费挪作私用。审计官员在事发当月例行的财务报表审计中，发现市财政经费的缺口已经超过70万欧元。审计结果显然给三个当事人带来了很大压力。

那天晚上，财政局副局长艾卡姆·莫诺斯给市长打电话，表示想把自己的房产作为抵押换取紧急贷款,用来填补财政上的资金缺口。莫诺斯是个中年人,有一双黑色的眼睛。“过来吧,我把房产证明给你,”莫诺斯称他当时这样对市长说。不过,他后来又表示,其真实目的并不是向市长交出房产。在当地人看来,莫诺斯是个沉默寡言的人,他竟然会参与违法行为,这令人们感到吃惊。莫诺斯已经结婚,有四个儿子,几年前被市长调入财政局工作。在此之前,他已经在市政府工作了 20 年。他曾经的一位同事说他是一个“好人”。

市长先生以前是一名健身教练,身材高大,留着一头浓密的银发,胡须修剪得很整齐,额头不高,说起话来滔滔不绝,为人非常和善。不过据一些当地人说,几年前他当选市长后就变得派头十足,说话的时候也开始打官腔,而且和妻子离婚了。接到莫诺斯的电话时,他正跟一位年轻女士在一起,他们当时才刚刚交往了几个月。据这位女士回忆,市长接完电话后说要去参加一个“公务约见”,之后就开着他的蓝色奥迪飞驰而去了。

他们约见的地点位于爱琴海沙滩海岸公路上的一个停车区,冬天的时候那里很少有车经过。和莫诺斯一起驾车前来的是市财政局局长萨沃斯·萨尔多里迪斯。萨尔多里迪斯年近 50 岁,身材结实。他戴着窄边眼镜,看起来十分适合管理市政府的财务工作。据当地人说,萨尔多里迪斯为人外向,朋友很多。他之前是税务官员,三年前新市长刚上任便任命他为财政局局长。他在社交圈里的名声似乎不错,市政府的一位同事对他的评价是“工作起来无可挑剔”。他还是个音乐家,会演奏里尔琴——这是一种类似小提琴的乐器，经常用在黑海希腊人(从黑海周边地区南下并迁居到希腊的移民)传统的吉格舞曲中。萨尔多里迪斯的妻子是一个离过婚的乌克兰女人，他们二人结婚时，她还带着与前夫生的女儿。婚后，他们生了两个儿子，这年 12 月事发时，孩子们都还很小。

两位财政局长赴约时带了一把乌兹冲锋枪。庭审中出示的一份对当晚事件的调查报告显示，他们到达停车区后，萨尔多里迪斯拿着枪躲到附近一家破败的小餐馆旁边。晚上 9 点多，市长赶到见面地点并下车。根据庭审记录，此时萨尔多里迪斯从藏身的地方走了出来，拿起冲锋枪对准市长的头部开火，并近距离两次击中目标。市长中枪倒地后，萨尔多里迪斯又朝他的身体开了五枪。之后，两位局长把市长的尸体塞进了他自己的汽车后备箱。三天后，尸体被人发现。

我第一次听说这起凶杀案已是案发的三年半后，在希腊还经常有人谈起这个案子，因为两位局长虽然早已因谋杀市长而入狱，却仍然在财政局领取部分工资。这个案子严重暴露了政府对公务员的过分保护政策，在这种政策下，即使被免除公职的罪犯也能享受特殊保护。(“他们谋杀了市长，但是仍然领工资!”一家希腊报纸的头条这样写道。)与此同时，“三驾马车”正在向希腊政府施压，敦促其开除不称职的公务员。通过这起谋杀案，人们可以看到改革的阻力有多大。

一个世纪前通过的希腊宪法中有如下规定：担任法定职务的公务员将终身任职，除非该职务废除。从那时起，希腊公务员的铁饭碗制度就如同地球围着太阳转一样天经地义、不容置疑。希腊宪法中虽然也有规定，可以开除参与谋杀或挪用公款的公务员，但是必须“由不少于永久公务员总人数的三分之二组成的公务员委员会批准”。出台这样的规定是有历史原因的。在一个世纪前的希腊，政府每次换届，新上台的执政党都会通过撤换大批公务员来安插本党成员。宪法中规定，要防止执政党更迭造成的公务员大换血。不过，虽然宪法不允许政府大规模开除公务员，却没有限制公务员的总规模。所以，政客们一上台就给自己的支持者或者亲属安排工作，像给鸽子喂食一样出手阔绰。2009 年，约五分之一的希腊人在政府或者政府下属单位任职。这个比例虽然高于德国，但低于另一些欧洲国家如法国，尤其是斯堪的纳维亚半岛各国，如拥有丰富石油资源的挪威。希腊公务员队伍更严重的问题在于其人员构成。这支队伍中充斥着毫无技能的职员和水平低下的管理人员，但他们的任职资格却几乎不受限制。政府之所以设立公务员岗位，理论上应该是为公民服务的，但实际上却成了某些人获取利益的途径。一旦就职，无论你工作表现如何，都不会失业，因为只有得到你的大多数同事的同意才能开除你，但是他们都会倾向于维护你。没有任期的限制，公务员就像拥有了豁免权。他们可以迟到早退，甚至根本不上班，即使上班也只会想方设法利用职位非法牟利。即便有些公务员想要正直地履行职责，公务员系统却不给他们这样的机会,这个系统设计的初衷似乎就是鼓励偷懒。

面对“三驾马车”的压力,希腊政府不得不对公务员的工作表现进行评估。评估的第一项就是检查公务员是否出勤;如果出勤,是否迟到早退。最初的检查结果并不理想,以文化和体育部的一个司为例,虽然该部门 1998 年就安装了电子签到系统,但是这个系统只在 2012 年运行过一年。即使在运行期间,这个系统也没有开通它的全部功能。2012 年秋天,70%的检查对象没有按时上下班。对政府下属的一家社保基金机构的检查结果也基本相同——四分之三的检查对象没有按时上下班。在四个月后进行的第二次检查中,按时出勤率提高了 7%。调查报告显示,这家基金机构的领导不但没有按照要求严肃出勤纪律,也没有扣发职工的工资,甚至还私自发放了加班费。

在债权方的逼迫下,希腊政府揭开了几十年来的遮羞布,暴露出了许多令人触目惊心的问题。几个政府官员参与洗钱或者挪用数千万欧元公款的案子成为媒体关注的焦点。但是很多小额贪污案件显示,基层公务员也有腐败倾向。比如,在希腊最大的社保机构工作的六名女性员工就涉嫌违规发放约 1 100 万欧元的社会福利,她们受到了洗钱和其他罪名的指控。雅典市区和周边地区的 65 名城市规划人员因随意少收或免收建筑违规罚款而受到重罪指控。(可以想象,那些被免掉的罚款肯定不会都留在违法建房的人手里。)据希腊《民族报》报道,2013 年末,希腊财政部长致函国内各家银行,让它们提供数百名税务审计员的账户信息,因为这些人涉嫌隐瞒非法收入和资产。调查人员发现,这些审计人员的账户中存在与其收入不符的巨额转账记录。2014 年,希腊政府宣布正在对 5 000 多名公职人员展开调查。这些人涉嫌在过去四年里向境外银行转移了 15 亿欧元资金。这些被调查的公职人员中约一半是教师,他们经常在校外进行私人辅导,而且只收现金。因为希腊的大学入学考试非常难,所以这些教师通过私下为学生讲授在学校里讲不到的知识,帮助他们考入大学,并获取报酬。此外,在被调查人员中,公立医院医生和国防部官员也占有很高的比例。

这就难怪几乎所有希腊人都对公共管理体系不满。2012 年欧盟进行的一项调查显示,96%受访的希腊人对政府的评价都是"糟糕",于是希腊政府成了欧盟国家中最不受本国民众欢迎的政府。希腊政府受到的"差评"之多,表明大量政府工作人员也是如此评价自己的。这项调查的结果与经济危机爆发前的调查结果相似,说明民众的不满不能只归咎于危机造成的政府服务的减少。虽然政府的工作一直受到广泛质疑,但是希腊公务员的工资在经济危机前的十年里却一路水涨船高。根据欧洲央行发布的一份报告显示,希腊公务员的人均工资在此期间翻了一番,增幅居欧元区榜首。与之相反,虽然德国人对本国政府的工作较为满意,但是德国公务员的工资同期只增长了 13%(如果排除通货膨胀因素,这一数字实际上是负增长)。除了工资之外,希腊公务员还有各式各样的福利。2013 年,希腊政府停止发放福利,因此那些需要在电脑前工作的公务员获得了 6 天的额外年假。在希腊,公务员认为对着电脑工作很辛苦,所以这6天假是用来放松和休养的。

2013年夏,年轻的新民主党成员基里亚科斯·米佐塔基斯被任命为希腊改革部长。他的前任是一个小型左翼政党成员,被保守派指责不仅没有推行"三驾马车"要求的改革,反而加以阻挠。米佐塔基斯在学术上颇有成就,不仅拥有两个哈佛学位,还有一个斯坦福学位。他出身希腊政坛名门,他的父亲康斯坦丁诺斯·米佐塔基斯曾于20世纪90年代初担任希腊政府总理,任期三年半。之所以任期不长,是因为康斯坦丁诺斯当时推行了一些不受欢迎的改革,其中包括削减政府开支、对臃肿的国有企业进行私有化改革,这些正是今天"三驾马车"所要求的。不过,他当时也对自己的政治盟友封官许愿。但是现在,他儿子担任的这个职位完全是个烫手的山芋,因为不但要改革公共管理体系,还要执行一项不受欢迎的措施——开除数千名公务员。长期以来,没有哪个希腊政客敢于大规模裁撤公务员。基里亚科斯·米佐塔基斯任职的部门正式名称叫做"行政改革与电子化治理部",是几年前刚刚创建的,旨在实现希腊公共治理的现代化。不过,我们现在还不清楚这个部门是在履行职责,还是仅仅再次扩大了政府规模而已。

米佐塔基斯就任部长后,宣布将尽快把公务员体系改革成高效的精英体系。他表示将首先开除那些还在吃空饷的犯罪官员。在一次电台采访中,他提到了潘盖翁市的财政局长。他认为这类事情不能"在国内树立正确的荣誉观"。他宣布已经决定将他们开除,并称这是政府委员会重新审查违法案件的开始。

他说，大刀阔斧的改革早已势在必行，要彻底改革这个“过分膨胀的政府，它是酿成一些问题的祸根”。听到这位部长的发言后，我觉得那两位局长应该已经被开除了。我给部长办公室打了一个电话求证，米佐塔基斯的发言人确认了这个事实。但是，当我和潘盖翁市政府联系时，市长助理告诉我，他们没有听说任何关于开除局长的消息。实际上，两位杀人犯依然在领取工资。于是，我决定去潘盖翁一探究竟。

潘盖翁市因潘盖翁山而得名，由希腊东北部的几座村庄组成。据当地人说，亚历山大大帝曾经在潘盖翁山开采金矿，为远征军提供军费。潘盖翁以北70英里就是保加利亚，以南是爱琴海岸。市长被杀时，潘盖翁市政府位于市长的家乡——尼基希哈尼村。村庄建在潘盖翁山麓，村里的房顶上都铺着红色瓦片。山麓上绿树葱葱，长满了雪松、山毛榉和核桃树。后来，希腊政府进行改革，在全国精简行政机构，潘盖翁市政府也因此搬到了附近的一个更大的城市。不过，在我到达尼基希哈尼村的那天傍晚，依然可以看到前任市长办公室前挂着市政厅的大牌子。在市政厅旁边，几个退休的老人围坐在一家小咖啡厅外的核桃树下，我也找了个座位坐下。他们像看外星人一样看着我。我用希腊语对他们说了一声“晚上好”，他们也礼貌地向我问好，然后就沉默起来。马路对面是一个小广场，广场上有一排没有旗子的旗杆。广场旁边有一家咖啡馆，里面的客人也都是退休的老人。在它对面是另一家咖啡馆，里面同样坐着几个退休的老人。

“你们是如何确定谁该去哪家咖啡馆的呢?”我问坐在我旁边的老人。

“退休的人都去那里。”一个老人指了指旁边的那两家咖啡厅说。我过了一会儿才反应过来,原来老人家是在跟我开玩笑。这位老人长得和威廉·达福有几分相像,我对他说他长得像明星,可是他却完全不知道威廉·达福是谁。

“这个村子的经济来源是什么呢?”我问他们。

“德国借钱给我们。”一个吞云吐雾的斜眼老头回答道。

咖啡上来了,我鼓起勇气问那个长得像达福的老人是否认识遇害的前任市长。

“我们当然认识他,”他说,“他经常下来跟我们一起喝咖啡。”

“你觉得他人怎么样?”我问。

“他非常善于与人交往。”长得像达福的老人说。

“我们这里的人都是好人。”另外一个老人带着一丝苦笑说。看来,我应该不会听到有人说市长的坏话了。这里毕竟是他的故乡,希腊人坚持一个原则,那就是“死人永远没错”,批评只能留给活着的人。

“你们认识杀他的人吗?”我又问。

大家都沉默不语。一个人拨动了一下手中的念珠,表情痛苦地说:“他们是别的村的,而且跟我们不属于同一个种族。”我当时不明白这位老人的话是什么意思。这些山村离得如此之近,怎么可能会把邻村的人当成其他种族呢？我后来才知道,他之所以这么说，是因为杀人凶手来自黑海地区。在希腊，黑海附近的移民都遭人歧视，被认为是流氓和暴徒。我去法院借阅案卷的时候，再次感受到了这种歧视。法院的一名职员对我说，黑海希腊人“骨子里都流着罪犯的血液”。听到这样的话，不能不令人感到遗憾。

介绍完凶手的祖籍之后，大家又陷入了沉默。这些老人都不愿意谈论那场谋杀，特别是不想在外人面前提起。我喝完咖啡准备买单时，服务员告诉我，那个长得像达福的人已经替我付过钱了。我向他表示感谢，随后朝我的车子走去。“嗨，美国人！你过来一下。”广场对面有人喊道。我向那边看去，发现另外一家咖啡馆里的一个老人在向我招手。我走了过去，心想：他是怎么知道我是美国人的？

这个老人长着一双淡蓝色的眼睛，头发染得乌黑。和他握手的时候，我看到他少了两根指头。握手之后，我准备自我介绍，但是他打断了我，似乎已经足够了解我的情况了。

“你知道你应该在书里写些什么吗？”他问。

“不知道，您说。”

“去他妈的希腊人！”

老人的一个朋友就坐在桌子对面，年纪大约有八九十岁，留着前短后长的发型。他一脸惊恐，用自己虚弱的嗓音使劲喊道：“不！千万别这么写！”

“好，不写这个，”少两根手指的老人说，“那就这样写：‘我们需要把这个愚蠢的国家烧掉，先从政府烧起。’”

“不！也不能这么写，”八九十岁的老人说，“就写：‘我一点都搞不懂这个国家。’”

这个少两根手指的老人名叫拉姆布鲁斯·克斯卡利斯，曾在德国当了49年的“外籍劳工”——二战结束后的数十年中，因为德国经济繁荣，地中海沿岸地区有成千上万的劳工赴德工作。他对我说，他是在一家德国汽车配件厂里弄丢了自己的指头。克斯卡利斯对当地政府有诸多抱怨，但是他抱怨的问题似乎并不足以让他这么愤怒。例如，他抱怨马路对面的旗杆是空的。之前，市政府在这些旗杆上挂满了各国国旗，非常漂亮。“他们把那些旗子弄到哪里去了？”他说。他抱怨当地少年改装的踏板车和摩托车噪声太大，还抱怨公共墓地每块要收费20欧元。

后来，他在不经意间提到，财政局长射杀市长的那把乌兹冲锋枪是从他侄子那里弄到的。据曾经参加过庭审的证人说，这个人的侄子未婚，并且没有正式工作。他称这把枪是他从一个废弃的采石场里捡的。“我知道这把枪是非法的，但还是把它捡走了，”他在法庭上说，“我拿走了这把枪，它看起来好像是上了膛的。”法院经过调查发现，他以5 000欧元的价格把枪卖给了财政局长，因此以合谋杀人罪和违反武器管理规定罪判处他有期徒刑17年。克斯卡利斯并不同情自己的侄子。“他和那些人都应该被判处终身苦役。”他说。

“那两个罪犯还在从市政府领取工资呢，你怎么看待这个问题？”我说。我想，这个人满腹牢骚，对这个问题肯定也有不满。令我感到吃惊的是，他对此倒没什么异议。“这是为了照顾他们的家人吧，”他说，“我是这么看的。”

“但这是向犯人家属提供补助的恰当方式吗？”我说，“用财政经费给犯人发工资？”

“在希腊，又有什么是恰当的呢？”一个大块头走了过来，找个位子坐下，点燃一根香烟。

那个八九十岁的老人又提醒了我一遍：“就写：‘我一点都搞不懂这个国家。’”

“德国人听到这样的事情就会说：‘我们为什么要借钱给希腊？’”我觉得这句话没准能激起克斯卡利斯的回应，因为他刚才用浓重的口音炫耀式地用德语说了一句：“我会说德语。”可是克斯卡利斯沉默不语，倒是旁边一个已经谢顶，并且有一只眼睛弱视的屠夫受到了触动，开口说话了。

“告诉默克尔，这里没有什么东西可拿了，”屠夫说道，“奶牛都跑了！我们只剩下牛身上的铃铛了。”这句话引得周围的人发出一阵哄笑。他仿佛受到了鼓励，握起拳头，抓住自己的手腕，好像在比画男性的生殖器。“默克尔可以把这个带走！”他说。周围人笑得更欢腾了。这个屠夫邀请我晚上留下来陪他喝酒，我推辞了，说还有工作没完成。

那个八九十岁的老人站了起来，好像我们的话扰乱了他的平静。“写上：‘我一点都搞不懂这个国家。’”他又对我说了一遍，然后蹒跚而去。

几天后，我又回了一趟尼基希哈尼村，走访了旧市政大厅。

在工作时间，这个大厅依然作为政府的办公场所。这里的工作人员中有一个瘦削和蔼的男子，坐在办公桌后给一群市民填写文件，加盖印章。工作结束后，他带着我去参观前任市长的办公室。男子说，办公室里的样子和市长在世时一样。我们走上几层木质楼梯，来到了办公室。办公桌后面的墙上挂着一张巨幅的达·芬奇名画《最后的晚餐》，画两侧分别印着希腊国旗和欧盟旗帜。办公室里布置着一些宗教画像和一尊德谟克利特（古希腊思想家，原子论的创始人）的半身像。墙上还挂着一幅牌匾，上面刻着历史学家修昔底德的名言："如果公民服从统治者，统治者遵守法律，那么这个城市就会秩序井然。"这位职员告诉我，市长以前是他的健身教练，为人友善，和那两个财政局长的关系看起来还不错。"发生这种事情，我实在难以相信，"他提到这起枪杀案时说，"都是因为钱。"

从市长办公室出来后，我去阿波斯托罗斯·希亚克里斯的家里拜访了他。他家位于旧市政大厅附近，收拾得很整洁。希亚克里斯退休前在市政府工作，是前任市长的朋友和政治盟友，在市长遇害后还一度担任代理市长。他穿着短裤坐在沙发上，身后的墙上挂着一幅圣母玛利亚和耶稣的画像。他对我说，在他担任代理市长期间曾经停发了两个财政局长的工资，理由是他们被判谋杀罪入狱。但在当时，停发他们的工资是违法的。政府雇员因为坐牢无法上班被视为"自动休假"，在当地政府纪律委员会做出决议之前可以领取一半薪酬，财政局长萨尔多里迪斯的律师因此起诉希亚克里斯渎职。在谋杀案发生六个月后，当地纪律委员会以“行为不端”的名义开除了两位涉案的财政局长。但是萨尔多里迪斯的律师提出上诉，将该案提交至雅典的中级纪律委员会审议。这就意味着，在上诉得到处理结果之前的一段漫长时间里，两位入狱的财政局长仍可以领取一半薪水。这让希亚克里斯非常气愤。“杀人犯怎么还能领工资呢？”他对我说，“从没听说还有哪个国家的政府有这样的规定。”离开之前，我问希亚克里斯，前任市长的为人怎么样。“他乐于助人，从来没有拒绝过别人。”希亚克里斯这样回答。

离开这里的那一天，我去当地的陵园看了看。前任市长的墓前竖立着一个大十字架，地上摆放着塑料花，还有三张他打着领带的肖像照。墓碑上刻着他女儿对他说的话：“我希望你是离天堂最近的星星，你的光芒能够拥抱整个世界，就像你和我们在一起时一样。你永远都是我的天使。”

在这起谋杀案的审判期间，萨沃斯·萨尔多里迪斯和艾卡姆·莫诺斯表示，他们从来没有试图伤害市长，只是想吓唬他一下。“我的父母都已经去世了，他们在世时教育我不要伤害任何人，”开枪行凶的萨尔多里迪斯对陪审团说，“我从来都没有想过自己会做出那种事情。”他说，市长在任命他为财政局长后不久，就开始向他索要财政经费，第一次要钱的时候，把他叫到办公室，对他说：“我们刚操作完选举的事情，我的手头有点紧。”萨尔多里迪斯说自己当时急于取悦市长，所以就挪用了 5

万欧元给他。在接下来的三年里，市长不断找他要钱，财政上的缺口因此越来越大。他因为压力而多次身体不适，高血压发作，心理状况也开始恶化，导致无法与孩子玩耍。根据庭审记录，他在法庭上自言自语："我差不多就要死了，我确定，我马上就要死了。"萨尔多里迪斯说，2009 年夏天，他提醒市长，具备审计资格的会计师马上就要对市财政经费记录进行例行审计了。市长却说："不用担心，不会有任何问题的。"萨尔多里迪斯说，他有一天向市长抱怨财政缺口的事，市长却躺在办公室沙发上挠裤裆。"我简直要疯了。"萨尔多里迪斯在法庭上说。

财政局副局长莫诺斯在法庭上自称是个兢兢业业的公务员。"工作期间，我竭尽所能地为民众服务。市长让我做什么，我就做什么。"他说自己给了市长"几笔钱"，但是在 2009 年 11 月萨尔多里迪斯告诉他实情之前，他并不了解财政缺口到底有多大。莫诺斯在法庭上说，有一次，市长把他叫到办公室，向他索取他家房子的产权证明。"但是这件事跟我没有任何关系。"莫诺斯对市长说。"你能帮我多少就帮多少吧，"市长对他说，"要不然我就完蛋了。我要是完蛋了，会拉上你们两个当垫背的。"莫诺斯说，到了 12 月，审计人员眼看就要来了，所以萨尔多里迪斯提出了一个吓唬市长的计划。"如果你觉得这个办法有用，我们就吓唬他一下。"莫诺斯这样回答萨尔多里迪斯。

萨尔多里迪斯说他在案发当晚原本并不想开枪，他从外套里拿出枪来的时候，身体不停地颤抖。他对市长说："请把钱还回来吧，否则不知道会造成什么后果。"他本以为市长会被吓住，但是市长却说："放下枪，你个混蛋！"说完就冲他跑来，想把枪从他手里夺走。萨尔多里迪斯说自己后退了，同时不小心触动了扳机。随后枪开始自动射击，子弹四射。"我只扣了一次扳机，"他说，"我感到十分后悔，再给我一万次机会，我都不会做出这种事情来。我不知道自己干了什么。我感到无地自容，罪有应得。我愿意说一千次对不起。"

法庭并不相信萨尔多里迪斯的供述。据调查，凶手使用的枪并没有调至自动挡，所以每扣动一次扳机只能发射一枚子弹，这说明萨尔多里迪斯是故意并且多次开枪。案发一年后，法庭认定萨尔多里迪斯"在神智正常的状态下，策划并实施了谋杀"，故意谋杀罪成立，判处他无期徒刑。副局长莫诺斯因直接共谋杀人被判处有期徒刑 16 年，因非法持有武器被判处有期徒刑 1 年。法庭认为，两个凶手谋杀市长是为了把财政亏空都栽赃到市长头上。在我采访这个案子期间，萨尔多里迪斯和莫诺斯还面临挪用公款的刑事指控。检察机关认定他们串通市长，一共非法挪用了 70 多万欧元的市财政经费，其中包括从一家公立幼儿园基金中挪用了约 6 000 欧元。两人的律师对我说，他们与挪用公款无关，没有侵吞一分钱的财政经费。他们还对谋杀案判决提起上诉，坚称他们没有谋杀市长的意图，只是在不得已的情况下失手杀人。

市长已经去世，自然无法为自己辩护，证明自己没有挪用公款。市长的弟弟在法庭作证说，财政经费亏空中的 20 万欧元被市长临时挪用，以贴补"一个社区项目"的预算资金，因为这个项目因缺乏资金而被迫延期了。“拆东墙补西墙”是政府工作中的常见现象。至于另外的50万欧元,市长的弟弟认为很有可能是被两个财政局长挪用了。

潘盖翁附近有一座名叫卡瓦拉的港口城市。这座城市位于爱琴海岸,市里零星分布着奥斯曼帝国时期的一些老建筑。一天上午,我在这里见到了萨尔多里迪斯的律师瓦西雷奥斯·卡基凯迪斯,见面地点在他的办公室。他在离港口不远的一座昏暗的大厦里上班,看起来业务很繁忙。来到大厦之后,我在一个无窗的小等待室坐下。先后有几个人进来坐在我身边,看起来像是这个律师的客户。房间里香烟的烟雾弥漫。卡基凯迪斯在办公室忙碌着,同时和四个人说话:一个客户、一部办公座机、一部手机,还有一个女职员。他手里的电话刚挂断,过不了几秒钟就会再响起来。“不过是骗人的花招罢了!”他边拍桌子边对着电话喊道。“不管他们说什么,我都会让他们开开眼界!”他又冲另一部电话吼道。终于,他冲我喊了一声:“大块头,你进来!”卡基凯迪斯个子不高,头发灰白,长着一双褐色的大眼睛,坐在一张椅背比他的头还高的椅子上。他的书架上摆着一块牌子,上面刻着一句古希腊谚语:“最明确的敌人就是只接受帮助,却不知感恩的人。”在卡基凯迪斯的桌子对面,坐着两个上了年纪的男客户,他们都穿着短裤和T恤衫。他问我为什么对萨尔多里迪斯的案子感兴趣,我对他说,希腊的债主已经要求希腊开除公务员了，但是他的当事人还在从政府里领取工资。“都是因为‘三驾马车’和欧洲要求我们削减公务员规模，所以才显得这是个问题，”他说，“要不是因为这个，他们会一直领工资。”他用力拍了一下桌子。我起初以为他生气了，不过后来才发现，他平时说话也是这样。“政府正在到处寻找可以开除的公务员，这样他们就能得到下一份剂量了。”“剂量”这个词已经成了希腊人对救助借款的普遍说法，因为借款不是一次性支付的，而是像给瘾君子发放安慰剂一样分批下发。至于下发的频率和数量，则取决于上瘾者在康复计划里的表现。当然，这个所谓的康复计划是由债权方制定的。

我问卡基凯迪斯，他的当事人是否应该继续领取工资。“这都是为了他的老婆和三个孩子着想，”他用低沉又哀怨的声音说，“法律考虑到了一种结果，那就是如果有人杀了人，他的孩子怎么办？”他的声音恢复了正常，“所以法律是周全的，让你还能领一半工资，因为你还有老婆和三个孩子。”卡基凯迪斯认为，他的当事人虽然被判无期徒刑，但是仍然应该感恩。因为即使不能获得减刑，他还可以继续领工资。代理市长希亚克里斯停发萨尔多里迪斯的工资后，这位律师把市长告上了法庭。当地政府纪律委员会做出开除萨尔多里迪斯的决议后，律师又提起上诉，迫使市政府在拿到上诉判决结果之前不得不继续向他的当事人支付工资。

“这些孩子的生活费都是我给的。”卡基凯迪斯说。我知道他指的是他当事人的三个孩子。

“你上诉的理由是什么?”我问。

“什么理由?”他耸耸肩,左右看看,面无表情,好像我问了一个与法律无关的荒谬问题,“没有什么理由。因为你开枪杀死了市长? 这是什么理由?”他说,上诉就是为了等待判决“出结果”。

实际上,纪律审查终于有了结果。在我去潘盖翁采访的那个夏天——也就是律师提出上诉三年后——雅典的中级审查委员会做出决议,认为萨尔多里迪斯和莫诺斯应当被开除公职。这和改革部长米佐塔基斯之前在电台里说的一样。我联系了改革部,询问这个过程为什么会如此漫长,得到的回复却含糊不清。“想让秩序恢复正常总是需要很长时间。”该部的一位发言人这样说。这位发言人同时向我表示,根据判决结果,潘盖翁市的两位财政局长已经被开除了。我问他是否确定,他说非常确定。但是,潘盖翁市政府的官员却告诉我,从技术角度讲,只有他们才能开除这两位局长,但是根据法律规定,他们现在还不能这样做。因为按照希腊法律,两位局长还有上诉的机会——他们可以向希腊最高行政法院提起上诉。本次判决结果下达后,他们有三个月的时间决定是否上诉。不过法律规定,这三个月是从夏天结束之后才开始计算的,因为夏天是休假时间。这就意味着,他们至少在秋天结束前都可以继续领工资。如果他们决定上诉的话,领工资的时间会更长。我最后提醒改革部,他们现在宣布两名犯人已经被开除还为时过早。改革部的发言人后来承认了自己的说法有误。

卡基凯迪斯似乎不想再讨论这个案子了，他开始跟我谈起政治来。他说在他小的时候，房间里挂着一幅约翰·肯尼迪的画像。他认为，肯尼迪和奥巴马还算是有人情味的，布什呢？“他把整个世界都折腾乱了。”当时泛希社运党因为对希腊衰落负有责任，遭到多数希腊人民的唾弃，已经失去政治影响力。但是卡基凯迪斯却是这个党的拥趸，这使他在当时的政治氛围中显得非常另类。“告诉美国人，希腊没有亡国，”卡基凯迪斯说，“告诉他们，希腊是自由的国度，在这里我们想说什么就说什么。”他越说越激动。他觉得，德国总理默克尔和布什毫无区别，而且正是默克尔要求希腊开除公务员的。“我觉得开除他们是不对的，”他说，“他们也有家庭，但是欧洲的右派正在逼迫我们，换句话说，他们就是布什！布什！”他顿了顿，话锋一转，说，“但是他们有钱。”他的语气中少了几分愤怒。律师就是这样，同样一件事情，无论怎样都能自圆其说。他指了指坐在对面的两个白头发的客户，这两个人一直恭敬地听着我们说话。“你看到这两个游手好闲的人了吗？”卡基凯迪斯指着他们，连看都没有看他们一眼。“在希腊，有三百万人像他们一样吃养老金。这些人游手好闲，还能领非法的养老金。还好德国人给我们钱，才让他们有钱可以领。如果没有了养老金，他们就会开始自相残杀。”那两个人都沉默不语，其中一位甚至轻轻地点了点头。

在我到达潘盖翁之前不久的一个晚上，时任希腊政府发言人赛姆斯·凯迪克罗系着红色领带出现在电视镜头前，宣布了多年来的第一次大规模公务人员削减计划。“希腊人民正在不断做出牺牲，我们没有时间拖延和犹豫，”凯迪克罗眉头紧锁，看起来很不自然，好像故意要让人觉得他非常严肃似的。凯迪克罗特意提到了国家广播公司(ERT)，说这家公司是浪费的典型代表，政府有“大胆有力”的决心对其进行整顿。ERT 中冗员众多，福利优渥，浪费惊人，已经到了令人无法忍受的地步，必须“结束赤字，摆脱危机”。它有 6 个相互独立的财务部门，雇了几十个人来做两三个技术人员就可以完成的工作，还毫无道理地支付巨额加班费。希腊政府多个部门通过联合决议，决定关闭 ERT，代之以一个更加优质高效的广播公司。“ERT 的广播信号将于当晚被切断。”他说。ERT 的主要电视新闻频道现场直播了凯迪克罗的讲话。新闻主播们虽然想要尽力保持一丝专业精神，却力不从心，看起来像是等待行刑的犯人。不久，新闻报道称，防暴警察正在去拆除 ERT 位于山顶的信号塔的路上，之后这家电视台就没有信号了。ERT 的总部位于雅典北部郊区，总部大楼外聚集了数千名抗议者，他们认为政府的行为是暴政独裁。虽然希腊军政府早已于 1974 年倒台，但抗议者说希腊仍然处于军政府统治之下。

虽然 ERT 的浪费水平和公司内的裙带关系可能与其他政府部门不相上下，但是政府却为了关闭它，而把它刻画成这些不良现象的典型代表：ERT 太糟糕了，所以要从头开始组建一家新的广播公司。关闭这家公司意味着希腊立刻减少了 2 660 个政府工作人员。此前,“三驾马车”要求希腊政府在年底之前裁员 4 000 人,而仅这一次,希腊政府就完成了一大半任务。削减公务员数量必须找到切入点,但是关闭 ERT 确实太过简单粗暴。欧洲各大主流公共广播公司的领导对此发表联合声明,指责希腊政府“既不民主,也不专业”。政府向公众保证,很快就会以英国广播公司或德国的国家广播公司为模板组建新的广播公司,但是这一承诺很难取信于人。实际上,在关闭 ERT 几个月后,希腊才成立临时公共电视台,播放黑白影片、厨艺节目和平淡无味的纪录片。希腊总理关闭了一个问题重重但非常重要的公共信息资源平台,但是显然没有能力用新平台替代它。这样一来,希腊人民只能从主要的私人电视台那里获取新闻资讯。这些私人电视台都是由资本寡头持有的,他们利用电视台引导公众舆论朝着有利于自己的方向发展。

希腊政府在债权方的压力之下采取措施,以展现自己敢于打破政府裁员禁忌的决心。实际上,国际货币基金组织后来赞赏了这次行动,说这表明希腊政府终于开始了债权方一直要求的政府改革。但是,我们不知道关闭 ERT 对改善政府的财政状况到底有多大作用。和其他欧洲国家的广播公司一样,ERT 的预算也是从希腊人的电费中单独征收的。ERT 的员工最后也拿到了丰厚的离职补偿金,这笔钱抵消了新广播公司可能省下来的钱。在关闭 ERT 后的第二天,萨马拉斯总理在一个商业颁奖仪式上说,政府的这次行动就是为了打破僵硬封闭的苏联式公共管理模式，“一些僵硬的意识形态观念在其他地方都已绝迹，却唯独在希腊存活下来”，政府想要提高生产率的所有努力都受到庞大的官僚体制的限制，希腊政府的“不透明和浪费在当今世界绝无仅有，至少在欧洲是独有的”。他说，希腊人民已经在“邪恶的 ERT”笼罩下生活太久了。

作为回应，被激怒的公共部门工会宣布进行总罢工。几十年来，为了维护和提高公共部门员工的待遇和福利，罢工活动此起彼伏。在 20 世纪 80 年代，希腊共爆发了 4 500 场罢工，平均每天不止一场。在希腊与债权方达成救助协议后，罢工变得更加频繁。一些有创意的希腊人以希腊语的“罢工”一词为域名开设了一个网站，每天通过网站向通勤者发布被中断的公共交通线路。在总罢工开始的那天，我前去观看将要在 ERT 总部前举行的大规模示威。虽然当天的交通状况不佳，但是距离 ERT 总部大楼最近的地铁线路为了运送大量示威者而正常运转。地铁车厢里，一名中年男子从红色背包中取出传单发放给乘客。“你们知道这届政府支持娈童癖吗?”他边发传单边说。传单上印着卫生部发布的可领取残疾人补助的心理障碍病症列表，其中包括“性变态”。这份文件显示，被确诊为娈童癖的人，有 20%—30%都是残疾人。“你知道政府为什么支持娈童癖吗?”他给我发完传单后说，“因为他们全都是娈童癖。”

“现在的政府比军政府还坏!”车厢里的一位女士喊道。

“我们会怎样?”那个发传单的人说，“我们知道会发生什么。他们会把我们都扔到大街上去。”

地铁行驶到离ERT最近的一站,示威者涌上了路面。在这条位于郊区的林荫大道两侧,家具店和电器店林立。ERT总部大楼外聚集了大量极左翼政党和组织的成员。虽然极左势力内部派系林立,但是面对代表富人阶级的政府,他们却能够一致对外。他们聚集在镰刀斧头旗下,高喊着支持ERT“工人”的口号。“工人”这个词在希腊左翼势力中有着神圣的含义。左翼势力的二元世界观认为,工人在对抗老板的阶级斗争中永远都是正义的一方。希腊确实存在一个寡头资本主义阶层,这个阶层给国家造成了巨大伤害。但是当组成希腊公共管理体系的“工人”出现问题时,左翼势力却对此视而不见。希腊共产党下属的工会在保护公共职务方面表现得非常突出,他们曾在雅典卫城上悬挂巨幅的镰刀斧头旗,上面还写着:“欧洲的各个民族,都起来反抗吧。”在总部大楼外,我统计了一下希腊左翼团体的数量:① 国际主义工人左派是一个激进的马克思主义团体;② 工人国际委员会是一个托洛茨基团体;③ 极左翼联盟的红色网络是希腊激进左翼联盟内部的阵线之一;④ 希腊共产主义组织是激进的马克思主义政党;⑤ 工人武装先锋阵线是希腊主流共产党的工会组织;⑥ 希腊马克思列宁主义共产党是从主流共产党中分裂出来的一个政党。还有很多其他的党派和组织,但是我决定放弃统计,打算去总部大楼的门前看看。精明的小贩已经在门口摆摊烤起了羊肉串,生意非常红火。

五层高的ERT大楼看起来平淡无奇,透过窗户,可以看到里面的员工在往外瞥。他们无精打采,嘴里叼着香烟。他们是公共部门中第一批不幸遭到解雇的,但是他们用行动证明了自己也不是好欺负的。员工们占领了总部大楼,拒绝把控制权交给希腊政府。一个梳妆整齐的新闻主持人站在大楼前,对着麦克风高喊道:“我们还活着,我们没有关门。”我设想了一下:如果美国国家公共广播电台或者公共广播公司也这么做会怎么样?很难想象主持人瑞妮·蒙塔纳或者查理·罗斯这样做会是什么样的场景——不过,也很难想象美国政府会派防暴警察关闭这些公司。

ERT 总部入口的大门前坐满了前来支持的各个工会的成员,其中包括泛希腊公共金融服务雇员联合会、精神障碍护理机构、弱势社会群体工人联合会和希腊银行雇员工会联合会。这些工会的缩写千奇百怪,其中一个工会的缩写是 EDOEAP,全称叫“争取补充医疗保险的联合记者组织”。在几棵橄榄树旁边坐着的工会成员来自服务员、厨师和餐饮业其他雇员联合会,他们的横幅挂在旁边,上面写着:“我们要用团结和有序的组织来回应那些伤害我们的老板。”附近的卫星车依然在转播希腊 ERT 的节目,这些节目都在网络上播出。ERT 员工在大门内临时组织了一个安全检查小组,他们检查了我的记者证件,登记了我的名字。他们说,这么做也是出于小心,是为了防止政府官员和警察混进去。我走上楼,来到公司的餐厅,看到里面全都是垂头丧气的员工。柜台后面有炸鸡和炖土豆,但是大家几乎都在喝咖啡、抽烟。我看到收银台那里有一个小个子女士正在收钱,看起来心情不错。我走过去问她:广播公司已经正式关闭了,餐厅的收入去了哪里？她鄙视地看了我一眼。“什么收入？”她说，“我们得给自己发工资！”

我找了一张桌子坐下，认识了一位在 ERT 合唱团工作的 38 岁女低音歌唱家。她叫玛利亚·卡拉吉娜姬，对我非常友好。她涂了很重的眼影，不过眼影的色调与她的蓝色针织衫很配。还没等我问什么敏感的问题，她就开始为合唱团辩护了。“我们不是一年只演出两三次的，”她对我说，“是的，的确有些节目的制作费非常昂贵，但那些都是官员签字同意的。”她接着对我说，虽然合唱团人手紧缺，但是表演非常出色。“只有 35 个人，怎么演出威尔第的《安魂弥撒曲》？”她还说，一场贝多芬作品的演出让他们颇受好评，有些人甚至说他们应该去德国教德国人唱歌。我和她聊了很久，却怎么都无法把这个低音歌唱家和公共部门存在的弊端联想到一起。她对我说，她每个月到手的工资只有 900 欧元。她还说，ERT 确实需要进行大的改革，这里的确存在浪费问题，招聘过程中也有关系户现象。“但是这都是政府官员一手造成的。”她说。

她的话不无道理。很多问题都是希腊政府官员的行为导致的，其中就包括 ERT 的超员和超支问题。现在政府又被迫要解决这些问题。因为议会中的议员有权任命 ERT 的董事会，这些董事们上任后便开始招聘官员的亲朋，并且通过对新闻节目施加影响使它们做出对政府有利的报道。政府官员会定期给 ERT 打电话，指导记者怎么做新闻报道。有些人很早之前就意识到了这些问题，但是在他们想要做出改变的时候遭遇了强大的政治阻力。2011 年，政府中一位名叫艾利亚斯·莫斯奥洛斯的官员提出了一项计划，试图让 ERT 的领导层脱离于政府之外，以提高新闻报道的质量和公正性。为了减少开支，莫斯奥洛斯还提议大量下马收视率低的电视栏目。萨马拉斯领导下的新民主党集体反对这一提案。然而，恰恰是萨马拉斯在后来认为 ERT“罪不可恕”，必须关停。当时，赛姆斯·凯迪克罗对 ERT 的记者说，莫斯奥洛斯的改革提案“完全是南辕北辙”。他说，如果按照莫斯奥洛斯的提案进行改革，将会导致经济破坏和失业，还会造成宝贵的公共资产流失。此外，他还强调，减少 ERT 在边境地区的广播将会把这些新闻频段让给像土耳其这样危险的邻国。然而，两年后，在电视上宣布关停 ERT 的政府发言人正是凯迪克罗。他不大可能是在这两年间才逐渐认识到 ERT 存在的问题，因为他早年就在这家公司当过记者。

除了正式员工以外，希腊 ERT 还雇用了很多节目“顾问”，至于这些人是否发挥过顾问的作用，那就难说了。我在希腊时，曾经短暂地从一对音乐家夫妇手中转租过一套公寓。这次转租经历让我对 ERT 的节目顾问有了进一步的了解。一开始，我只知道这对夫妇以音乐表演为生。虽然这个行业收入并不高，但是他们的父母好像很有钱。这对夫妇不仅在雅典有一套公寓，还在巴黎有至少两套房产，而且在爱琴海的一座岛上拥有一套别墅。他们告诉我，他们已经把雅典的主要住房租出去了，并且正在拼命演出挣钱，打算搬到巴黎开始新的生活。这很不寻常，因为很多年轻的希腊人之所以出国是因为近期在国内找工作无望。ERT 关闭后,这对音乐家夫妇似乎非常沮丧,宣布他们取消了搬到巴黎的计划。我起初并不知道 ERT 关闭和他们搬家去巴黎有什么关系。他们中的一个人告诉我,他们是这家公司艺术栏目的顾问。现在这个栏目没有了,他们就失去了主要收入来源,所以没有足够的钱搬去巴黎了。这对音乐家夫妇之前跟我说过,我要是想写出好的报道,就应该和他们的一个姑妈聊聊,因为她认识希腊的所有官员。我不知道他们是不是凭借这层关系才得到了顾问的职务,但从来不敢这么问。

虽然 ERT 的职员承认公司存在裙带主义和其他问题,但是没有人承认自己从中受益。相反,在对政府笨拙的裁员行动进行抗争时,他们都极力夸大了自己的作用。他们在公司大楼上悬挂横幅,上面写着:"失业、贫困和文化的丢失","这就是加入欧元区的代价"。他们说自己占领公司大楼是为了捍卫"希腊人民的声音"。几个月来,这家公司的记者持续报道反对关闭公司的粗暴新闻,好像公司的存活是世界上最重要的问题一样。说得委婉一些,这些报道缺乏客观性,只是穿插了一些抗议政府关闭 ERT 的公告。在一则新闻报道中,一位主播总结了刊登在英国《经济学人》杂志上的一篇文章,说政府对 ERT 的处置让希腊人民更加怀疑自己的政府是否具备执行改革的能力。这位主播忽略了文章中的其他内容:"几乎没有希腊人收看 ERT 的四个电视频道,这些频道播出的节目枯燥乏味,新闻主播不过是政治傀儡而已。"新闻节目经常播出一些小组讨论,参加讨论的人都是 ERT 的员工。一位名叫尼克斯的技师说政府的行动是希腊“价值观危机”的一部分。他说自己不会容许政府把“老师和父母传授给我们的价值观”带走，“这些价值观是我们奋斗的目标，也是指引我们前行的北斗星”。在 ERT 采访时，我还认识了另一个名字也叫尼克斯的技师。他让我在听别人说起基本工资的时候留点心，因为很多人实际领取的是通过工会谈判达成的最高工资。他说，因为技师是技术人员，所以可以领取 10%的额外薪水；如果同时是工会会员，还可以多领取 10%的补贴；如果从事危险工作的话，还有 20%的额外补贴。“这是一场狂欢的盛宴，”他说，“如果不叫停的话，这场狂欢会一直持续下去。”

在和女低音歌唱家的谈话结束后，我找到了新闻编辑室，在那里见到了科斯塔斯·卡里克斯。他个子不高，留着灰白的短发，长着高鼻梁。他的小眼睛一直躲躲闪闪，不敢与我对视。他 43 岁，主要工作是负责撰写新闻节目底端滚动播出的新闻摘要。我们找了一间空办公室坐下，他卷了一根烟，用一个苏打水瓶作烟灰缸。他说，关闭 ERT 显然是出于政治目的。“我觉得，他们是想要一个更听政府话的电视频道。”他没有大学学历，所以担心一旦失业便再也找不到工作。他的一个姨妈是医生，可以接济他，所以他不至于挨饿，但是一想到面临失业，他还是觉得很难受。

“我已经不再年轻了，”他说，“长得不是很帅气，工作能力也一般，也没有文凭。我只知道怎么把工作做好，并靠这份工作谋生。我不知道自己还能干什么，也不知道没了工作还能不能活下去。”我觉得卡里克斯接下来对希腊整体政治状况的分析很有见地。“希腊社会是个非常依赖国家资金的社会，”他说着掐灭了已经抽完的香烟，“这是一个带有共产主义色彩的资本主义社会，它把一小部分国家资金发给民众，这样民众就会闭上自己的臭嘴，忍受政府继续窃取国家财产。现在他们却说这是我们的错误，因为我们收了国家的钱。”他顿了顿，愤怒地说，“废话！”随后，他的声音稍微平缓了一些，“就因为我们的工资很高，所以就让我们来承担公共财政的巨额赤字吗？简直是无稽之谈。这么说虽然可能有一点道理，但并不是全部真相，连一半都达不到。”

几天后，我又去了一趟 ERT，看到外面的草坪上搭起了一座舞台。原来，ERT 的音乐家们要在公司外面开演唱会吸引人气，确保抗议能够持续下去。我通过安检走了进去，在导播室里找到了卡里克斯。当天晚上有则大新闻。希腊联合政府的各党派领袖要召开会议，讨论 ERT 的问题。因为联合执政的两个左翼政党反对总理的行动，ERT 大楼外的示威人群都认为本届政府即将垮台。只要政府垮台，他们就能保住自己的工作。在导播室里，大约有十几个已经被解雇的员工坐在十几个屏幕前。卡里克斯也坐在一个屏幕前面。他的胡茬已经很长，眼袋也很重。这些天来，他一直睡在公司大楼里的沙发上，以防警察半夜过来突击查抄。在卡里克斯旁边，一位年轻的女士正在一个超大的键盘上打字。导播室里非常热闹，大家都在七嘴八舌地讲话，两个负责人正在冲着其他人大声喊话。“写‘三党领袖没有达成协议’！”一位负责人喊道。卡里克斯对坐在大键盘边上的那位女士重复了一遍，她在键盘上敲了几下，这句话就出现在了屏幕上。卡里克斯大声向上司请示，建议加上“联合政府的存亡仍未可知”。但是他的提议被上司否决了，上司说现在做出这样的判断还为时过早。“我说的是‘仍未可知’！”卡里克斯解释说。负责人又喊道：“政治惊魂夜！”卡里克斯重复了一遍，那位女士在键盘上输入，屏幕上就出现了这句话。一个小个子领导是这里面声音最大的，他要求给节目配上“戏剧性”的背景音。他正在用自己的终端观看一家私人电视台的节目，这家私人电视台切分了屏幕，他马上要求自己的手下也进行切分。负责屏幕控制的女士表示反对，因为切分后的屏幕中有一半画面是空的发言台，她觉得这样看起来效果不好。“切分屏幕！我说切分屏幕的时候，你照做就行了，”小个子男人说，“我们正在播放惊悚片，要让观众有所期待。我让你切分屏幕，你只管切分。”控制屏幕的女士表示同意，但是要求领导“不要这么紧张”。“不，我就是要喊”，领导喊道，“你只管切分屏幕。少废话。”在一个新闻片段中，有一位政客准备发言，但是下面的字幕却和他的名字对不上。当负责打字的女士修改字幕时，卡里克斯就像一个被车碾压过的婴儿一样，用手按住太阳穴，发出女鬼一般的哀嚎。

那天晚上，有几个政客在电视节目上发言。通过他们的发言可以得知，对于关闭 ERT 是否明智以及是否合法，三个党派的看法不一。不过，本届政府垮台、重新举行大选的机会也十分渺茫。前年夏天，希腊在一个月内举行了两次全国大选，结果只选出了一个以微弱优势领先的联合政府。在选举过程中，整个国家几乎分崩离析。如果一年后再举行大选，无疑会将这个国家推下深渊。不过，在我离开 ERT 导播室的那个晚上，事态的发展趋势并不明朗。但卡里克斯是乐观的。在送我走出导播室时，他预测政府将不得不提前举行选举，希腊激进左翼联盟会赢得选举，重开 ERT。“看起来，我们平安无事，要完蛋的是政府。”

卡里克斯的判断有点为时过早。民主党左翼是执政党联盟中最小的党派，虽然它信仰共产主义，但是由于支持希腊留在欧元区，所以当初选择加入了执政联盟。由于该党在 ERT 问题的处理上与其他两党存在分歧，所以决定退出执政联盟。联盟中还有泛希社运党和新民主党，他们在议会中只剩下几个席位的优势。虽然该联盟的执政力量减弱了，但是政府对此持乐观态度，因为他们不再受左翼力量干扰，能更加有效地推行改革。那年秋天，ERT 的职员继续占领公司大楼，播出海盗广播。11 月里的一天，也就是在 ERT 被关停 5 个月后，凌晨 4 点，防暴警察进入并控制了公司大楼。虽然 ERT 的职员们进行了不屈不挠的抗争，但是现在只有希腊激进左翼联盟上台执政才能拯救他们。

虽然第一批遭到解雇的是 ERT 的职员，但这并不代表希腊的公职人员此前没有受到国内经济危机的影响。“三驾马车”

试图把公务员们在危机爆发前的十年中暴涨的工资一笔勾销，希腊政府只得让工作人员减薪 35%。这并不仅仅是为了削减政府财政支出，同时也是为了提高希腊经济的竞争力。这件事情的逻辑是这样的：由于公务人员的工资水平可以直接影响私营领域的工资水平，所以公务员减薪可以降低希腊的整体工资，这样会使希腊出口产品的价格更具国际竞争力。我还听一些希腊人说，该计划准备将希腊的工资水平降到和中国一样，这样他们也可以超负荷地从事 iPad 的组装工作了。"三驾马车"的计划似乎收到了成效，在经济危机爆发后的几年里，希腊的人均收入大约降低了四分之一。然而，希腊政府虽然被迫降低了公务员的工资，但是能否坚持下去还是未知数。许多工会都把政府告上了法庭，而且到 2014 年已经赢得了一些诉讼。举例来说，希腊最高法院判决，削减警察和武装部队的工资和养老金违宪。可以预期的是，法官将同样判处政府削减司法机关的养老金违宪。

虽然很多公务员不得不适应生活标准降低的现实，但是他们的情况依然比那些在私营领域中自谋生路的人好得多——即使在私营领域，很多希腊人的工作条件也可能会令中国工厂里的工人羡慕——大多数失业群体都是私营经济崩溃的受害者。即使下岗后再就业的人群，也发现自己的工作条件正在迅速恶化。根据 2013 年的一项调查显示，只有一半的希腊企业按时给员工发放工资；即使按时发放，工资一般也很低。而即便公共部门削减了工资，一个不到 30 岁的大学毕业生如果在政府工作，他的收入也几乎是在私营领域工作的同龄人的两倍。由于失业率高企，劳动力市场也缺乏监管，私营领域的工资水平大幅跳水。2013 年，希腊劳工部长宣布，在私营领域，每五个有工资收入的人里就有一个人的月收入低于 500 欧元。私营领域雇员的不利处境引发了公众的不满，很多希腊人都支持废除公务人员的特权。2011 年，《雅典图书评论》（*Athens Review of Books*）在给"三驾马车"的一封公开信中写道："私营领域雇员被当作二等公民对待，这是不可接受的。为什么会有这样大的差距？因为希腊政府想通过不断扩大公务员队伍来维持执政地位，所以它才不愿意进行改革。但是够了！现在的公共部门限制私营经济活动和公共产品的供给，希腊纳税人还要为这个膨胀失灵的领域买单多久？"

虽然政府采取的公务员保护措施引发了民众的不满情绪，但是实际上希腊的公共部门并没有缩减多少。这是因为在危机爆发初期，成千上万的公职人员为了使自己的养老金不受减薪的影响，纷纷提前退休了。公务员人数的减少对于缩减政府公共开支的作用并不大，因为虽然领工资的人减少了，但是领养老金的人却相应地增加了。在公务员改革方面，希腊政府需要满足"三驾马车"的一个核心要求——在 2015 年年底之前，裁减 15 万名公职人员。不过，"三驾马车"这次没有要求希腊政府通过正常的解雇方式进行裁员。2013 年，由于对希腊的改革进度不满，"三驾马车"冻结了应当支付给希腊的救助资金。作为解禁的条件之一，"三驾马车"要求希腊找出 1.5 万名不称职、渎职或冗余的公务员,并将他们开除。作为补偿,希腊政府可以根据资质和能力重新招募同等数量的工作人员。此举旨在提高公共部门的人员素质。

为公务员大军注入新鲜的血液,将有可能带来社会效益。但是因为这次提高人员素质的行动是以牺牲现有职员为代价的,所以没有哪个希腊公职系统的工会对此感到高兴。市政工作人员工会对这次行动的抵制最为激烈,他们冲撞议会大门,还在全国各地占领市政大楼。我在雅典的一个郊区亲眼看见了工会成员占领了市政大楼。公务员们热烈地讨论他们的抵制策略:停工,罢工,诉诸法律等等。他们在主会议室抽烟,有些男人甚至喝起了一种名为普罗酒的渣酿白兰地。市政大厅似乎变成了他们进行私人聚会的场所。在希腊中部城市特里卡拉,粗壮的工会领导人冲进市政府办公室,关闭灯光,把工作人员都赶了出来。“这是工人的决定!”一个工会成员高喊着。办公室里的一位女职员需要做一些文字工作,想把灯打开,但是工会领导却开始叫嚷。“真不要脸,”他说着,用手使劲拍了一下桌子,“蠢货!”他接着说,“现在谁都不需要工作,出去!”还有一次是在莱斯博斯岛,我看到环卫工人开着一长列垃圾车到市政府门前抗议,马达和喇叭声齐鸣,仿佛拉响了老式的防空警报。看到这种场景,我觉得这些工人为了达到自己的目的而占用公共资产——不管是市政厅还是垃圾车——都说明他们把自己和全体公众画上了等号。

从 2013 年夏天到 2014 年,全国各地有可能被解雇的公务员展开了联合抗争。公立医院的医生离开医院；学校的保安试图突破防暴警察的警戒线，闯入政府办公场所；财政部解雇的清洁工人——通常被称为“清洁女士”——在财政部外面搭起了帐篷，准备开展持久战，还经常与防暴警察发生冲突；2013 年的第一个学期，雅典的两所知名大学里的行政工作人员进行罢工，关闭学校大楼，阻止老师和学生进入。

2013 年 11 月的一个下午，我参加了一次由行政管理人员召开的罢工会议。雅典理工大学是希腊最负盛名的大学之一，但是当我走进它位于雅典郊区的主校区时，却看到许多现代样式的钢筋水泥建筑中都空无一人，顿时觉得这里非常适合拍摄世界末日题材的电影。虽然美国的大学经常以古希腊为模板修建田园式的柱廊建筑，但是在希腊的大学校园里却看不到这样美丽的风景。在这里，共产主义分子和极左翼学生群体说了算，校园内随处可见各种涂鸦：“我们不承认债务”，“不要为权贵政治做任何牺牲”。我看到学校的数百名行政工作人员坐在一幅耶稣画像下。那是一幅很小的画像，高高地挂在讲台后面的墙上。人们的情绪有些不安。当天上午，希腊政府公布了一份名单，其中包含 399 个大学行政管理人员。这些人在考核中表现不佳，有可能面临解雇。雅典理工大学的行政人员聚在一起讨论下一步行动计划。很多人都支持维持现状——也就是继续占领校园——但是其中有一位长着胡子、面相和善的男人走上讲台，建议一部分人先回去工作，然后马上停工。这个立场稍微软化了一点，因为这表示要重新开启学校大楼。他的这番话马上引来了一番冷嘲热讽,人群一下子炸了锅。愤怒的人们站了起来,就像足球赛场上的球迷和裁判发生争执时一样。“我们现在不能退缩!”在喧闹声中我很难听清他们都说了什么。大家开始点燃香烟缓和情绪。

争论的焦点还在于另外一个问题。这些人注意到,由于在罢工期间照常领取工资,他们现在已经成了希腊媒体口诛笔伐的对象。之所以会有这种情况,是因为这些罢工的行政管理人员控制着大学的财务系统。有人提议停发工资,从月底开始实施。这一计划不仅是针对自己,而是在全校范围内停发工资,其中包括所有的在校老师。老师们起初是和行政管理人员一起罢工的,但现在已经要求复课了。一位女士走到麦克风前,宣布她无法承受在假期前给所有人停发工资的压力。“不能因为我的房子着火了,就把邻居家的房子也点了。”她说。人群中又是一阵喧闹。“你们难道还没有看清楚现在的状况吗?”她高喊了一句,之后就冲出人群,大口大口地抽烟。这些人好像已经开始内部分裂,一边是出现在可能被开除人员名单上的人,一边是没有出现在名单上的人——这些人的态度已经没有开始时那么激烈了。不过,最终,这些行政管理人员经过投票,一致决定继续罢工,并在全校停发工资。会议结束后,我跟行政管理人员工会的副主席谈了谈。这位副主席名叫卡帝娅·帕潘妮克洛,身材娇小,一头金发,穿着牛仔靴。她的名字就在那份可能被开除的人员名单上。“我们豁出去了,”她对我说,“我们没有什么可损失的,我们已经和政府开战了。”

第二天，我看到帕潘妮克洛在机械工程学院与一群学生谈话。在此之前，共产主义学生团体站在学校行政管理人员一边，与他们一起占领了校园大楼。但是越来越多的学生担心会错过整个学期的课程，所以希望学校复课。帕潘妮克洛和其他行政管理人员此时都被派出来争取学生的继续支持。由于大量抽烟和频繁开会，帕潘妮克洛的嗓子已经沙哑了。她用这样的嗓音呼吁学生继续战斗，不是为了学校的工作人员，而是为自己而战。她说，行政管理人员之所以罢工，不是为了阻碍学生受教育，而是为了拯救学生的教育。毕竟，如果没有行政管理人员，学生们不能选课，学校也无法正常运转。"教育必须持续，只有这样，我们才能保持开放的头脑。"她用恳求的语气说道。学生们安静地听着。只有当工人阶级讲话时，这些学生才会安静下来，因此，这证明了他们非常尊敬帕潘妮克洛。"教育是我们社会的基础，"帕潘妮克洛接着说，"继续做你们能做的事情，不是为了我们。我们已经出局了。你们这么做是为了自己，你们肯定不想将来沦落到和我们一样的地步。"她的话听起来冠冕堂皇，但在我看来并不高尚，相反是纯粹出于自我保护。我希望有学生能够站出来反驳她，但是哪个学生会质疑"工人"呢？更何况这个工人由于"三驾马车"的逼迫而面临失业。学生们鼓起掌来，看样子是被她的这番话给说服了。

当时，雅典理工大学正在筹备一个40周年纪念活动——40年前，希腊学生团体爆发了反抗受美国支持的独裁军政府的流血起义——为此，学生们将举办多项纪念活动，左翼团体将赴美国大使馆前游行示威。正在罢工的行政管理人员打出了这次纪念活动的主题：面包、教育、自由。在纪念日当天，行政管理人员在学校的广播中播出了一份声明，宣布他们的抗争不仅是为了捍卫自己的工作权利，也是为了防止大学教育沦为为大公司培养"素质低下的廉价劳动力"的工具，因为这些大企业只会"让最聪明的人从事贬低人类尊严的工作"。此外，这些行政管理人员还竭尽所能地号召学生抵抗镇压，说有一股力量"虽然没有穿军装，但却游走在我们周围，贬低人类的理想"。

这些行政管理人员进行的抵制运动基本上以胜利告终，最终学校全部复课。2015 年初，希腊激进左翼联盟上台后，大学行政管理人员和其他公职人员面临的被开除的威胁解除了。改革部新上任的左翼部长宣布，虽然面临巨大的阻力，但是政府决定恢复之前被开除的公职人员的工作。另外，希腊激进左翼联盟还宣布之前被关闭的 ERT 将恢复运行。听到自己的工作失而复得，被开除的人们欣喜若狂。坚持在财政部外搭帐篷抗议的"清洁女士"戴上红色橡胶手套，走上大街庆祝。"你们已经被开除了！"她们大声欢呼着。这些女士口中的"你们"指的是上届政府的官员。

在雅典理工大学举办起义 40 周年纪念活动前后，改革部部长米佐塔基斯发了一条推特："今天，谋害潘盖翁市长的杀人犯终于被开除了。到此结束了。"这时，距离这起谋杀案发生已经

4年了。

杀人凶手的妻子一直害怕这一时刻的到来。在前一年的夏天,我去了一趟她生活的小镇。小镇位于潘盖翁市,名叫科托库四,是过去的一个黑海希腊人定居点的名字。这个定居点现在位于土耳其境内,地处黑海城市特拉布宗南部的山区。一天傍晚,我开车来到萨沃斯·萨尔多里迪斯家。科托库四的房屋看起来都差不多,与拉斯维加斯郊区的建筑风格近似。萨尔多里迪斯家是一栋两层楼房,周围的走廊十分宽阔。院子里的松树修建得很整齐,树旁有只金毛猎犬,还停放着几辆儿童自行车。我按了一下门铃,没有人应答。于是,我来到法国梧桐树环绕的村广场上,在一家咖啡馆里坐下。两个看起来百无聊赖的年轻人在喝着冰咖啡,一个老年人坐在一旁拨动着珠串,珠子碰撞的声音不时打断树上昆虫的鸣叫声。我点了一杯咖啡,问服务生是否认识萨沃斯·萨尔多里迪斯的家人。有人给他弟弟吉奥古斯打了个电话,说他这就过来。

在等待吉奥古斯的时候,我不知道他会对我的来访作何反应,所以有点忐忑。一天之前,我想去监狱见一下萨尔多里迪斯和他的同事莫诺斯,但是狱警说他们都不想见我。现在,一个问题涌上我的心头:警察最后没收那把乌兹冲锋枪了吗?一辆红色皮卡开了过来,从车内走出一个饱经日晒的粗壮男人。他肌肉发达,迈着坚定的步伐向我走来,如果不是看到了他的啤酒肚与平和的目光,我可能会觉得有几分害怕。“让你久等了,”他说,“我刚才正在理发呢。”我们一起坐下,点了两杯咖啡。我问他哥哥家里的人现在怎么样了。“我哥哥干了蠢事，他应该为自己的行为付出代价，”吉奥古斯说，“他应该受到惩罚，但是他的家人有什么过错呢？他的孩子怎么办？难道让他们死吗？”他说，哥哥的家人需要他那一半工资。吉奥古斯说自己已经给嫂子提供了力所能及的帮助，但他毕竟只是个种地的农民，而且自己也有孩子。“你知道那个地方的电费有多贵吗？”他指的是哥哥那座房子的电费。吉奥古斯给我看了一张他哥哥 1998 年在波士顿的照片。这是我第一次看到萨尔多里迪斯的照片。照片上的他长着一张尖脸，坐在椅子上，弯着身子弹奏里尔琴，面无表情地看着镜头。他的眼睛看起来有点凹陷，似乎要隐藏起来。他的脚下堆着一沓美元。“你看到这些钱了吗？”吉奥古斯说，“很多钱。”他说哥哥曾经受邀到纽约、波士顿、慕尼黑等很多地方为黑海希腊人演奏里尔琴，他是靠这些演出挣的钱才建起了那座带走廊的房子——吉奥古斯好像觉得自己有必要解释那座房子的来历。我拿出相机，想要翻拍这张照片。吉奥古斯耐心地等待我拍了好几张。“一定要把那些钱拍上，”他说，“很多钱呢。”

在我的要求下，他给嫂子打了一个电话，说服她来咖啡馆跟我见面。在嫂子来之前，他就离开了。他说这是因为自己跟嫂子的关系合不来，但是并不愿意过多解释。没过多久，一个金发女人向我走来。她个子不高，身材丰满，脚上穿着人字拖，上身穿着一件印有“愤怒小鸟”图案的紫色 T 恤。她礼貌地跟我握了握手，在我对面坐下。她看了看桌子，要了一杯水。我刚问她和孩子现在过得怎么样，她就哭了起来。她到现在仍然难以接受丈夫入狱的现实。“我觉得他只是出门见人去了。”她说。他们八岁的孩子因为爸爸入狱受到了很大的打击，需要接受治疗，但是她没有钱。如果没有了丈夫的那一半工资，日子将会更难过。“现在希腊正在遭遇经济危机，我知道他们想要停发那一半工资，”她说，“但是我该怎么活呢？我还有什么经济来源呢？”她之前在一家语言学校做清洁工，现在学校被迫裁员，就把她给辞退了。现在，她的工作是帮忙照看一位退休老人，每个星期工作几天，除此之外再找不到更好的工作了。更糟糕的是，市政府可能会没收他们家的房产进行拍卖。她说建房子的钱是丈夫很早之前赚的，不是靠演奏里尔琴，而是炒股票赚的。“他为政府工作了那么多年，怎么能说停发工资就停发呢？”她说，丈夫在出事之前当了 20 年的公务员，工作表现一直不错。这样说着，她的眼泪流得更多了。“如果他们不再发工资，我真不知道该怎么办了，”她说，“现在根本找不到工作。”

第五章　叛　徒
The Apostate

我们的夫人被抓走了，她的身子在颤抖，神像也忍不住落泪。

“安静，夫人和女主人；还有你们，诸多神像，把眼泪擦干。

几年后，它将再次属于我们。”

——索菲亚大教堂之歌

公元982年的一个夜晚，按照东正教的传统，大天使加百利从天堂降临人间，化身成一名修道士，来到阿索斯山。阿索斯山是一座幽僻的半岛山脉，山上零星分布着拜占庭帝国最负盛名的修道院。天使来到圣母玛利亚和耶稣的圣像前守夜。“把真正的祝福带给你，哦，圣母，你将永远受到保佑，你最纯洁，你是我们神的母亲。”天使吟诵起天籁之音，他身旁的一位修道士因此猜出他是来自天堂的神灵。天使随后就消失了，据说当时圣像闪耀着神圣的光芒。

2012 年 10 月的一个阳光明媚又炎热的周六，阿索斯山的这幅圣像被希腊海军军舰运到了该国第二大都市塞萨洛尼基。阿索斯山距离塞萨洛尼基市有几个小时的航程。为了纪念塞萨洛尼基从奥斯曼帝国统治下解放 100 周年，阿索斯山的修道士把他们最受尊崇的圣像之一请到这座城市并停留几个星期，以增加庆祝活动的节日气氛。很多人在平坦的港口边等待迎接圣像，这些人中除了官员，还有一支军乐团，以及数十名穿着海军与陆军制服的仪仗队士兵。在萨塞洛尼基最有名的地标建筑——“白塔”周围，有几千名围观群众。我站在人群中，热得汗流浃背。白塔是奥斯曼帝国统治时期为巩固城防而修建的，是一座圆柱形的炮塔。奥斯曼帝国在第一次巴尔干战争中投降，随后，这座城市于 1912 年秋天被希腊接管。这件事似乎是命中注定的，因为希腊恢复对该市统治的当天，恰好是塞萨洛尼基市的守护神德米特里奥斯(Demetios)的纪念日。德米特里奥斯是一位罗马军队指挥官，因信仰基督教于 4 世纪初在塞萨洛尼基殉难。

在一座高台上，坐着希腊级别最高的神职人员，他们都戴着黑帽子，穿着黑衣服。在他们两侧分别站着两个身着传统革命服装的男人，打扮得脏兮兮的，穿着褶裙和绒球鞋子。他们看起来无精打采，似乎经常受雇参加这类节庆活动。当船快要靠岸的时候，几名牧师从船舱里走出来，身上的牧师袍在风中猛烈地摇曳,他们身后是一群抬着圣像的水手。圣像的四周点缀着白花,被封存在一个用木头和玻璃做成的箱子里。一艘体型较小的海岸警卫队船只贴靠在军舰旁边,船员们将圣物从军舰转移到船上,累得筋疲力尽。牧师、水手和他们的圣物一起缓慢地靠近海港。围观的人群屏住了呼吸,风中传来低沉的电子音乐声。乐声是从港口附近的咖啡店里传出来的。年轻人正在那里欢快地过周末,他们对这场神圣的活动没有丝毫兴趣。

船靠岸了,围观者中掌声雷动。很多人一只手高举相机,另一只手和旁边的人摆成十字架的样子。人们仿佛认为将要下船的是圣母玛利亚本人似的。在希腊语中,圣母玛利亚被称为"Panagia",意思是"万圣之圣"。人们又静静地等待了几分钟,水手们才把圣像移下船。牧师们先上了岸,水手们抬着圣像紧随其后。"举枪致敬!"喇叭里一个声音高喊道。岸上的士兵提起精神,把枪抬到胸口。军乐队开始演奏《旗帜进行曲》,钹声和号角声齐鸣。两名牧师擎着冒烟的香炉,引领抬着圣像的水手从红地毯上走过,穿过陆海军仪仗队。没有携带武器的士兵行军礼致敬。

看到士兵向耶稣的母亲敬礼,我强忍着没笑出来,要不然肯定会被认为对神大不敬。我旁边的人已经开始用怀疑的眼神看我了,他们显然不知道我为什么没有双手交叉放到胸前,也不知道我在小笔记本上写着些什么。因为美国实行严格的政教分离制度,所以对于在美国长大的人来说,眼前的景象可能有些荒唐,但是这对很多信教的希腊人来说却是非常神圣的时刻。希腊并没有实行西方概念中的政教分离，自古以来，希腊东正教都自认为是希腊文明的传承者和希腊民族认同的守护者。从希腊建国时起，宗教就定义了希腊人的身份。1822 年，当希腊革命者宣布从奥斯曼帝国独立并制定首部希腊宪法时，就把希腊人定义为生活在解放区的基督徒。因为，曾被奥斯曼帝国统治了数个世纪的人们，在这个新生的国家里，主要靠宗教来确认自己的身份——奥斯曼帝国是按照宗教，而非种族，对国民进行分类管理的。以前，"希腊人（Hellene）"这个词泛指没有受过教育的乡下人。在过去的几个世纪里，这个词还有异教徒的含义。所以，时至今日，人们往往更愿意自称为"罗马人"，因为这个称号带有基督徒的内涵。

从某种意义上讲，希腊教会干预政治和民事事务，是延续了奥斯曼统治时期的做法。在奥斯曼帝国时期，东正教会被授权管理教徒和征收税款。主教和政府官员的职务由同一个人担任，形成了政教合一的局面。在今天，希腊东正教的神职人员由国家养活，自总理以下的各级官员，在就职时不是对法官宣誓，而是对高级牧师宣誓，好像政府的权力是由教会授予的一样。2015 年，无神论的齐普拉斯当选总理，成为第一个进行世俗宣誓仪式的希腊总理。一些教会高层对此反应强烈，表现得非常愤慨。因为在此之前，历届希腊总理都是以"圣父、圣子、圣灵三位一体"的名义对希腊大主教进行宣誓的。

在圣像抵达塞萨洛尼基市并被运上岸的过程中，大主教和其他神职人员一起站在台上观看。希腊公共电视台对这一纪念仪式进行了现场直播，这样的直播在美国公共广播公司（PBS）的频道里是不会出现的。

“圣母正在检阅军队，军队向圣母敬军礼，”节目主持人向观众介绍道。

“她——也被称为第二个夏娃——通过遵从上帝的旨意纠正了自己的原罪。”一位现场记者这样说道。

“最重要的是，她还是个将军。我们的圣母既是一个卫士，又是一名将军。”主持人说。实际上，玛利亚是一名高级军事将领。拜占庭帝国的一首颂歌称玛利亚是“常胜将军”，赞颂她在公元 626 年从游牧民族骑兵的铁蹄下拯救了君士坦丁堡。在希腊，每当人们面临不幸时，仍然会向圣母祈求保佑。他们祈求圣母保佑国家免受侵略、风调雨顺，最近还会祈求避免经济崩溃。

“圣母给希腊提供了非常有力的帮助，”现场记者转述了一位十分受人尊敬的牧师的话。他说，玛利亚是我们的国家与耶稣之间进行交流的“中间人”。“在未来的艰苦岁月里，教会的圣人们会大力帮助我们，”他接着说，“圣母和所有的圣人会围绕着希腊组成一道屏障来保护她。我们国家所经历的战争和苦难都见证了这一点。希腊是个小国，如果其他强国想要吞掉我们，早就已经得手了。但是，希腊屹立不倒，生生不息，这并非全靠我们的运气，而是有人在保护着我们。那就是圣母，她是我们和耶稣的中间人。”

圣像被抬到高级牧师们所站立的高台前面。军乐队停止奏乐，水手们把圣像高高举起，直到与台上的牧师齐平。牧师们开始吟诵大天使加百利在一千多年前吟诵过的那首圣母颂歌。然而,一阵喧闹声打断了他们的祷告和颂歌。

“那个被诅咒之人就在前面！那个叛徒!”两个留着胡须、身穿黑袍的修道士朝塞萨洛尼基市长尤亚尼斯·布塔利斯(Yiannis Boutaris)扑了过去。这位市长已经70岁了,头发花白,身材瘦小,身上有文身,而且很爱抽烟。那两个修道士向他猛扑过去,其中一个高喊道:“布塔利斯,你这个混蛋!”一群军官介入,抓住了修道士。警察随后赶到了现场,准备将二人带走。纠缠中,一个修道士的袍子被扯坏了。“你只想舔土耳其人的屁股!”一个修道士喊道。

* * *

几个月前,我回到位于长岛的家中陪父母过圣诞节,在那里,我第一次听说了布塔利斯这个人。一天早上,我看到厨房的桌子上放着一份《民族先驱报》,这份报纸是由希腊裔美国人创办的。报上刊登的一篇文章的标题引起了我的注意——《布塔利斯的新纪元从向阿塔尔图克致敬开始》。当时,布塔利斯刚刚宣誓就任塞萨洛尼基市长,文章中说他“正在极力为一份报告做辩解”。这份报告表明,新任市长打算在塞萨洛尼基为土耳其共和国的国父阿塔图尔克修建一座纪念碑。文章认为,这份报告“点燃了希腊人民和海外希腊移民的怒火”。阿塔图尔克被很多希腊人视为邪恶的象征,正如文章中所说:“在他的统治时期，希腊人被赶出了小亚细亚，成千上万人死于非命，希腊城市士麦那在惨遭屠城后被付之一炬。”

布塔利斯在一次采访中说他实际上并未打算给阿塔图尔克修建纪念碑——对于希腊政客而言，这无异于政治自杀。但是他承认确实想要吸引更多的土耳其游客，因为据说阿塔图尔克于 1881 年前后出生在塞萨洛尼基。“就像我们去君士坦丁堡旅游时付钱给土耳其人一样，我们也要让土耳其人到希腊来旅游，付钱给我们。”布塔利斯对记者说。他所说的“君士坦丁堡”，就是“伊斯坦布尔”的希腊语说法，那里吸引了大量想要参观拜占庭帝国标志性建筑的希腊游客。这位市长还说，他还要吸引其他国家的游客来塞萨洛尼基寻根，包括目前生活在以色列的塞法迪犹太人。“这座城市需要明确自己的身份。”布塔利斯接着说，希腊人没有充分利用这座城市曾经多民族共存的历史，反而“极力掩盖，好像害怕什么东西似的”。

我对这位市长产生了很大的兴趣。希腊的历史文化和传统极其丰富，这本应是令希腊人引以为豪的事，但事实上这些传统却长期遭到压制，因为人们害怕这将破坏希腊立国的基础——作为正统的、延绵不绝的古希腊文明之继承者而存在。自希腊独立以来，学者、政客、教师和牧师都在宣扬一种夸张陈腐的历史观，省略或者更改可能会影响希腊之身份的事实。他们这样做也是可以理解的。19 世纪初，希腊之所以能够独立，不仅是因为希腊国内的草莽斗士进行了奋勇抗争，同时也离不开西欧人民的鼎力支持，因为西欧人民渴望把启蒙运动的先驱——希腊人民——从穆斯林的黑暗统治中解放出来。在崇尚希腊的名人中,有来自英国的贵族、浪漫主义诗人拜伦勋爵。他对古希腊继承人的解放和重生事业坚信不疑,并亲自南下,准备投身希腊解放的斗争。虽然他还没有到达战场就死于发烧,但是生前留下了数首关于希腊的诗歌,如《希腊群岛》、《火热的萨弗在这里唱过恋歌》、《狄洛斯崛起,阿波罗跃出海面!》等。

起伏的山峦望着马拉松——
马拉松望着茫茫的海波;
我独自在那里冥想一刻钟,
梦想希腊仍旧自由而欢乐;①

希腊解放运动在很大程度上受到了这种浪漫主义理想的启发。生活在欧洲且受过教育的希腊商人在思想家们的影响下,接受了浪漫主义理想,积极回国组织反抗斗争。起义爆发后,欧洲志愿者们纷纷赶赴希腊,帮助希腊人进行斗争。但是当他们到达希腊后,却多次受到现实的打击,因为这场战争并不像他们设想的那样崇高和文明。他们看到领导游击队的希腊军阀除了满怀狂热的民族情绪之外,还把革命当成争权夺利的机会。希腊叛军开始大肆屠杀没有武装的土耳其平民。没过多久,生活在伯罗奔尼撒的土耳其人要么背井离乡,要么被杀。奥斯曼统

① 这些诗句均出自拜伦所著《哀希腊》一诗,本书所用译文为查良铮的译本。

治者为了惩罚叛乱行为，对生活在土耳其人控制区的希腊平民展开报复性屠杀。双方都有成千上万的平民被杀死。与此同时，叛军控制的希腊地区完全陷入了混乱，军队肆意抢劫掠夺，各派军阀为了争夺战利品而陷入混战。简而言之，这样的场面并不浪漫。

见此情景，很多欧洲志愿军都黯然离去。虽然现实如此不堪，但这并没有熄灭欧洲各国支援希腊的热情。希腊叛军巧妙地利用他们在欧洲人心目中的理想形象来争取物质支持。一位希腊叛军领袖在向欧洲人求助时这样写道："希腊是我们的母亲，而全欧洲都是从希腊获得启蒙的。现在我们急切地盼望能够得到你们的友好援助，为我们提供财力、武器和谋略的支持，我们真诚地希望你们能够听到我们的祈求。"各国的援助终于到了，1832 年，希腊王国正式成立——这是现代希腊的不完整雏形，位于今天的希腊南部地区，包括伯罗奔尼撒和诸多岛屿。当时，大多数希腊人仍然生活在奥斯曼帝国境内，而非希腊境内。

希腊的思想家们想要培养国民对国家的认同感，这种认同感必须适应已经创造出来的国家形象：古希腊文明和东正教的结合体。他们通过夸大希腊人在奥斯曼帝国统治下遭受的压迫和不公来提高国家凝聚力。在独立后的几十年间，希腊还依据这个原则制定学校的教学课程。奥斯曼时期——即土耳其统治时期——的几百年被描述为打断希腊民族发展进程的时期。对于那段时期，希腊人只要明白他们在国家获得解放、恢复自我统治之前的几百年里一直都被残酷地奴役就可以了。还有什么别的东西是值得了解的呢?

从我母亲小时候接受的教育可以看出希腊年轻人长期以来的受教育情况。在学校的表演课上,她曾扮演过一位穿着希腊传统蓝白色服饰的少女。一个身穿黑色马裤、头戴土耳其毡帽的年轻土耳其长官被她吸引了,他用眼神挑逗我母亲扮演的少女,但是母亲没有理睬他。

“年轻又骄傲的希腊姑娘,你害怕了。我做了什么?你为什么用含着热泪的眼睛看着我?”土耳其军官问道。

“你想让我怎么看你?”少女回答道,“脸上带着微笑吗?长官,你用鲜血淹没我们的记忆,烧毁我们的家园和一切美好的东西。现在,我们的母亲和我们的孩子一起哭泣。”

土耳其军官上前几步,提高了声音。

“嫁给土耳其人,你将知道自己会变得多么富有。在土耳其,你会像阿里帕夏的女儿一样生活!”

这位高贵的少女没有被吓住。她提高嗓音,无畏地回答道:“我的父母宁肯杀了我,也不愿意看到他们高贵的女儿变成土耳其人!”

土耳其军官不甘示弱,拔出了军刀。

“看看这把刀,如果你不愿意嫁给我,它就会插进你的心脏,你的灵魂马上就会离你而去!”

“来吧,混账!用你手中的利刃杀死我。为亲爱的祖国而亡,是我的光荣。”

军官无情地向她走近，把军刀插进她的胸膛。母亲双膝跪地，在完全倒下之前，“弥留之际”的母亲依然带着对祖国的无限热爱。

“我那个时候很瘦，所以要倒下很容易。”将近60年后，母亲在向我回忆当时的表演时这样说道。

母亲和很多今天的希腊儿童一样，都听过这样的故事：奥斯曼帝国禁止希腊年轻人学习希腊文的阅读和写作，因此孩子们都会在晚上跑到教堂或者修道院的“秘密学堂”里学习。在学堂的烛光下，教士不仅教授孩子们希腊的语言和信仰，还向他们讲述永远闪耀着光辉的希腊文明和启蒙运动。几乎每一个希腊人都能背诵关于秘密学堂的儿歌，这首儿歌的曲调和《一闪一闪亮晶晶》一样：

> 我的小月儿，
> 照耀着脚步，
> 照着我去上学堂，
> 学习读书写字，
> 学习上帝的教义。

生活在海外的希腊儿童也会学习秘密课堂的故事。20世纪80年代，我和哥哥在一个希腊东正教教堂学习宗教和语言课程时，哥哥曾经在教堂的一次演出中扮演秘密学堂的牧师。演出是在一个室内篮球场进行的，那里平时是教堂的社交场所。

哥哥坐在凳子上，穿着牧师的长袍，模仿牧师的口吻向围坐在身旁的小朋友们讲授上帝的教义。其他孩子对着麦克风背诵描写土耳其人压迫希腊人的诗歌。

但是，秘密学堂的传说并没有这么简单。现代希腊学者指出，没有证据表明这些学堂真的存在过。实际上，这些学堂没有存在的理由。虽然非穆斯林民众在奥斯曼帝国统治时期普遍受到歧视和被征收重税等不公正待遇，但是基督徒和希腊人被视为“有学问的人”，所以被准许信仰自己的宗教。尽管希腊人在奥斯曼帝国统治下遭受剥削和压迫——特别是君士坦丁堡的天主教教堂索菲亚大教堂被改成了清真寺——但是东正教会却被授予了巨大的权力。它可以管理教徒，教化教徒的子女。实际上，东正教认为西方的天主教是不神圣的，东正教领袖经常感激奥斯曼帝国保护东正教会免受西方天主教的影响。希腊爆发革命后，东正教普世牧首额我略五世（Ecumenical Patriarch Grigorios V）批判起义军领袖，谴责他们的叛乱行为。即便如此，因为牧首没能确保东正教教徒对帝国的忠诚，奥斯曼人还是在一个复活节把他绞死了。他后来被授予希腊民族烈士的称号。希腊赢得独立后，来自巴伐利亚的国王奥托认为不应该让信奉东正教的子民继续听命于伊斯坦布尔的大主教，因为伊斯坦布尔受奥斯曼帝国控制。1833 年，希腊国王宣布成立自主的希腊教会。这样一来，教会和新政权就紧密结合在一起了。作为国家建设的一部分，一些类似秘密学堂的故事把教士塑造成了领导人民反抗奥斯曼暴君的英雄。然而，事实远没有这么简单。

为了在民众中培养希腊理想，新建立的希腊政权创造了自己的官方语言：现代希腊语。这是一种由革命思想家科拉伊斯(Adamantios Korais)设计的“纯正”的希腊语，与传统的希腊语相比更加古雅。20世纪70年代，希腊白话文成为官方语言，但是此前的好几代希腊儿童都不得不下苦功夫学习艰深的书面语。此外，政府还采取了很多措施使“不够希腊”的东西“希腊化”。村庄的名称如果听起来不像希腊语，就会被更名。人们在希腊境内不允许说其他语言。(以布塔利斯为例，他身上有弗拉其人的血统——弗拉其人居住在希腊北部和中部地区，使用一种类似于罗马尼亚语的语言，这种语言现在正在消失。)就连咖啡也被希腊化了。在我父母小的时候，人们会到咖啡馆点“土耳其咖啡”；当他们上了年纪再回到希腊，虽然点的是同一种咖啡，但是咖啡的名字变成了“希腊咖啡”。今天，如果你还把它称为“土耳其咖啡”的话，可能会激怒带有强烈民族主义情绪的希腊人。与此类似，如果你否认秘密学堂的存在，就会被说成是替土耳其人辩护，是叛徒，或者像他们指责布塔利斯一样，说你是土耳其的情人。

布塔利斯想要吸引土耳其游客来塞萨洛尼基旅游的行为，深深地激怒了很多希腊人。和所有经久不衰的民族仇恨一样，希腊人对土耳其的仇恨也历久弥新。这种仇恨既是被精心培育出来的，同时也被视为一种不容置疑、与生俱来的情感。一些希腊民族主义者不愿意直呼土耳其的名字，把它称为“东边的邻居”。但是布塔利斯似乎很愿意挑战这种民族主义情绪。早年间，他曾提议将塞萨洛尼基市内阿塔图尔克出生的那条街道以这位领袖的名字命名，以表达改善与土耳其之间关系的意愿。这一建议遭到了强烈反对。有传言说，布塔利斯想要把圣德米特里奥斯大道更名为阿塔图尔克大道。在竞选市长时，他放弃了给街道重新命名的想法，不过依然招致很多辱骂。

对希腊人来说，阿塔图尔克极其可恨，因为他摧毁了希腊人的“远大理想”。所谓“远大理想”是指希腊人的夙愿，也就是从土耳其手中夺回拜占庭帝国以前的疆土，特别是君士坦丁堡。第一次世界大战后，奥斯曼帝国土崩瓦解，协约国试图将其瓜分，希腊想要通过出兵安那托利亚来实现这个理想。然而，阿塔图尔克率领的土耳其大军最终击退了希腊人的进攻。对于小亚细亚地区的东正教教徒来说，这场战争的结果是灾难性的，因为土耳其人对他们进行了报复性的屠杀和驱逐。战后，希腊和土耳其政府根据民众的宗教信仰差异，正式进行了一次人口交换。100 多万东正教教徒被驱逐出小亚细亚，移居希腊，他们中大多数人的土耳其语比希腊语说得还要好。与此同时，一些穆斯林被驱逐出希腊，移居到新立国的土耳其，他们的数量少于被逐出小亚细亚的希腊人。希腊人把这一事件称为“受难”，而土耳其人将其称作“独立战争”。从这之后，两国多次走到战争边缘。20 世纪 70 年代，两国因争夺岛国塞浦路斯爆发了冲突。塞浦路斯既有希腊人，也有土耳其人，两个民族分别忠于希腊和土耳其。此外，两国关于爱琴海的领海和领空问题依旧争端不断。在希腊爆发债务危机之后，右翼政客就警告称，土耳其想要利用希腊的虚弱来强化在爱琴海上的立场,呼吁希腊对此保持警惕。与此同时,布塔利斯却表示,增进与土耳其和其他邻国的关系,能够帮助希腊缓解巨大的经济困难。

我第一次见到布塔利斯市长是在伊斯坦布尔,当时他刚刚就任市长几个月时间。在竞选中,他提到要吸引土耳其游客,因此在上任后不久便出访伊斯坦布尔。当时,当地一所大学邀请他前往参加一个探讨土耳其与希腊之间关系的学术会议,并安排他住在丽思卡尔顿酒店。在他抵达伊斯坦布尔的当天晚上,我们于深夜在酒店顶层的露台见了面。市长打扮得很精神,穿着吊带裤和红袜子,颇有几分上了年纪的摇滚明星的风采。他说话声音低沉,嗓音沙哑,似乎有些茫然。脸上深深的皱纹表明他多年来一直纵欲过度。他一直抽着没有过滤嘴的骆驼牌香烟,好像那是他的命根子一样。他的右手拇指下方有一个青绿色的蜥蜴文身,蜥蜴的尾巴文在了手腕上——他说,这是为了显示这种爬行动物在尾巴受伤后可以长出新的尾巴。他的身上还有其他文身,比如右手中指和无名指上文着双子星座的图案。他说,根据弗拉齐的传统说法,他左耳上的金耳钉能够保护他免遭“邪恶眼神(evil eye)”①的攻击。

---

① 根据英文维基百科的解释,在西方民间故事和迷信传说中,女巫等人的眼睛具有魔法,她们可以用恶毒的眼神诅咒别人,被诅咒的人将遭受各种不幸,有的说法甚至认为这种眼神可以导致被诅咒的人患病、消瘦,甚至死亡。

布塔利斯做了大半辈子的酿酒生意。他继承了他爷爷于1879年创立的一座家族酒庄。这座酒庄位于塞萨洛尼基西部的一个山村,酒庄刚创立时,这一地区还属于奥斯曼帝国。那个时候,这块地区就以出产红色酸葡萄闻名,这种葡萄可以酿造一种名叫希诺玛洛的干红葡萄酒。布塔利斯曾经有酗酒的毛病,现在已经康复了。在过去的20年里,他只是偶尔品尝一下自己的珍藏佳酿,而没有再过度饮酒。他对我说,他的家族企业布塔利斯酿酒厂曾一度资不抵债,他为了维持酒厂花掉了很多个人积蓄,现在他的财务状况还没有从那次打击中完全恢复过来。后来,他把酒厂留给了弟弟,自己又开了一家小酒厂,名叫基尔·雅尼(Kir Yianni),现在这家酒厂由他儿子打理。布塔利斯酿酒厂挺过早期的财务困难后,现在依然是希腊最有名的葡萄酒品牌。布塔利斯身边跟着一位高大魁梧的助理,名叫安东尼斯·卡马拉斯,块头是市长的两倍。他以前是个银行家,早年曾就读于伦敦政治经济学院。在他看来,自己目前的工作就是把市长的生硬表达润色成连贯的政治术语。卡马拉斯的父亲是一位成功的烟草商人,也是布塔利斯的朋友。这个烟草商的儿子和市长一样,都流露出一种没落贵族的气质。

在丽思卡尔顿酒店的露台上可以眺望泛着涟漪的博斯普鲁斯海峡。这道海峡把土耳其的亚洲部分和欧洲部分隔开,海波中倒映着城市的点点灯光。我们的桌子旁边有一支三人乐队,正在演奏富有拉丁风情的新世纪音乐,乐声与我们所处的环境似乎格格不入。布塔利斯点燃一支香烟,跷起二郎腿。在我们谈话期间,一位穿着时髦的女士从我们旁边走过。她穿着蓝色短裙和尖高跟鞋,好像是来酒店"钓"有钱人的,而市长先生似乎上钩了。他转过头,目不转睛地盯着这位女士行进的方向,表情似乎很痛苦。他望向卡马拉斯,好像这位助理能够解答这个问题:世上怎么会有这么可爱的人,她为什么会让我如此着迷?卡马拉斯尽量保持着斯文。"这里有很多长腿的金发美女,"他边说边跷起二郎腿,点燃一支香烟,"不过在明天的学术会议上,我们肯定不会见到这么多如此漂亮的女人。"布塔利斯的注意力转移到了我感兴趣的话题上,虽然这个话题对他来说并没有那么有趣。"塞萨洛尼基曾经是奥斯曼帝国的一座繁华城市,"他用他那低沉不变的嗓音说道,"它曾是个犹太城市,也曾是个土耳其城市。"

人们只要考虑一个简单的事实就能理解市长这番话的意思:当塞萨洛尼基成为希腊的一部分时,在当地的三大种族中,希腊人的人数是最少的。塞萨洛尼基建立于基督诞生前三个世纪,它是以亚历山大大帝同父异母的妹妹之名命名的。任何质疑塞萨洛尼基是否是希腊城市的说法都会被市长的反对者视为挑衅,正如引起众怒的亵渎神灵事件一样。不过,在被纳入希腊领土之前,塞萨洛尼基最大的宗教群体是犹太人,它在拉迪诺语(西班牙犹太方言)中被称作"以色列之母"。希腊人在高中历史课上从来没有学过这方面的知识。正如布塔利斯所说:"他们之所以不知道,是因为没有人教他们。"

15 世纪末,塞法迪犹太人因为受到宗教法庭的迫害而离开西班牙,陆续抵达塞萨洛尼基。奥斯曼帝国统治者对这些犹太人的到来表示欢迎,因为他们正想充实这座在拜占庭帝国时期曾经繁荣一时的城市——几十年前,奥斯曼帝国入侵此地并对希腊人进行大肆屠杀,导致这里的人口骤降。在奥斯曼帝国统治时期,塞萨洛尼基成为全世界最大的犹太人中心之一。在塞萨洛尼基的港口,说拉迪诺语的人比说希腊语和土耳其语的都多。当这座城市成为希腊领土的一部分之后,犹太人感到十分不安,他们担心自己的自由会受到希腊当局的限制。希腊政府试图把这个庞大的宗教群体融入到整个国家。一个人是否可以既是犹太人,同时也是希腊人?希腊国内对此存在争议。不过,希腊政府准许犹太人继续享有在奥斯曼帝国时期享有的自治权,但是犹太学童必须学习希腊语,并宣誓效忠他们的新国家。

不过,一个即将发生的重大变化将显著改变这座城市的宗教构成。大量希腊难民从他们的老家——也就是新成立的土耳其——涌入了塞萨洛尼基。1917 年发生的一场大火将塞萨洛尼基的大部分地区夷为平地,其中犹太人聚居区受损尤其严重。这场大火加快了该市宗教构成的转变。灾难过后,很多犹太人选择离开。但是到了二战期间,纳粹德国占领塞萨洛尼基时,该市仍有约 5 万名犹太人。1943 年 3 月,第一批来自希腊的犹太人被运往奥斯维辛-比克瑙集中营,短短几个月后,塞萨洛尼基的犹太人就几乎绝迹了。二战中,该市只有不到 2 000 名犹太人幸免于难。对希腊人来说,关于一个人能否同时具备犹太人和希腊人双重身份的争论也几乎不再有实际意义了。由于犹太人几乎已经在塞萨洛尼基绝迹,因此当地居民很容易就会忘记犹太人曾在这里存在的事实。

布塔利斯刚刚就任市长一个月后便访问了以色列。他在接受《耶路撒冷邮报》采访时谈到了塞萨洛尼基,他说:“这座城市曾经被称作‘巴尔干半岛的耶路撒冷’是有依据的,而且它可以再次成为巴尔干半岛的耶路撒冷。”这位市长还透露说,他在高中时期的初恋女友就是犹太人。在这次访问期间,他还对一群来自塞萨洛尼基的二战“犹太大屠杀”幸存者发表讲话,呼吁他们鼓励周围的人到塞萨洛尼基旅游,以帮助故乡的发展。他的努力似乎得到了回报。在布塔利斯就任市长后的前9个月里,到萨塞洛尼基旅游的以色列游客数量翻了两番。虽然来自土耳其的游客数量也有所增加,但并不是很多,所以市长仍在为此努力。他在丽兹卡尔顿酒店对我说,对于很多土耳其人而言,塞萨洛尼基是旅行的必游之地,因为那里是穆斯塔法·凯末尔·阿塔图尔克的出生地。尽管很多希腊人因为曾经在小亚细亚遭受的苦难而谴责阿塔图尔克,但是布塔利斯对我说:“无论你怎样看待他,他都是塞萨洛尼基的孩子。”卡马拉斯打断了他,指出他的说法在塞萨洛尼基的居民中还有很大争议,因为很多居民的祖先都是从小亚细亚地区被驱逐到这里的希腊难民。“如果你问我的话,我觉得他说话太直接了。”卡马拉斯说。他善于把市长的观点总结成明智的经济政策,即使是市长的反对者,也能理解这些政策。“鉴于国内需求的疲软,我们正在努力从外部引进需求，”卡马拉斯说，“开放是有好处的。”

第二天上午，我看到布塔利斯在酒店阳台接受多个希腊记者的轮流采访。土耳其民众——无论是反对民族主义的左派，还是对布塔利斯的同情感到高兴的民族主义者——都对这位市长表现出了很大的兴趣。我感觉他在土耳其可能比在希腊更受欢迎。第一个采访者是一位年轻女士，她在采访中极尽挑逗之能事。布塔利斯没过多久便卷起袖子，向她展示自己为纪念逝去的妻子而在胳膊上文的文身。“我们曾在一起过着梦幻般的生活。”他对记者说。

“您的人生哲学是什么？”她问道。

“做个好人，”布塔利斯回答道。

这位女记者和当天所有采访布塔利斯的土耳其记者一样，都问到了将街道命名为阿塔图尔克街的提案。

“既然您是市长，为什么不能把阿塔图尔克出生的那条街以他的名字命名呢？”她问道。

“这个问题很微妙。”布塔利斯说，他的提案是为了表明“向前迈进”、超越历史界限的姿态，但是在希腊进展并不顺利。

“我能认为您的本意是希望这样做吗？”女记者追问道。布塔利斯有点犹豫，他不想让这位记者失望，于是想要做出肯定的回答。这时，在一旁抽烟的卡马拉斯为领导免去了一个麻烦。“这个提案引发的反响太强烈，我们认为可以用更好的方式来改善希腊与土耳其的关系。”他说。随着酒店的扬声器中响起了歌曲《月亮河》，摄影师开始给布塔利斯拍照。“您能摆出一个和平的手势吗?”记者问道。市长先生随即照做了。

在那天上午接受的每一次采访中,布塔利斯都不厌其烦地重复着一些话题:希腊和土耳其有着“非常非常相近的历史遗产”;希腊人与土耳其人的心态更加接近;他对土耳其人的好感远远超过对欧洲人,比如瑞典人的好感。他不断提到土耳其航空公司开通了从伊斯坦布尔直达塞萨洛尼基的航班,那些到塞萨洛尼基购物的游客“会对眼前的美景感到震撼”。

一个电视台记者问布塔利斯,是否感觉纪念塞萨洛尼基解放100周年的活动会培育希腊人对土耳其的仇恨。他回答说,正好相反,他认为这个纪念活动凸显了两国的共性。布塔利斯指出,奥斯曼人在把塞萨洛尼基割让给希腊时未发一枪,而该市在解放后经选举产生的首位市长就是土耳其人。“我觉得我们不需要庆祝胜利,”他说,“这不是什么胜利,只是情况发生了变化而已。”

听了布塔利斯的这些言论,我无法想象他是怎么当选市长的。虽然他在2010年当选时只有300票的优势,但是他能够在希腊经济危机不断加深的时候胜选,说明了很多希腊人对新型政治的渴望。布塔利斯获得了中左翼联盟的支持,同时融合了右翼政治势力的亲商倾向,而且避免了右翼政党僵化的民族主义倾向。这种政治立场的组合在希腊独一无二,人们好像愿意在他身上赌一把。当然,与被指挪用公款成性的前任市长瓦斯里斯·帕帕格古波罗斯相比,这是巨大的进步。帕帕格古波罗斯曾经是一名牙医,还当过短跑运动员,并在欧洲的比赛中为希腊赢得过一枚铜牌，被称作“飞人医生”。他曾经作为新民主党成员主政塞萨洛尼基十年。在布塔利斯上任后，新任主管财政的副市长是该市自二战结束以来首位民选的犹太官员。这位副市长发现市财政亏空严重，显然是因为上届政府伪造了账本。两年后，帕帕格古波罗斯和他的两名助理被判定挪用公款约1 800万欧元，并因此被判处无期徒刑。这次审判发生在索卡扎波洛斯被判刑之前，帕帕格古波罗斯于是成为多年来首个因犯下重罪而被处以重刑的希腊政客。一些希腊媒体乐观地将此案描绘成划时代的事件，认为这意味着无恶不作的希腊官员将会为自己的违法行为负责。不过，这似乎只是一种美好的愿望。帕帕格古波罗斯坚称自己无罪，并提起上诉，表示自己是政治迫害的受害者。他的刑期后来被减为12年。

布塔利斯政府的财政局长在上任后只用了几年时间就平衡了市财政预算，这一成就引起了希腊总理萨马拉斯的注意。该市的一位官员对我说，总理告诉布塔利斯：“我需要那个犹太人来雅典。”布塔利斯凭借他提出的改革日程表和身上的文身吸引了国际媒体的关注。当时，所有关于希腊的新闻都是负面的，记者们都想为希腊说一些好话，所以都对布塔利斯大加赞赏。《纽约时报》在对他进行专题报道时选用的标题是《希腊市长要向雅典展示成功之道》，英国《每日电讯报》的标题是《希腊的明朗前景》，德国《南德意志报》的标题是《一座城市的最后希望》，多伦多《环球邮报》的标题是《这个希腊英雄埋葬了财政误差》。虽然国际媒体都把他描述成救世主，但是在希腊国内，大家对他的看法却存在争议。他的选区内的很多选民,尤其是宗教保守派,对他依然不屑,正如圣母欢迎仪式上所表现的那样。

就在警察把愤怒的修道士拖走时,人群中开始出现各种嘀咕和揣测。

“布塔利斯肯定是做了什么激怒他们的事情。”我身旁的一个小个子女人说道。

“他不允许他们靠近圣像。”一个女人回应道。

“哦,如果是这样,他们确实有理由生气。”

“滚出去,布塔利斯!”一个女人尖叫道。

“你把这个地方都弄脏了!”一个低沉的男性声音咆哮道。

我问旁边一个自称奈克塔洛斯的男人,市长为什么受人质疑。

“因为他是个无神论者,而且是个恶魔。”他说。

“为什么是恶魔?”我问。

“因为他喜欢阿塔图尔克。”

就在大家继续吵吵嚷嚷的时候,一个名叫塞德罗斯·卡拉奥格鲁(Theodoros Karaoglou)的人走到台上,若无其事地开始演讲。他留着一头乌黑的头发,从中间整齐地梳理开。他说,圣像的到来“将有助于激发我们这些饱经考验的人民的宗教和民族意识”,希腊人民和自己的过去紧密相连,“因此,我们不能忘记教会为保护我们的民族和文化遗产而做出的巨大贡献”,政府和教会必须“并肩而行,共同战斗,向那些遭受经济危机的人提供支持”。他还说,危机毫无疑问将会结束,“希腊将重新站稳脚跟。圣母站在我们这一边”。

就在这件事情发生的前几天,我刚刚见过卡拉奥格鲁。他是希腊政府中马其顿和色雷斯地区事务部的部长。我们见面的地点就在他奢华宽敞的办公室。这间办公室所在的大楼气势恢宏,曾是奥斯曼时期当地政府总部所在地。卡拉奥格鲁指出,一个世纪前,奥斯曼帝国军事将领哈桑·塔赫辛·帕夏(Hasan Tahsin Pasha)就是在这座大楼里投降,把这座城市交给了希腊军队。他对我说,他的部门计划在当月晚些时候的一个周六举办一场大规模庆祝活动,以纪念这座城市从奥斯曼帝国的“奴役”下解放。700 名希腊士兵将重现一个世纪前希腊军队进城时的情景。这些士兵要穿上当时的军装,还有一些士兵会骑马进城。他们将行进至马其顿和色雷斯地区事务部,在那里,希腊总统将会升起 1912 年希腊军队占领该城时升起的那面希腊国旗。军队还将经过一座小教堂,本地的主教和其他 200 名教士将在那里吟诵拜占庭时期颂扬圣母玛利亚为“常胜将军”的赞歌,还将高唱希腊国歌。接下来,这些士兵将行进至白塔。在那里将会升起一面巨幅希腊国旗——这是“希腊境内现存最大的国旗”。士兵将会在白塔鸣枪 21 声,与此同时,海上的一艘希腊军舰将会炮火齐射。“因为我们眼下的气氛很沉重,”这位部长对我说,“我们的目的就是要营造民族自豪感。”

马其顿和色雷斯地区事务部的存在本身就是出于民族自豪

感。在希腊，它是唯一一个代表某个地区的联邦政府部门，因为它的名字里面含有“马其顿”——这里的“马其顿”是指希腊的一个地区，塞萨洛尼基就位于这一地区。1991 年，一场关于马其顿名称使用权的纠纷激怒了希腊的民族主义者，这场纠纷至今尚未解决。那一年，南斯拉夫分裂为五个独立的国家，其中一个国家自称“马其顿共和国”。对于很多希腊人来说，根本不存在马其顿国和马其顿语，因为马其顿就是希腊，自古以来就是如此。希腊人认为，那个国家不仅试图通过占有这个名称来攫取希腊的文化财产，而且还要以此索取对希腊北部领土的所有权。此外，通过自称为马其顿，这些前南斯拉夫人还可以把希腊的英雄亚历山大大帝说成是他们国家的人。从某种意义上讲，希腊人的担忧也是可以理解的，因为他们对赢得和保卫北部领土的战争记忆犹新。即将成立的马其顿共和国将在斯科普里建立自己的首都，那里的民族主义政客提出要实现大马其顿的“精神统一”，这更加引发了希腊人的担忧。即便如此，希腊人的回应也未免有些小题大做了。1992 年 2 月的一天，塞萨洛尼基的政府部门和学校全部关闭。据估计，当天有上百万希腊人走上街头，抗议邻国使用马其顿作为国名，参加抗议的人数接近希腊总人口的十分之一。当年的晚些时候，雅典也爆发了类似规模的游行示威。由于希腊的持续反对，联合国在提到马其顿共和国时使用了一个令人遗憾的别称——前南斯拉夫马其顿共和国（简称 FYROM）。

卡拉奥格鲁在他的办公室里对我说，成立马其顿和色雷斯地区事务部的目的就是为了“向外界传达一种具有国家象征意义的信息：马其顿从前、现在和将来永远都只有一个，并且只属于希腊”。此外，成立这个部还有一个目的，就是应对希腊北部地区的高失业率。但是我在采访期间，除了看到部里的工作人员试图保住自己的工作外，并没有看出他们是如何对抗失业现象的。这里的人好像都无事可做。他们的办公大楼很宽敞，我经常能看到工作人员们三五成群地坐在走廊的折叠椅上抽烟。显然，其他人也曾质疑过这个部的存在意义。2009 年，泛希社运党出身的总理乔治·帕潘德罗曾将该部降格为一个“总秘书处”。2012 年 6 月，右翼总理安东尼斯·萨马拉斯上台后，又将这个总秘书处恢复为部级单位。在马其顿的命名争端最激烈的时候，萨马拉斯脱离新民主党，组建了更加激进的民族主义政党“政治春天”，该党的唯一宗旨就是在与马其顿的争端中保持强硬立场。不过，没过多久，这一争端的热度有所减退，萨马拉斯又重新加入了新民主党。“如果你关闭了一个名称中含有马其顿的部，那么就相当于传达了错误的信息。”卡拉奥格鲁对我说。因为这会让国界另一边的敌人觉得“你并不是那么在乎”。

在结束与卡拉奥格鲁的会面后，我给布塔利斯打了一个电话，问他如何看待马其顿和色雷斯地区事务部的百年庆祝计划。“我简直要疯了。”市长对我说。在他看来，首先，这个部根本就没有存在的理由；其次，它提出的纪念计划“完全是哗众取宠”。布塔利斯说他会抵制这一庆祝活动。当地的报纸后来报道称，市长认为马其顿和色雷斯地区事务部策划的纪念活动是“纳粹主义”。这时,卡拉奥格鲁觉得自己有必要做出回应了。“很明显,不论是关于纪念这个城市从土耳其统治下解放100周年的重要性,还是关于如何庆祝历史纪念日,市长和我都存在不同的理解,”他说,“历史健忘主义将会损害我们的集体记忆,所以我要强调一点:一个忘记自己历史的民族是没有未来的。”

* * *

在修道士们痛斥市长的时候,塞萨洛尼基的主教脸上露出了异样的表情。主教个子不高,留着长长的络腮胡子。他把目光投向喧闹的人群旁边,将双手放到手下的工作人员身上——这些工作人员和其他牧师一起站在台上。主教并没有直视骚乱的人群,因为那有损主教的威严。他戴着眼镜,花白的头发遮住了大半边脸,让人们很难分辨他的表情。不过,我揣测着,他的脸上是否流露出了一丝高兴的神情。

塞萨洛尼基的主教安塞莫斯并不喜欢布塔利斯谈论这座城市中的非希腊、非基督教因素;市长也不喜欢主教把礼拜日布道当成自己的有线电视新闻秀。主教曾在布道时指责这个国家的发展变化表明了“希腊-基督教”精神遗产的衰败。他经常在布道时提醒人们提防种种威胁:来自土耳其或者自称马其顿共和国的领土威胁;准许同性恋在本市游行的威胁;非法移民的威胁;欧盟霸权的威胁;想要统治欧洲的伊斯兰教的威胁等等。

2010年,布塔利斯在竞选市长时说,安塞莫斯的原教旨主义让他想起了“伊斯兰圣战者”。他还建议主教不要总是花钱购买新祭服，而是要把更多的钱投入到帮助穷人上面。这些言论发表后，二人在一座长方形教堂礼拜时相遇——据说，圣德米特里奥斯的遗体就在这座教堂里。布塔利斯走到安塞莫斯面前，亲吻他手上的金十字架。安塞莫斯没有接受这位市长候选人表示的善意，而是伸出食指对他大加斥责。“如果你不收回你的言论，”主教对他说，“我将会采取有力的行动，让你永远都进不了市长办公室。”

主教和市长的公开争执不断，希腊媒体也对此津津乐道、紧密追踪。每当这两个人近距离接触时，大家就等着看他们的好戏。有一次，布塔利斯向安塞莫斯建议说，既然这么愿意宣传自己的政治观点，不如干脆剃掉胡子，组建一个政党。但是布塔利斯当选市长后，他和主教在公务场合就变得抬头不见低头见了。他们都能保持克制，维持表面上的友好。布塔利斯对我说，他在与安塞莫斯一同出席公共活动时，“第一个问候的人就是主教，我会亲吻他的脸颊”。但是，这个举动会被视为隐晦的冷落，因为亲吻主教的传统方式应该是充满敬意的吻手礼。而主教似乎也很愿意利用自己的布道批判布塔利斯的政策，不过他不会直接指名道姓。

市长或许已经成功吸引了一些犹太游客，但是在一个礼拜日，主教提醒教众提防犹太商人试图在港口购买地产并建造酒店的计划。“平心而论，”安塞莫斯说，“不要忘了，我们是爱犹太人的。我们曾经在塞萨洛尼基和雅典帮助过他们，我也解释过，我们在《圣经·旧约》里面是同根的。"考虑到主教所在的城市，他的这番话让人感觉似乎与事实不符——在二战期间，希腊被纳粹占领的时候，雅典和希腊其他地方的牧师和教徒的确帮助过犹太人躲避纳粹的追捕；但在塞萨洛尼基，犹太人的遭遇显然是不幸的。随后，主教又针对即将召开的一次有关该市犹太历史的学术会议提出警告，因为这次会议召开的时间恰逢萨塞洛尼基解放100周年纪念活动期间。他宣读了此次学术活动的赞助方，其中包括塞萨洛尼基犹太人协会、耶路撒冷希伯来大学和其他以色列机构。在读到"犹太人"和"耶路撒冷"的时候，他特意提高了嗓音，强调这次活动的犹太属性。在提到塞萨洛尼基市政府也是赞助方之一时，他故意顿了顿，好像感到了严重的困扰，似乎这座城市因为允许召开这次会议就变成了叛徒一样。"我希望你们不是在将来的某一天突然想起我今天说的话。"安塞莫斯的意思是说，真到了那个时候就为时已晚了。他说，相关部门必须澄清"这到底是怎么回事"，接着，他得出了自己的结论："犹太人正在调戏塞萨洛尼基。"说完这句话，他停顿了片刻，"你告诉我，'这意味着什么'。不用我说，你们也都明白。我们有欧洲，我们有移民，有非法移民，我们还面临着威胁。"他所谓的威胁是指土耳其在爱琴海上的野心。在讲话即将结束时，他说："我不能再多说了。"好像再说下去就会点燃犹太人莫名其妙的怒火。

在另一个礼拜日，主教因一篇新闻报道而大发雷霆，这篇报道说，马其顿语广播电台正在申请希腊北部地区的运行牌照，想要扩大“宣传”范围。安塞莫斯说，如果这家电台获准开放的话，“我和年轻人，还有其他所有想去的人”将会“乘坐四五十辆公交车”过去“把它的所有东西都砸个稀巴烂”。他还说，“除此之外，别无他法”。还有一次，他说土耳其电视剧在希腊流行是“对我们民族意识的侮辱和挑战”，就好像希腊人在对土耳其人说“我们投降了”。有一次，主教从雅典回来，说移民都快把那个地方“染黑”了，自己差点“分辨不清是否身在雅典”。他说，移民必须被遣返回国，因为这些人大多来自伊斯兰国家，土耳其密谋让穆斯林大量涌入希腊，想要把希腊“土耳其化”。还有一次，主教在布道时说，腐蚀国家意识形态根基的危险越来越严重，这是一场“麻风病”，而且很明显“试图传播病毒，吞噬掉绵延数千年的拜占庭帝国的希腊-基督教文化”。他说，拜占庭的希腊-基督教文明是由众多杰出人物和科学家创造出来的，这些人的书填满了整个欧洲的图书馆。“这曾是个伟大的文明，它曾是我们的文明，我们是这个文明的继承人，”他接着说，“可就在这里，我们中的某些人想要放弃自己的文明，还要给它重新命名。”他说，这样的人“感染了否定和篡改我们历史的麻风病”。在布道快要结束时，他说的话好像是在直接驳斥市长的政策。“如果我们保持希腊和东正教文化，经济情况将会更好，”他说，“我相信，我们不会被击垮。”

圣像到达的那一天，当布塔利斯走上台时，抗议的修道士不见了。他竟然没被嘘下台去,这让我感到有些惊讶。虽然周围的人对他虎视眈眈,但是市长却镇定自若。在开始演讲前,他看了看周围的牧师。“大主教。”他朝希腊教会大主教点点头。“主教。”他对安塞莫斯说。“阁下。”他对另一位牧师说。圣像的到来“恰逢我们国家在战后面临的最严峻的时期之一,我们的人民此时正在遭受苦难”,市长低头看着稿子这么说道,他的声音听起来有气无力,好像并不愿意发表演讲。通过把圣像请到这里的善举,牧师们展现了“对这座城市和市民的爱、鼓励、安慰和关切,特别是对那些经济拮据或者受到冲击的市民,那些日常生活和家庭受到经济危机严重影响的市民”。他最后说:“我们对此表示感谢,并致以尊重和敬意。”人群中掌声寥寥。

市长的讲话结束后,圣像被抬上一驾马车。一辆装饰过的吉普车拉着马车前进,带着圣像在市区游行。一支穿着革命时期服装的军乐团在前面引路,牧师在圣像两旁挥动着冒烟的香炉。军乐团的军官穿着一身白色军装,手持长剑,他身后的士兵行进的步伐并不齐整。数百名神情疲惫的牧师和修道士跟在队伍后面,披着黑衣的修女安静地举着蜡烛,熔化的蜡油不停地滴落到她们手上。当圣像经过“国防”街时,西装革履的政客和数千名群众一同随行。游行的队伍穿过画满涂鸦的亚里士多德大学——这所大学是希腊最知名的院校之一,但教学楼脏兮兮的,随处可见诸如“灭绝法西斯主义”和“学生斗争必胜”之类的口号。这所大学的校园在过去曾是欧洲最大的犹太人墓地之一,成千上万的犹太人就葬在这里。在被纳粹占领期间,希腊当局为了释放大片土地进行开发而毁掉了这片墓地。

队伍继续前进，穿过一片并不美观的公寓楼。所谓公寓，其实就是带阳台的水泥盒子。在希腊的城市里，这种建筑随处可见。居民们纷纷从楼里出来瞻仰圣像，摆出十字架的手势。最后，圣像抵达了圣德米特里奥斯教堂，经过门口的绿色大理石柱，进入神殿。神殿开放式的木头屋顶很高。圣像被安放到祭坛前，前来朝圣的人们从昏暗的走廊里一直排到了殿外，排在后面的人要等候几个小时才可能有机会在来到圣像前，摆出十字架的手势，并亲吻装着圣像的玻璃盒。还有人等着向圣德米特里奥斯的遗体致敬。圣德米特里奥斯的遗体存放在一个小银棺里，银棺旁边挂着一幅画，画中描述了他牺牲时的场景：几个罗马士兵把长矛插进了他的胸膛。据说，这座教堂是在他牺牲的公共澡堂的遗址上建造的，教堂的地窖里至今还残留着罗马时期的遗迹。德米特里奥斯被称为"蒸没药[①]的人"，因为据说从他的墓里曾神奇地流出一股没药。很多人说，现在还能闻到没药的味道。不过，我去过那里，却什么味道都没闻到。

第二天上午，我又去了一趟教堂，教堂前面的喇叭里传出低沉的"哈利路亚"。等待亲吻圣像的教徒们依然排着长队。我在教堂里遇到了戴文·纳尔，他将近30岁，是一位美国历史学家，来自西雅图的华盛顿大学。纳尔的祖先是塞法迪犹太人，他对塞萨洛尼基和这里的犹太人历史很感兴趣。几天前，我在亚

① 没药(mò yào)是没药树的树脂，没药树是一种常绿乔木，产于非洲和阿拉伯半岛等地。——译者注

德·来兹卡伦犹太教堂见到了纳尔，这座教堂是如今生活在塞萨洛尼基的大约 1 000 名虔诚的犹太人做礼拜的地方。我们是在一个周五的晚上见的面，当时，教堂里正在举行犹太教安息日礼拜。16 世纪早期，塞法迪犹太人定居在了塞萨洛尼基，并在这里建造了一座名叫新里斯本的犹太教堂。几个世纪后，二战前夕，纳尔的曾祖父带着家人去了美国，纳尔的一些亲戚留在了希腊，这个年轻学者曾试图了解留下来的亲戚的凄惨命运。在调查的过程中，他对这座城市产生了兴趣。纳尔是个瘦高个儿，留着卷发，讲起自己的研究课题来激情满满，讲到自己见过的奇闻轶事时手舞足蹈，就好像刚刚考察完从未出土过的文物，迫不及待地想要与人分享自己的发现。他来这里是要参加一个关于塞萨洛尼基犹太人历史的学术会议，也就是安塞莫斯主教口中的犹太人“调戏”这座城市的活动。

我和纳尔穿过等待亲吻圣像的人群，沿着陡峭的大理石台阶向下走，来到教堂的地窖。这里几乎没有其他人。我们路过教堂早期的大理石水池遗迹和被灯光照亮的罗马柱的柱头。纳尔对这些陈列品并不太感兴趣，他一直盯着大理石地板，试图在上面找到被毁掉的犹太人墓地中的墓碑——墓地被毁坏后，那些墓碑经常被用作建筑材料。在这座城市里至今仍能看到这样的墓碑。我见过一个郊区院子的院墙是用犹太人墓碑砌成的，上面的希伯来字迹和用犹太历标注的死亡日期清晰可见。当我在院外吃惊地看着这番景象的时候，一位上了年纪的女士从旁边路过。她对我说，墙上的字迹是房主的一种“设计”，是最近才刻上去的。不过,她当然知道真相是怎么回事。1917 年的一场大火差点把圣德米特里奥斯教堂夷为平地,直到二战后,教堂才得以重建,当时有大量的墓碑被用来做建筑材料。纳尔对我说,教堂在重建的时候很有可能使用了这些墓碑。他看到一块大理石板,觉得上面的希伯来字迹看起来像是被凿掉了。他给这块大理石板照了一张相片。我们随后来到教堂旁边的一个院子里,那里的野草长得很高,草丛中散落着很多大理石板。大部分石板上都刻着古希腊语,但也有一些上面刻着希伯来语。纳尔在草丛中穿行,走过一摞摞石板,找寻更多的墓碑。但是有那么一瞬间,风中传来牧师的颂歌声,平时很沉稳的纳尔却突然变得怒不可遏。他后来说,这么多墓碑遭到亵渎,却带来一个令人意想不到的后果:这些散落在城市各个角落的墓碑意外地引发了人们的纪念,让人们想起这座城市几乎被抹掉的过去。

长期以来,希腊强烈的民族主义一直在试图隐藏这个国家过去曾经存在多元文化的证据,这也使"希腊主义"这个概念本身受到了伤害,变得僵化、狭隘和脆弱。事实证明,在面临经济危机时,民族主义的逻辑在全国范围内都产生了不良的影响。希腊纯洁论和优越论这样的思想在对移民的仇视和法西斯政党"金色黎明"的快速崛起中暴露无遗。金色黎明党对犹太人和土耳其人有着深刻的仇恨。但是与此同时,塞萨洛尼基人的思想转变也很明显。布塔利斯执政后引发了国际上的关注,使这座城市的游客数量骤增，市民们好像意识到了开放历史认识的好处。

2014年春，布塔利斯再次当选塞萨洛尼基市市长，得票率高达58%，领先率也远远高于上次。在这年11月的一个阴沉的日子里，连任市长几个月后的布塔利斯在亚里士多德大学发表演讲。这所大学的校园就建在被毁掉的犹太人墓地上，市长发表演讲是为了给历史纪念碑揭幕。布塔利斯站在一座铜雕的大烛台旁边，头戴一顶犹太人的格子帽——希腊政客通常不会戴犹太帽，即使是去犹太教堂也不会戴，因为害怕遭到选民的反对——他对人群说，塞萨洛尼基因为那些在被占领期间背叛犹太弟兄的希腊人而蒙羞。他接着说，我们脚下这块土地曾经作为犹太人的墓地长达五个世纪之久，而我们却花了这么多年才肯承认这个事实，这是这座城市的耻辱。他的这番话引来一阵掌声。布塔利斯说，塞萨洛尼基早就应该打破沉默了。

第六章　移民危机
Europe's Hopefuls

我是个不幸落难的外国人，在你们这里举目无亲。

——奥德修斯，荷马《奥德赛》

泥水横流的埃夫罗斯河位于希腊东北部地区，是希腊与土耳其的界河。色雷斯小镇泰奇罗（Tychero）就安静地坐落在河边。“泰奇罗”在希腊语中是“幸运”的意思。这个小镇地处河流冲积的三角洲上，肥沃的田野上长满了棉花、小麦和向日葵，天空中翱翔着各种猛禽、鹈鹕和其他越来越稀少的候鸟。2011年12月的一个寒冷的早上，我在小镇边缘的山路上看到9个人像溃败的逃兵一样有气无力地走来，其中多数是非洲人。他们中间有一个高个子女人，长得非常漂亮。她穿着鲜红色的羊毛大衣和高档牛仔裤，脚上是一双灰色短袜和人字拖。很显然，她在这天早上穿越埃夫罗斯河时没能保住自己的鞋子。当时，埃夫罗斯河是遭受战乱和贫困的亚非难民进入欧盟国家的主要通道。埃夫罗斯河谷上的泰奇罗镇原本与世无争,但现在到处都是难民。

这 9 个人向我走来,我问他们谁会说英语。他们停下来,一屁股坐在铺着红砖的人行道上。“太累了,”一个戴着蛤蟆镜和冬帽的小伙子说道,“警察局在哪里?”我向山下警察局的方向指了指。那是一座位于铁路旁边的其貌不扬的白房子,偷渡到小镇的移民都被拘留在那里。那天早上,我刚从警察局前面路过,看见油漆工正在用白漆粉刷外墙,好像要掩饰内部的简陋。包括这个警察局在内的很多关押移民的地方,其设施环境之恶劣,已经引起了众多人权组织的关注。在“人权观察”(Humam Rights Watch)的一份报告中,移民说他们在这个警察局里只能睡纸箱子,而且因为没有厕所,所以只能在角落里小便。有人曾看到警察局的看守带着被关押的人去野外大便。妇女和儿童往往和男人们一样被关押在狭小逼仄的空间里。报告中称,一些被关押的人要水喝的时候,会遭到看守人员的拳打脚踢。但是,移民们还是主动到警察局自首。在美国,法律允许相关部门快速遣返不具备庇护申请资格的非法移民。但是欧盟的法律却正相反,为了确保移民能够有机会申请庇护,不允许有关部门立即遣返他们。所以,希腊警方会对入境的移民进行羁押,稍后再将他们释放,并给他们发放一份文件,准许他们在希腊境内合法停留一段时间——通常为一个月,有时会更长一些。有了这些文件,移民就可以合法前往雅典申请庇护,但是申请过程非常漫长。虽然很少有人能够申请成功,但是移民们可以借此延长合法停留的时间。

那一年,成千上万人从泰奇罗这样的边境城市穿越国界来到希腊。移民数量不断上升的时候,正值希腊进入政治和经济高度动荡的时期。虽然移民从未在希腊受到过欢迎,但是眼下这个时期对他们来说尤为艰难。在这一年里,来希腊寻求庇护的移民中人数最多的是阿富汗人。这些人到了希腊后,发现这里并没有给他们的境遇带来多少改善。与此同时,很多巴基斯坦人和越来越多的孟加拉人也涌入了希腊。这些人都想在希腊的黑市上找份工作,但是在经济崩溃的情况下,希腊的地下劳动力需求也日趋萎缩了。这些移民都是通过付钱给蛇头才偷渡到希腊的,但是蛇头不会事先告诉他们入境后需要面对的残酷现实。很多移民几乎没有接受过教育,受教育程度高一些的人根本不想留在希腊,而是计划潜入其他欧洲国家。因为他们的目的地是欧洲,虽然从严格意义上讲希腊也属于欧洲,但不是他们心目中的欧洲。他们希望到德国、挪威或者瑞典等国家去,在这些地方,他们才有机会获得保护并享受福利。不幸的是,对他们来说,离开希腊,通常比进入希腊困难得多。

那天上午我在泰奇罗的山路上遇到的移民大多来自索马里。从索马里到欧洲的路线之一是先乘飞机到叙利亚,然后长途跋涉从土耳其进入希腊。这是一条相对安全的替代线路。还有一条更常见的路线是从利比亚乘坐拥挤的破船穿越地中海,进入意大利,但这条路线更危险,事故频发。

那天遇到的移民中有一个瘦弱的索马里人名叫阿卜杜喀迪尔·奥斯曼，今年18岁，身上穿着比自己身材大几号的黑色皮夹克。他刚刚长出绒毛般的胡须，手里提着一个很大的女式提包——这就是他的行李箱。“索马里的情况糟透了，”他对我说，“我的国家非常危险，对年轻人来说更是如此。希腊是个和平安定的国家，我觉得在这里生活很好。”这几个人能够用英语表达的也只有这几句话了。休息片刻后，他们都站了起来，迫不及待地向警察局走去，希望能够在长途跋涉后找个地方安顿下来。

泰奇罗小镇的居民已经习惯了镇子东边会不时出现几个偷渡过来的移民。在我与这几个索马里移民相遇的山路上有一个大咖啡馆，里面坐满了手执念珠的退休老人。工作日里，这家咖啡馆可以算得上是泰奇罗镇最热闹的地方之一了。这天，我从咖啡馆门前经过，咖啡馆外坐着的几个男人看到了我的络腮胡子，于是猜测我是阿富汗人。“不是。”我用希腊语对他们说。他们意识到自己搞错了，在向我道歉的同时也为自己辩解。“这些难民把整个国家都弄脏了！”一个头戴港口装卸工帽子的男人说。可能是见我的表情显得不太高兴，他连忙解释说：“我们很害怕。如果你是个老人，看到50个黑人从你家门口走过，你难道不害怕吗？我说的黑人是指非常黑的人。”我对他说，我刚才看见了一群索马里人，他们看上去没什么可怕的。一个老人想要解释一下我们之间的误会，于是加入了对话。“黑人占了美国人的一半，所以他习惯了。”他向同伴解释道。“嗯，”那个戴着工人帽的人说，“但是美国很大，我们这里只是个巴掌大的地方。他们要把整个国家都占领了。”

我已经听过很多人谈论黑人的肤色有多么黑，以及他们“把这里弄脏了”的说法，所以听到这几个人说的话，我丝毫不感到奇怪。实际上，离开咖啡馆没多久，我遇到了一个身材结实的中年希腊妇女。她戴着粗框太阳镜，正在等公交车，于是我们聊了起来。“他们是黑人，”她提起自己最近看到的移民，“他们是黑人，黑人。”她承认这些移民没有给她的生活造成什么困扰，但是她接下来说的话却是受到了困扰的人才会说的。“他们把这个地方弄脏了，”她说，“还有保加利亚人和吉普赛人。我们都在吃他们弄出来的脏东西。”我问这位女士是否了解移民们在警察局里的生活条件。她说，在那里待着是一种“享受”。“他们有住的地方，有吃的，夏天甚至还有专门的餐饮服务。这都是要花钱的，”她说，“我们现在都在为外国人工作。”

她似乎越说越激动，但随后我们的注意力都被一个带小孩的妇女吸引了。这个妇女戴着格子头巾，额头上缠着绷带，领着一个5岁左右的小男孩向我们走来。小男孩身穿一件黄色冬衣，衣服上印着“先锋队”几个字。“你好。”她向我们打招呼。接着她用一口流利的英语对我说，她来自厄立特里亚。我问她的额头怎么了，她说是在来希腊的路上不小心摔倒，头碰到了地上。几天前她就和丈夫带着两个儿子来到希腊了。虽然夫妻俩和小儿子已经被释放了，但8岁的大儿子还被关在警察局里。她说，他们的大儿子在路上听其他移民提到了索马里，于是在回答边检人员的问题时把自己的国籍误说成了索马里。因为他的回答与父母不一致,所以被隔离了。她说,就因为孩子一时口误,他们已经在这里等了 6 天,但是现在孩子还没有获释。6 天来,一家人就住在路边的一间烂尾房里。

公交车进站了,刚才一直沉默不语的希腊女士向我道别,上了车。我问这位厄立特里亚移民能否带我去她住的地方看看,她同意了。我们沿着山坡向上走,经过破败的火车站,看到路边有几座铁皮屋顶的棚子,里面有一些用硬纸板拼凑成的垫子,移民们就在上面睡觉。这个厄立特里亚家庭选择了一栋未完工的红砖房子作为他们的住所。这座房子的门窗都用硬纸片遮挡着,卧室的墙上有个大口子冲着马路。卧室的地面放着一张脏垫子,他们在上面铺了一层硬纸板把脏东西隔离开。他们仅有的家具是两张坏掉的塑料椅。隔壁房间住着另一家人,两个房间之间用一条印着“凯蒂猫”(Hello Kitty)的粉色浴巾隔开。虽然条件如此艰苦,但这位厄立特里亚母亲和她的孩子看起来都很体面干净。她穿着一件整洁的白色冬衣,小男孩活泼可爱,小脸上洋溢着笑容。我拿出相机,问能否给他们拍张照,这位女士同意了。他们站在临时住所的入口摆起了姿势。男孩摆了一个自己觉得最酷的站姿,好像自己是一个男孩乐队的一员。他妈妈把双手放到身前,望着远方。她的表情里有忧伤也有坚毅,似乎还流露出几分恐惧。

这时,她丈夫从城里回来了。他是个瘦高个儿,看起来像个学者。他对我说,他们一家人从厄立特里亚步行到了苏丹,在苏丹坐船沿尼罗河航行到埃及。他们在埃及花钱买了假护照飞到伊斯坦布尔,又从伊斯坦布尔步行到希腊边境。他说厄立特里亚政府"特别坏",他是因为和政府产生了矛盾,才带着家人离开祖国的。他要求我不要透露他的职业以及与政府之间的矛盾,还有其他任何可能暴露他身份的个人资料,因为他担心家族的其他成员会因此受到牵连。之后他向我告辞,带着妻子去警察局探视儿子了。

2008 年初,一个在喀布尔为外国军队工作的翻译员因为害怕自己会丧命于塔利班组织手中,于是决定逃离阿富汗。他在与外国军队打交道的时候见过几个比利时人,发现他们都很友善,所以觉得比利时应该是个不错的去处。他给了蛇头 12 000 美元,想要偷渡到欧洲。他历经几个月的跋涉穿过了伊朗和土耳其。这年 12 月,他坐船进入欧盟,抵达了希腊的莱斯博斯岛。这座岛屿位于土耳其海岸线以外,岛上崎岖不平,寒风呼啸。到了希腊,这个阿富汗人才知道要想去比利时比他预想的困难得多。几年后,他试图到达比利时的经历成为欧洲人权法庭上一桩案子的焦点。法庭将判定希腊和比利时有没有虐待他。

庭审记录将这个阿富汗人称为 MSS。他在莱斯博斯岛被羁押了一个星期后获释,同时收到一份要求他离境的文件。这个阿富汗人离开了希腊,几个月后抵达比利时,在那里申请庇护。但是根据欧盟的规定,处理庇护申请的责任应该由移民首次抵达的成员国家承担。对这个阿富汗人来说,因为他是通过希腊入境欧盟的,所以比利时可以把他遣返回希腊。这引起了希腊、意大利、西班牙等国的不满,因为这些国家都临近贫穷和战乱地区,这项规定给他们带来了很大负担。希腊人喜欢称自己的国家是“欧洲的地下室”,因为大家都把不想要的移民甩给了希腊。在这个阿富汗人的案子中,比利时官员联系了希腊的相关政府部门,要求他们处理避难申请,但是希腊方面没有给予回应。比利时人在等待了两个月后,认为希腊政府默许了他们的要求,因此将这个阿富汗人遣返了回去。这个阿富汗人乘飞机抵达雅典后就被羁押在机场附近的一个收容中心里。他说自己和另外 20 个人被关押在一个小房间里,“吃的东西特别少,晚上就睡在脏兮兮的垫子上或者直接睡在地板上。”庭审记录中这样写道。他于 3 天后获释,并领到一张“粉色卡片”,证明他是寻求庇护者。虽然他可以凭这份证明留在希腊等待申请结果,但是基本上没有获得庇护的机会。阿富汗人在到达希腊的头一年里,没有一个人在首次申请后就能获得庇护身份。相比之下,在其他欧洲国家,平均有一半来自阿富汗的庇护申请者能够获得批准。

这个阿富汗人说,获释后他就住在雅典市中心的一个公园里。两个月后,他试图使用一张伪造的保加利亚身份证明登机离开希腊,结果在雅典国际机场被捕。警方把他关押在他上次被关的地方。他指控说,他这次遭到了警察的殴打。七天后,他再次获释。大约一年后,他的庇护申请依然没有得到结果,于是他再一次尝试逃离希腊。这一次,他选择的途径是从伯罗奔尼撒海岸线北部的港口城市佩雷斯离开——移民通常会从这里溜进即将离港的货轮,偷渡到意大利——然而,他再次被警方抓获了。他说,希腊警方将他运送到土耳其边界,试图强迫他和其他移民从那里进入土耳其境内。人权组织多次记录了这种被称作"推回"的做法。阿富汗人说,因为国界另一边出现了土耳其警察,所以希腊警方的行为没有得逞。

在法庭上,希腊政府否认自己的行为存在任何过错,称这个阿富汗人没有提供任何遭到非人道待遇的证据。2011 年,法庭援引人权组织提供的 24 份调查报告,认定阿富汗人的证词可信。这些报告记录了警察虐待、推回、有计划地把移民关押在不洁环境中等不人道的做法。报告还批评庇护申请处理系统的主要目的似乎是为了拒绝庇护申请。报告中的其他内容同样令人触目惊心。在一个案件中,联合国负责难民事务的高级专员办事处发现,在莱斯博斯岛,包括 200 多个无人陪伴的儿童在内的 850 多名移民——大部分都是阿富汗人——被关押在一个旧仓库里,其中一个房间里关押了 150 名妇女和 50 名婴儿,他们中的很多人都因为环境不洁净和拥挤而患病。在另一个案件中,欧洲防止虐待委员会访问了位于雅典机场附近的收容中心——那个阿富汗人曾两次被关押于此。委员会在这里记录了"警察虐待移民事件"和移民"被迫从马桶里喝水"的案例。

法庭认定,希腊和比利时都违反了《欧洲人权公约》中关于禁止虐待和非人道行为的规定。希腊被认定为施虐者,而比利时也因为把阿富汗人遣返回希腊，被认定为从犯。法庭承认希腊的移民负担重于其他欧盟国家，但是同时认为不能以此为由免除希腊遵守法律的义务，并且要求欧盟国家暂停将庇护申请者遣返回希腊的习惯性做法。要想从这次判决中获益，移民们需要通过非法方式离开希腊，进入其他欧洲国家。不过，从这个阿富汗人的经历可以看出，这样做并不容易。与此同时，欧盟各国政府对希腊额外施加压力，要求希腊控制边界，确保移民无法北上。这样一来，很多想到其他欧盟成员国申请庇护的人，特别是那些没有钱给蛇头的人，就发现自己被困在了希腊。因为希腊的西边是爱奥尼亚海，北部是巴尔干半岛的崇山峻岭，这些地理障碍把希腊与其他欧盟成员国隔开了。正如我在雅典见到的一个阿富汗人所言，希腊就像是个“大笼子”。

在泰奇罗以北 15 英里，蜿蜒的埃夫罗斯河从索弗里市穿过。索弗里市位于半山腰，小镇里到处都是砖砌的旧仓库和有着红屋顶的房子。索弗里的丝绸业曾兴旺一时，现在早已没了往日的辉煌，虽然丝绸旅游业还勉强维持着经济的运转。这里的城市主干道距离埃夫罗斯河只有 500 米左右，因此刚过河的移民通常都会光顾路边的面包店和咖啡厅。我在这里采访的时候，当地人用“难以置信”和“悲剧性”这样的词语来描述这种状况。不过有些时候，他们既是在说移民，同时也是在说自己。该市市长伊万格罗斯 · 普里奥斯（Evangelos Poulios）长着一个大脸盘，我们在他的办公室里见面，他坐在办公桌后面，身后的墙上挂着一张巨幅的《最后的晚餐》。他对我说，该市没有发生因移民涌入而引发的犯罪事件。不过他也说："居民们在晚上看到陌生人，还是会害怕的。"他希望游客记住这里是一座丝绸城市，而不只是一个移民的过境点。"这会给游客留下不好的印象。"他说。

一天上午，我在这里的火车站附近遇到了阿麦德·塔基亚。他是阿尔及利亚人，40 岁，我遇到他时，他正在垃圾桶里找吃的，还在里面翻找别人剩下的烟头，试图把几个烟头上没烧完的烟草凑到一起卷成一支香烟。塔基亚个头很高，身材瘦削，饱经沧桑的脸上布满皱纹。他穿着一件套头毛衣，毛衣的前后两面各有一个狼头图案。他在长途跋涉中弄伤了脚踝，走路时一瘸一拐的。前一天晚上，他是在站房外面的长椅上过的夜。那个站房大门紧锁，已经废弃不用了。

塔基亚的英语不大好。因为他之前在西班牙做技工的时候学了一些西班牙语，而我在美国上高中的时候也学过一些基本的西班牙语，所以我们用西班牙语进行交流。他对我说，他来自阿尔及利亚的地中海沿岸城市奥兰，本来是想移民去德国的，因为他的一个弟弟生活在莱比锡。他原计划先到希腊找份工作，等攒够了旅费再去德国。但是，计划赶不上变化。大约 1 个月前，他穿过泰奇罗的国境线进入希腊，靠扒火车到希腊各地找工作。跟他在一起的，还有一个名叫阿卜杜拉·塔克伊的阿尔及利亚人。塔克伊今年 23 岁，我跟塔基亚谈话的时候，他正在火车站旁的椅子上睡觉，身上盖着一面欧盟旗帜。他们两人什么工作都没有找到，回到边境的时候一无所有，身体也比刚入境的时候瘦多了。塔基亚用站房外面的一个行李秤说明了这个问题。他走到秤上，指了指上面的指针，它指向70公斤。他说他刚离开阿尔及利亚时的体重差不多是90公斤。“我当时不知道希腊的情况会是这样，”塔基亚说，“我计划先找份工作，然后再继续向前走。我当时不了解情况，只是想去欧洲。但是最终，我什么事都没干成。”

稍晚一些的时候，我到城区买了一包三角形的芝士馅饼回到车站。那个叫塔克伊的年轻人已经醒了，我们三个人一起吃了午餐。他们对我说，他们在等临近傍晚到站的一趟客运火车，准备搭车沿着埃夫罗斯河谷向北走30公里，到奥斯帖达（Orestiada）去。他们想在那里做最后的尝试，看看能否找到工作。如果仍然找不到工作，他们就想办法回土耳其。塔基亚对我说，他的同伴是个厨师。他“啧”地吮了一下手指，夸赞这个朋友的手艺。不过，这位厨师还没有完全清醒过来，因此没怎么开口说话。当塔基亚提到他们在旅途中学到的希腊词汇时，气氛开始活跃起来。塔基亚用希腊语说了“Skoupidia”（意思是“垃圾”）。厨师说的是希腊人常用来骂人的词“Malaka”（王八蛋），以及另一个词“Fige”（滚开）。他用平时听到的说法把这两个词连在一起说出来：“滚开，王八蛋。”他说着就笑了起来。我问塔基亚，他们还知不知道其他词汇，塔基亚摇摇头。我用英语说了一句“hello”，问他：“你会说‘hello’吗？”塔基亚又摇了摇头。

这时,另一个小伙子出现在车站前,他的外套上印着英国国旗和“潮流 & 牛仔”字样。他的冬帽下悬着金色的链子,让人觉得他是一个走错地方的冲浪者。这个小伙子名叫穆罕迈德·索塔尼,来到这里后首先给了厨师一个热情的拥抱。索塔尼会说英语,于是我用英语问他和厨师是不是老朋友。“不是,”他回答说,“我们昨天晚上刚认识。但是我很高兴自己还活着。”索塔尼解释说,他早上想要过河回到土耳其去,于是把衣服都装进一个蓝色塑料袋,身上只穿了一件 T 恤衫。他用嘴咬住背包,走入埃夫罗斯河。还没有走到河中央,河水就漫到了他的胸膛,他累得走不动了,只得中途折返。他提起裤子,向我们展示了灌木在他腿上划下的伤痕,然后坐到一张长凳上。

索塔尼和我说他是阿富汗人,从小在伊朗长大,已经皈依了巴哈伊教。他原本希望自己的宗教信仰能够有助于申请庇护,但是运气不佳。3 年前,他搬到了土耳其,最近又想去意大利。在希腊的港口城市佩雷斯,他曾两次躲到货车下面,想要混上开往意大利的货轮,但都被警察发现了。“王八蛋,王八蛋,王八蛋。”他回忆说,警察抓到他时这样骂他,而且边骂边打。他用一只手护住了脸,导致那只手到现在还活动不便。他让我看了看他的左手,小拇指和无名指仍然有些弯曲变形。在我见过的移民中,不止索塔尼一个人说自己在佩雷斯被警察殴打过。根据德国和希腊两国人权组织发布的联合报告显示,佩雷斯的移民普遍遭受过警察的暴力侵害。“这里太糟糕了，”索塔尼说，“这个国家不好。我的想法很积极，但是运气不好。”

一个出租车司机走了过来。就在一天前，我看到他和 7 个当地司机一起在附近的索弗里警察局外等着拉客，因为那里每天都有被释放的移民。出租车把他们送到亚历山德鲁波利斯，需要 45 分钟，收费 80 欧元。出租车行驶的路线比公共汽车更曲折，收费也更高。亚历山德鲁波利斯位于爱琴海岸，是离这里最近的城市。这个出租车司机不愿向我透露姓名，自称是当地出租车协会的会长。他长得又矮又胖，戴着太阳镜，下牙槽上少了几颗牙。“今天没有火车。”他用希腊语说道，希望我为他翻译。我对他说，这些阿尔及利亚人知道下午 4 点钟有一列北上的火车在这里停留，他们想搭乘那趟车。“如果他们没有证件的话，是上不了火车的。”司机说。我对他说，这些人有证件。但是，司机还是不想离开。他在这里转悠的时候，走上了行李秤。他的体重足有 100 公斤，还说自己因为感冒瘦了几公斤。“减减肥也不错。”他说。

一列车身布满涂鸦的火车驶了过来，这 3 个移民开始收拾自己的包裹和水瓶。出租车司机用手比画着说他们上不了这趟火车。我站在司机身后摇摇头，示意他们不要听他的。阿尔及利亚厨师冲向火车，可怜的塔基亚也一瘸一拐地向前跑去。他们跑到一节喷着大拇指图案的车厢旁。在上车前，塔基亚停下来跟我挥手告别，我也朝他挥了挥手。售票员走下火车望向月台。“你们要去哪里？”他问我。我耸了耸肩，他也耸了耸肩，然后回到车上，关上了车门。车启动了，那几个移民从车窗里向我挥手作别，我也向他们挥手。有那么一瞬，我感觉这个景象值得庆贺一番。

从火车上下来一个穿着时髦的小个子阿富汗男人，头发乱蓬蓬的，看起来有些不知所措。他用英语问我去土耳其怎么走。"我太累了。"他说。出租车司机让我充当翻译，和这个阿富汗人讨价还价，但是最后没有谈拢。"告诉他，如果回到那边的话，土耳其人会揍他的，"司机在驾车离开前对我说，"那些土耳其人和我们可不一样。"这个司机竟然对阿富汗人的前途担忧，我怀疑他这样做是出于自尊心受挫，因为那个阿富汗人选择离开希腊去土耳其。

阿富汗人不愿意向我透露姓名，问我能否告诉他去警察局怎么走。我顺着铁路线指给他看，他又问我能否陪他一起去警察局。在路上，他对我说，他去过的最北边的地方是塞尔维亚的贝尔格莱德。在那儿，他叫了一辆出租车，让司机送他去移民区。没想到司机竟然叫来了警察，然后警察把他驱逐出境了。这个阿富汗人最后流落到了雅典，不知道下一步该怎么办。"难民太多了，"他说，"生活太差了。我没有钱，只能睡在公园里。我累了，我现在只想回去。我完了。"我们走到了警察局。这是一座黄色的圆柱形建筑，后院有一块用篱笆围起来的空地，移民们就在室外铺着的脏兮兮的泡沫垫子上睡觉。我和这个阿富汗人道别，但是他又问我能否陪他一起进去，帮他翻译。就在我考虑要不要进去的时候，一个警察从里面走了出来，招呼我们走近些。这个警察是个大块头,脚上穿着靴子,身上穿着蓝色制服,手上随意拨动着念珠,看起来不太像个警察。他问我们想干什么,我告诉他这个阿富汗人想要知道怎么去土耳其。“他要是想回去的话,就得沿着来时的路线往回走。”警察说着,向河的方向望去。另一个警察从门里探出头来,让我们进去。我们进了门,他们就在我们身后把门关上了。

我们进入的这个房间布满了安全监视器,那个让我们进来的警官坐在桌子后面。从他的表情中流露出的更多的是厌烦,而不是严肃。他说,如果这个阿富汗人自首的话,他可以在外面的垫子上过夜,警察局会给他提供一个睡袋。第二天早上,他就能领到一张要求他在30天之内离境的表格。按照警察的说法,这个阿富汗人可以把表格交给希腊边境地区的管理部门,他们会让他返回土耳其。至于土耳其人会怎么对待他,就不是希腊警察所能控制的了。这个阿富汗人安静地站在那里沉思着。“不要害怕。”那个手拿念珠的警察对他说。阿富汗人点点头——不过我不知道,如果他没能在30天的期限内出境的话,警察会不会把他驱逐出去。他们打开一扇通往警局别处的门,门后有一个警察在等着他。“谢谢。”那个阿富汗人说道。门“砰”的一声关上了。

“你是干什么的?”坐在桌子后面的警官问我。我告诉他,我正在写一些关于边境现状的文章。他让我出示证件,并在一张纸上记下了我的身份信息,之后把证件还给了我。在提到这个国家面临的移民问题时,他说:“有人在捣鬼,是犹太人,还是美国人？我不知道。但是肯定有人在背后操纵这件事情。”那个拿着念珠的警察说：“我们早就成了欧洲的地下室。”欧盟边境主管机构——欧洲国际边界管理署（Frontex）正在不断加大对希腊问题的投入。我问他们，Frontex 是否对他们提供了帮助。“没有任何帮助。”坐在桌后的警察回答。

他指了指警察局旁边一栋白色的移动小屋。“他们只是呆在那儿，早上来上班，记录完信息就走了。而且他们的工资是我们的两倍还多。”我说，在那个移动小屋里办公的 Frontex 官员是经过专门培训的，可以识别出移民的国籍，这对于确定移民是否符合申请庇护条件非常重要。“我不懂这个，但是背后肯定有人捣鬼，”坐在桌后的那个警察接着说，“这是不是伊斯兰的圣战计划？”那个拿着念珠的警察说：“他们有一天会发起圣战的，他们不会用刀，而是直接用叉子把你捅死。”

这两个警察想知道我是如何看待这个问题的。我对他们说，我觉得这些移民之所以来到希腊，是因为自己的祖国太贫困或者太动荡，而且他们不一定想要留在希腊。“来这里不难，”那个坐在桌后的警察说，“难的是留在国内，为自己国家的进步而奋斗。”我思索了片刻，不知道能不能问他们，这句话是否同样适用于希腊人——包括我的父母在内，很多希腊人在国家十分贫困的时候离开了祖国。眼下希腊的失业率越来越高，又有很多希腊人背井离乡。不过，我什么都没有说。离开之前，我问他们叫什么名字，但是遭到了拒绝。“你不能把我们刚才的谈话内容写出来。”拿着念珠的警察说。但是坐在桌后的他的上司说:“不,写吧,写吧。真相就是这样。”

移民之所以更愿意从埃夫罗斯河入境欧盟,是因为这个途径比横渡危险的地中海更安全。不过,埃夫罗斯河比人们想象的更深,水流也更湍急,所以很多想要穿越边境的移民都在这里葬身鱼腹。我在希腊的那段时间里,灌木丛生的河岸上经常发现从河里漂来的尸体,这些尸体都有不同程度的腐烂,很多都被送到西德罗村边的火葬场。西德罗是一个宁静的山村,位于河谷西侧的山区,是穆斯林聚居的地方。20 世纪早期,希腊在和土耳其进行人口置换的时候把大多数穆斯林都赶了出去,但是色雷斯地区的穆斯林却留了下来。希腊政府认为大多数丧生于埃夫罗斯河的移民都是穆斯林,所以安排西德罗的穆斯林牧师为他们主持葬礼。

一天下午,我乘出租车从索弗里来到西德罗。出租车把我送到一座清真寺旁边。这座清真寺的外墙被粉刷成石灰绿色,有一个短小的金属顶尖。在希腊,只有色雷斯地区的清真寺不会受到大众的抗议和反对。希腊人认为这里的穆斯林是古希腊色雷斯人的后裔,因为他们的头发和皮肤都是金黄色的,所以对他们比较宽容,允许他们信仰自己的宗教。但是至于这些穆斯林到底是不是古希腊色雷斯人的后裔,仍然存在争议——西德罗和色雷斯其他地方的穆斯林通常自认为是土耳其民族,因此经常激怒他们的希腊同胞。

这个村子位于山间的高原上，海拔很高，天上快速移动的积云似乎触手可及。我刚开始没见到人，只看到几只老母鸡从路上穿过。村子里有一片平房，周围的树林和灌木丛在冬天里显得灰蒙蒙的，其间不时走过几只觅食的绵羊。此刻在这里除了风声什么都听不到，希腊的危机似乎离它非常遥远。清真寺里走出一位戴着白帽的男人，帽子顶部绣着金色的花边。他长着一双栗色的眼睛，下巴上留着的胡须已经灰白。他用带口音的希腊语自我介绍说，他叫哈桑·萨拉马特，是村里的霍德佳(hodja)——这是土耳其人对伊玛目[①]的尊称。萨拉马特的母语是土耳其语。跟他一起出来的还有一个年轻男人，留着小胡子，戴着一顶白色小帽，名叫阿布杜拉欣·库鲁，自称是祷告会的召集人。他们说可以带我去移民的墓地看看。我们上了库鲁的小型汽车，几分钟后到达村边。在路上，库鲁给我讲了一些平时开车遇到的移民的故事。有一次，他和孩子发现有个人晕倒在路边，不省人事。“我下车推了推他，”库鲁说，“他睁开了眼睛。那天下着雨，我把给孩子准备的一个三明治给了他。他肯定没有吃饭，但是我不知道这个三明治能不能让他的身子暖和一点。我把他扶起来，问他：‘你从哪里来？’他回答说：‘我从巴基斯坦来，我们现在是在哪里，土耳其还是希腊？’”他们说，他们能做的也就是给难民一个三明治或者几件衣服，开车带他们一程的风险太大。如果警察在你的车上发现了没有证件的移民，很有

① 意为领拜人，引申为学者、领袖、表率、楷模、祈祷主持人，也可理解为伊斯兰法学权威。

可能把你当成蛇头。我们把车停到墓地边上。所谓墓地就是山顶上的一块用栅栏围起来的小地方,褐色的泥土上残留着推土机留下的车辙。他们推开一扇沉重的铁门让我进去。墓地里的一排排土丘就是移民的坟墓。霍德佳估计,总共有大约 400 名移民葬在这里。有一次,他们同时埋葬了 25 个人。“他们觉得自己能找到更好的生活,最后却死于非命。”

“他们应该预先知道这里是什么样子,这样就不会过来了,”库鲁说,“我们觉得他们是为生活所迫的人。他们上了天堂。”

霍德佳微微一笑——我看到他的一颗下牙上镶着银色的牙冠。他的表情中流露出一丝苦楚,好像对库鲁的话有几分怀疑。他走到一个新土堆边,说:“这里埋着一个 16 岁的阿富汗女孩。哎,她的父母哭得死去活来。”库鲁向我讲述了这个女孩的故事。她的母亲是基督徒,父亲是穆斯林,两人先到了雅典,安定下来之后,让在伊朗等候的两个女儿来希腊团聚。一个女儿失踪了,另一个就是这个 16 岁的女孩,被发现的时候已经溺水身亡,尸体都已经开始腐烂了。父母来到这里参加女儿的葬礼。“我们让她母亲别看尸体。”库鲁说。

在回村的路上,两人又给我讲了一些他们在山路上开车时见到的移民的事情。库鲁说,有一年的隆冬季节,他在山里遇到了三个男人。虽然他以前不敢让移民搭车,那一次却无法拒绝。“其中一个人的身体状况非常差,”库鲁说,“他眼看就要死了,所以我冒险把他们送到了警察局。”

霍德佳补充了一句:“他们在路过的每个村子打听:‘去雅典怎么走?’”

我见到的移民几乎都想去雅典。在索弗里警察局,一个非洲男人隔着栅栏问我:“雅典好吗?”“雅典也没有那么好。”我说。他一脸不相信地看着我。“雅典很好。”他说。这些移民到了雅典之后找不到工作,生活非常贫困。与此同时,法西斯主义的金色黎明党还要对外国人进行“大屠杀”——“大屠杀”这个词是金色黎明党的一位领袖的原话。虽然处境如此艰难,但对于移民中的一些人来说,在雅典即便只有微薄的收入,也比留在老家强。比如,在雅典经常可以看到一些孟加拉人推着装满废铜烂铁的购物手推车。我曾经见过一个孟加拉人,他的手推车上挂着一个大大的烧水壶,他对我说,他车上的东西每公斤能卖17欧分。这份工作的收入比他在孟加拉国高很多。还有一些人能够找到好一点的工作,比如在露天市场帮农民装卸水果和蔬菜,或者在郊区帮人打扫庭院。移民们在拥挤的市中心租住廉价的公寓楼,几个家庭可以分摊300欧元的租金。很多年前,希腊的中产阶级就搬离了市中心,到郊区享受新鲜空气了。

2013年夏季的一天,我在雅典又遇到了几个孟加拉人,这些人找到了一种非常不错的非法生意模式。当时,我正经过伊哈瑞亚区。这个区管理松懈,涂鸦遍地,是左派(无论老少)、无政府主义者、瘾君子和嬉皮士的聚集地。对这些人来说,伊哈瑞亚区是他们名副其实的堡垒阵地。这个区位于通往斯特菲山(Strefi Hill)山顶的一条长坡上,斯特菲山是雅典的一座较高的山峰,山顶郁郁葱葱,有些地方十分陡峭。警察不愿意到伊哈瑞亚区狭窄的街道上巡逻,更喜欢龟缩在看守严密的警察局里,好像受敌视的外国占领军一样。事实也确实如此,警察看起来就像法西斯,只要一出现就会遭到手持燃烧瓶的当地年轻人的攻击。这天,我正穿过区中心的伊哈瑞亚广场——这个小广场是瘾君子、街头朋克和激进分子聚集的地方,周围有几家装潢不错的咖啡馆,经常有大学生在那里聚会——一群孟加拉男人从我身旁飞快地跑过去,表情中带着一丝惊慌和几分愉悦。追赶他们的警察就没有那么灵活了。这个警察一手挥舞着警棍,一手拿着盾牌,头上的白色头盔看起来尺寸有些大。这群孟加拉人穿过广场,消失在错综复杂的小巷子里。警察还没跑到广场,就停下来转身往回走了。他在两辆汽车中间发现了一个藏在那里的大购物袋,于是捡了起来,然后就跳上同事驾驶的摩托车飞快地离开了。没过两分钟,这群孟加拉人就从他们消失的角落里走了出来。他们在这里倒卖黑市香烟,生意很红火。对于警察的追逐,他们已经习以为常了。这是生意带来的风险的一部分。

这个香烟倒卖团伙由四五个孟加拉人组成,27岁的穆罕迈德是团伙的头目,他立即发现大购物袋不见了。“他们为什么要拿走它呢?”他为这笔损失感到痛心。那个袋子里共有280包香烟,根据他的计算,相当于损失了280欧元。穆罕迈德是个瘦高个儿,头上戴着一顶印着雪铁龙标志的帽子,帽子下一双大眼睛滴溜溜直转。这个习惯是由他的工作性质造成的，因为他既要不停地寻找顾客，同时也要留心警察。他的 T 恤衫上印着日本汽车零配件（JAPAN AUTO PARTS）和吉森队（TEAM YOSHIMORI）的字样，以及日本国旗的图案。如果不是手里提着一个装满香烟的印着女装品牌 Zic Zac 商标的粉色购物袋，他看起来就像是即将上场的赛车手。这群人里最年轻的是一个 20 岁的小伙子，名叫沙辛。他穿着一件粉色条纹的衬衫，背着一个红色小背包，看起来有几分商人气质。他被派去检查其余的货物，这些货物被藏在路中间的下水道井盖下面。沙辛在俯身打开井盖前，向四周张望了一下，然后从里面取了几条卖得最好的货——红金龙（RGD）香烟，一种被称为"黑烟"的走私烟。烟盒包装上的内容显示，这种烟产自中国。一个卷发的小个子女士走到沙辛跟前，要了两包。沙辛把烟递过去，女士给了他一个两欧元的硬币。另一个顾客用阿拉伯语打招呼道："你好！"这是一个头发灰白的男人，由于天气炎热，他把衬衣扣子解开了几个，露出胸膛。他要了几条仿造的好彩香烟，拍了拍穆罕迈德的后背，然后离开了。"希腊人喜欢劲儿大的香烟。"穆罕迈德说。因为他本人并不抽烟，所以判断香烟质量的好坏只能凭借自己的想象和顾客的反馈。"顾客和我说，这些烟不是好烟，"他对我说，"但是因为希腊眼下的经济状况，他们买不起售货亭里出售的烟。"

走私香烟这个行当的策略是这样的。希腊和保加利亚是欧盟国家中公民吸烟率最高的国家，40% 以上的希腊人是烟民。

因为经济危机,希腊人的收入骤减,合法香烟的税率大幅提高,但有烟瘾的烟民的需求却很稳定。这些孟加拉人向希腊人出售他们急需的廉价香烟,因此生意兴隆。穆罕迈德在黑市上卖的香烟售价为每包 1 欧元,大约相当于合法商店售价的五分之一。他手中质量好一点的烟可以卖到 1.3 欧元。伊哈瑞亚区也给孟加拉人提供了绝佳的生意环境,在这里生活的大量无政府主义者,给这群售卖黑烟的人提供了某种程度上的保护,让他们可以逃避警察。穆罕迈德把这些无政府主义者称作“学生”。“学生们非常疯狂,”穆罕迈德对我说,“他们会制造燃烧弹,那东西很好造。大多数学生手里都有燃烧弹。”即便如此,警察来这里的次数也不少。那年春天,穆罕迈德因非法出售香烟被捕,被判入狱 10 个月或者缴纳 3 000 欧元的罚金。“希腊警察比孟加拉警察好,”他说,“希腊警察只是轻轻地打你几下,但是孟加拉警察会狠狠地揍你。”穆罕迈德提起上诉。“请给我一次机会,我再也不倒卖香烟了。”他对法官说,于是法官判他无罪释放。穆罕迈德不断向我解释他的生意是怎样的,他似乎对自己做的事情有几分罪恶感。“卖香烟没有贩毒那么坏,”他说,“香烟不是好东西,但也不是特别坏。”他当初也想找一份正经工作来做,但是找不到。“没有机会。”他说。

穆罕迈德对我说,他在孟加拉国只读到了 11 年级,就辍学去纸箱厂上班养家了。他不得不这么做,因为他当警察的父亲退休后投资买了好几吨土豆,结果把家里的钱都赔光了。“那一年,土豆根本卖不出去。”穆罕迈德解释说。他在工厂里每个月可以挣6 500塔卡左右，用这些钱来养活三个弟弟妹妹。按照我们见面时的汇率换算，6 500塔卡大约相当于60欧元。但是，赚的钱还是不够花，他便启程前往欧洲。“我当时以为，希腊就是欧洲，”他边说边倚到旁边的一辆标致汽车上。他花了两年半时间才到达希腊，一路上边走边赚钱。在伊朗的时候，他在一家德黑兰面包店工作。在土耳其东部，他在一家餐馆工作，负责清洗和切割鸡肉，每天的收入相当于几欧元。在每个停留的地方，他只要攒够了钱就会付给蛇头，让他们带着自己向欧洲行进。“我的目标一直都是希腊，”他说。2010年春季，穆罕迈德穿越了希腊国境线，然后被眼前的景象惊呆了。在孟加拉国的时候，他看过一部名为《来来去去》(*Chalte Chalte*)的宝莱坞电影。电影里，一对恋人来到了希腊，走在洁白无瑕的米克诺斯岛上。在雅典最美丽的旅游景点前，男主角对恋人唱到：“天哪，看你的表情，你想要告诉我什么秘密呢？你想用你的眼神告诉我什么？”穆罕迈德对我说，影片中的希腊干净整洁，阳光明媚。“看完电影后，我觉得希腊是个特别美丽的地方。但是当我来到这里后，才发现这是个肮脏的地方。”

对于穆罕迈德这样的人来说，希腊失灵的庇护系统也带给他们可乘之机。虽然他获得庇护的可能性很小，但是因为要等待申请的最终结果，所以他可以在这个国家合法停留好几年。在希腊的官僚体系中，处理庇护申请的过程通常需要耗费几年时间。这样一来，申请者就获得了某种实际上的居住许可。来到希腊后，穆罕迈德就提出了庇护申请，理由是自己因持不同的政治主张在国内遭到迫害，随后他在一家中餐馆找了一份工作，每星期上 4 天班，每天工作 14 个小时，月薪 600 欧元。穆罕迈德说自己的老板是个“大混蛋”。2011 年，餐馆的生意一落千丈，老板说要把穆罕迈德的工资降为 500 欧元，还要求他每周多上一天班。穆罕迈德于是辞职不干了，但是后来意识到，这可能是个错误。从餐馆辞职后，他到处找工作，但是怎么都找不到。“我走遍了整个雅典。希腊人都空了，”他说的“空”是指没钱，“我们是外国人，而且是非法移民，怎么能找到工作呢？那个时候，我快要急疯了。崩溃，发疯。”他说，就在那个时候，一个朋友让他考虑一下在黑市做香烟生意。“我觉得这比找一份正式工作强多了。”穆罕迈德说。他自称干这一行才半年时间，不过鉴于他已经成了这个团伙的头目，我觉得他入行的时间应该没有这么短。他的团队中的每个成员每天都能赚 20 欧元左右，生意好的时候赚得更多。他们一周上 7 天班，但是穆罕迈德每周五都会休息，去奥莫尼亚广场附近的一座孟加拉清真寺做礼拜。奥莫尼亚广场位于雅典市中心，是这里的交通枢纽，广场周围的道路破败不堪，野草丛生。穆罕迈德说他已经给孟加拉的家里汇了 1 500 欧元，存下来的钱还不止这个数。“我在思考未来，”他说，“希腊人喜欢享受，他们从不思考未来，只知道花钱和享受。”在和他分开之前，我对他说，我不了解他的祖国，只知道那里很穷，有很多服装厂的工人丧生于工厂里发生的一场火灾。一听我说起孟加拉的服装产业，穆罕迈德的脸上立刻露出了自豪的笑容。他说，他在希腊去过一家名叫 H&M 的大型商店。

“那里有很多孟加拉生产的衣服。我买了一件T恤衫,虽然价格很贵,但是质量很好。”

第二天是周五,上午,我又去了一趟伊哈瑞亚区,看到穆罕迈德和手下的人正在大街上追赶一辆蓝色轿车。那辆车在红灯处停了下来,他们追上去拍打车窗,但是绿灯一亮,轿车就加速离开了。穆罕迈德气喘吁吁地走了回来。“看。”他说着拿出一张面值20欧元的假钞,上面印着水彩。“这下损失大了。”这个孟加拉团伙中最壮实的一个人愤怒地喊道,这个人穿着一件前面印着“第一”字样的T恤,边喊边像驱赶恶鬼似的不断摇头。“我们虽然做的是非法的生意,”穆罕迈德说,“但我们是讲信誉的,我从来没有给过别人假币。从来没有。他是个坏人,不是好人,”穆罕迈德说刚才轿车里的那个人是个阿尔巴尼亚人。在接下来的半个小时里,穆罕迈德一直对这件事情耿耿于怀。“我们的利润很薄,他们为什么还要这样对我们?”他说,“我已经记住了他的脸,如果他敢再来的话,我会让他知道我们是谁。”我问穆罕迈德,他这话是什么意思。“他下次来的时候,我们会揍他。”他解释说,这个街区大概有15到20个孟加拉人,有时候他们不得不利用人数优势来保护自己的生意。有一次,一个瘾君子身上的钱不够,还硬要买烟,于是和卖烟的人吵了起来,还想动手打人。“所以我们就揍了他一顿,15个人打他一个。我们没有打断他的肋骨,也没有让他骨折。”还有一次,一个瘾君子没有用欧元付账,而是给了一枚土耳其硬币。“我们很多人都冲他喊。我觉得他可能有点被吓住了,所以把烟还了回来。我们只是自我保护,否则绝对不会碰任何人。”

下午,来往的车辆越来越多,他们的生意也越发红火起来。一辆保养得很好的1980年代款式的奔驰车停到了附近的角落里,车主是一个戴太阳镜的老头,手里拿着一个空的金山(Gold Mounts)烟盒。烟盒上印着金色的山峰和一条广告语“精选弗吉尼亚最完整的味道”。沙辛给了老头一条香烟,老头递给他一张10欧元钞票,开车离开了。“这个人就很好,”穆罕迈德说,“他每隔三四天过来一次,什么都不说,一买就是一整条。他从来没有给过我们假币。”又有一个男人骑着电动自行车过来,带着怀疑的表情看了看待售的香烟。穆罕迈德给他提了几条建议:金山细烟的劲儿很小,拉奎尔的味道“像万宝路,但又不是万宝路”。这个骑电动车的人两样各买了一条。接着,又来了一个和蔼的老妇人,买了一包红金龙。“这种烟最好了,”她对我说,“抽这个烟不会嗓子疼。”

转眼到了下午1点25分,穆罕迈德说他要去参加周五的礼拜了。他要先回一趟家,换一身干净点的衣服,然后再骑自行车去清真寺。我问能否跟他一起去,他同意了。清真寺位于一个破旧的库房,前面是一条狭窄的街道。这条街上住的主要是巴基斯坦人和孟加拉人,也有一些来自中国的移民。街上的大多数铺面都空荡荡的,只有一家卖印度槟榔的商店生意红火。我走进库房大楼,沿着昏暗狭窄的楼梯往上走。在最高的那一层,我看到几个戴着白帽的孟加拉男人坐在一张绿色地毯上。一个穿着白色袍子的伊玛目坐在最前面,拿着麦克风用孟加拉语布道。房间里的回声让伊玛目的声音听起来异常洪亮,也增加了几分神圣感。这里是雅典众多的地下清真寺之一。在过去10年中,不断有人提议建造一座正式的清真寺,但都因为当地人的强烈反对无果而终。我到了没多久,穆罕迈德也来了,他在地毯上找了个地方坐下来。我听不懂布道的语言,所以决定去外面等他。

在这座库房对面,我找到了一家卖布的商店。这家布店是从老一辈人手中传下来的,位于一栋快要倒塌的老楼里,楼前的牌子上写着L.康斯坦蒂尼迪斯。过去,这个街区到处都是纺织品商店,住满了希腊人。我在店里转了转,从后房走出一位老人,长着一头花白的卷发。后房里堆满了一卷卷的布匹,一直堆到了天花板附近。我做了一下自我介绍,告诉他我是来这里看清真寺的。"孟加拉人到处吐痰,你也会写正在遭遇不幸的希腊人吗?"他说。

"他们打扰到你的生活了吗?"我问。

"他们没有打扰我,"他似乎没有什么不悦,"不过,他们把楼上房间里的水管和门上的铜把手都拆走了。就算这样,他们还是还吃不饱。为什么吃不饱呢?这是个问题。"我问他怎么看这个问题。"因为我们白人正在毁灭地球。"他说。我有些奇怪,问他为什么这样说。店主告诉我,在白人把火星上的资源用完之前,人类一直生活在火星上。现在,白人又在毁灭地球了。他可能看到了我一脸狐疑的神色。"不要觉得我精神不正常,"他说,"火星上之前有水和生命吗?美国宇航局有很多希腊人,他们会找到答案的。你不用担心这个。”我转移了话题，问起这家店的情况。他说，这家店从1959年起就在这里了。他的父亲是从小亚细亚地区逃过来的难民，到这里开了这家商店。店主说自己本来想要成为天文学家，但是父亲的商店需要有人帮忙打理。“这样，我就在这里长大，也在这里变老了。”他还告诉我，20年前，这里的纺织品店铺陆续都关门了。“全球化把我们都吃掉了。”他的店之所以能够维持下来，是因为他从中国进口布料，卖给一家生产警服的工厂，可以从中赚取一些利润。接着，他和我讲了他对希腊破产的看法。“资本家们聚敛财富，所以财富不会扩散，因为工人们如果有了钱就不会工作了。希腊的情况就是这样。我们借钱过日子，都是富人，所以我们都不工作。我们就是这样把自己的国家给毁掉了。”

几个希腊男人走进店里，其中一个留着长卷发，看起来像是20世纪80年代的乐队成员。他们围成一圈，讨论这个小区为什么没有希腊人了。就在这时，外面走来一位小个子的中国女士，她穿着一条紧身的浅蓝色裤子，高跟鞋上印着粉色的玫瑰图案。她过来问他们能否挪一下刚停到门口的车子。“你们最好按她说的做，”店主对这几个人说，“她可是说一不二的。”这位女士正准备往自己的住处搬运大批货物。她住在马路对面一栋两层的灰绿色小楼上，这座楼比这条街上的其他楼房都维护得更好。在摆着盆栽植物的阳台上，有一座彩虹色的花园风车缓缓转动着。这条街的尽头停着一辆拖车，车上装着一只巨型集装箱，上面醒目地印着中远集团（COSCO）的商标。中远集团是一家大型的中国国有运输企业，几年前，中远集团下属的一家企业买下了比雷埃夫斯港集装箱码头的运营权。比雷埃夫斯港毗邻雅典，是地中海上最大的港口之一。中远集团在这个港口投入巨资，既增加了这里的货流量，也增加了就业机会。对中国人来说，这个港口是他们向欧洲出售货物的一个重要登陆点。显然，这些货物中包括大量网球拍形状的电蚊拍，街口的集装箱里装的就是这种电蚊拍。不过集装箱太大了，拖车没法驶入街道，所以那位中国女士雇了几个在街边闲逛的南亚男人，让他们把集装箱里的货物卸下来搬到她家。布店里的男人们站在门口，看着一箱箱电蚊拍被搬到中国女士的家里。我曾见过有移民在街上兜售这种电蚊拍，显然，这个中国女士就是他们的供货商。“全球化在行动，”我对店主说，“希腊人可以从她身上学点什么，”我半开玩笑地说。不过，那几个希腊人却当真了。“我们以前知道怎么做，可是现在却忘了。”那个留着长卷发的人说。

过了一会儿，我看到穆罕迈德从清真寺里出来，正在开自行车锁。我过去问他都祈祷了什么。“为自己的幸福祈祷，为家人的幸福和所有穆斯林的幸福祈祷，也为全人类的幸福祈祷。”他蹬上自行车，往上坡的方向骑，回去自己做生意的那个街角。

在希腊语中，“热情”的意思是“热爱陌生人”。希腊人通常被认为是世界上最热情的民族之一，这是有一定道理的。每年去希腊旅游的人数远远超过该国的人口数量。事实上，希腊人民对待游客确实非常友好,游客们也带来了希腊人急缺的钱。以我个人的经验来说,我在希腊经常会受到非常热情的招待。我和妻子从柏林来到雅典以后,每次带着孩子路过露天农贸市场,都会收到一堆给孩子的礼物。即使他们发现我的妻子不会说希腊语,而我的希腊语带有美国口音,但他们依然热情不减。“给这个小男孩几个柑橘!吃了对身体好!”每次我们经过农民的摊位时,农民们饱经风吹日晒的脸总是冲着我们的儿子做出努嘴的表情,提醒他小心“邪恶眼神”的攻击,每个人都特别真诚。在柏林,这种情况从未发生过。

但是,那些想在这里工作或者居住的穷人就得不到这种待遇了。20 世纪 90 年代以来,这种情况越发明显。当时,欧洲的“铁幕”轰然倒塌,阿尔巴尼亚移民开始非法偷渡到希腊。希腊并未准备好接收大量的非希腊移民。有些希腊人喜欢使用从阿尔巴尼亚偷渡过来的廉价劳动力,却并不欢迎阿尔巴尼亚这个民族。当然,在欧洲,并非只有希腊人对移民存在着矛盾心理,但希腊人对移民的警惕会通过一些特有的方式表现出来。比如,在希腊的学校里,每个班级中最优秀的学生可以在学校组织的爱国游行中享受举国旗的荣誉,但有些优秀学生有阿尔巴尼亚血统,因此经常引起争议。21 世纪初,在希腊北部的一个小镇里,一个阿尔巴尼亚学生连续两年都取得了班上最好的成绩,却两次都被剥夺了举国旗的荣誉。据英国《独立报》报道,这个小镇的一个学生家长团体发言人说:“我们的民族英雄为了解放希腊,用鲜血染红了这面旗帜,所以不能让外国人举旗。”他的这种反应似乎是为了让那个阿尔巴尼亚学生彻底打消举旗的念头。于是,这个学生在学校门口说道:“我宣布,我放弃举旗的权利。”

应该有人站出来告诉这些学生家长,在希腊独立战争中,很多举着国旗的英雄都是说阿尔巴尼亚方言的。这些阿尔巴尼亚人被称作阿梵奈人(Arvanites),他们在中世纪就生活在如今属于希腊领土的地区,比如雅典周边和伯罗奔尼撒北部地区。虽然阿梵奈人为希腊的独立做出了巨大贡献,但是希腊独立后,政府却禁止他们使用阿梵奈语。不过,他们私底下还是会说这种语言,包括我的祖父母,他们是伯罗奔尼撒人,而且我奶奶的祖上来自柯林斯一个名叫都辛(Dousi)的阿梵奈山村。不过,后来我去拜访这个村子的时候,它的名字早就被改成了一个听起来更希腊化的名字——卡法拉瑞。希腊的阿梵奈后裔通常都不承认自己与现代阿尔巴尼亚人之间存在关联,其中有一部分是宗教的原因。阿梵奈人和绝大多数希腊人一样信奉东正教,而阿尔巴尼亚人中信奉宗教的大都是穆斯林。另外,希腊民族坚信自己是纯粹的古希腊后裔,如果承认和阿尔巴尼亚人存在血缘关系,将会影响这种信念。不过,20 世纪 90 年代,当阿尔巴尼亚人大量涌入希腊,来到阿梵奈人的农场找工作时,一些仍然说着母语的阿梵奈人发现,自己在与这些移民交流时竟然没有语言障碍。

在大量阿尔巴尼亚移民的推动下,2010 年,中左派占多数席位的希腊议会通过了一项法案,使得出生在希腊但父母都是外国人的儿童更容易获得希腊公民的身份。不过,这项法案并不受欢迎,因为很多希腊人都秉持一种观点:出生在希腊的人,并不一定能变成希腊人。2012 年,新民主党领袖安东尼斯·萨马拉斯在竞选总理时,宣布要废除这项法案。他说该法案是“吸引非法移民的磁石”,这种说法得到了很多人的认同。在雅典,我参加过萨马拉斯的一场竞选活动。他在不断高喊要执行增长型经济政策时得到的欢呼声,远远不及他在提到移民问题时得到的欢呼声。他誓言要“把这个地方的非法移民清理干净,因为他们已经成了社会中的毒瘤”。在这次活动中,萨马拉斯还说,非法移民的涌入是“非武装入侵”,他如果当选的话,政府将不再抛弃本国公民而对外国人特别关照。萨马拉斯当选后,他在竞选中宣布要废除的公民法律有部分条款被希腊最高行政法院认定为违宪。

2012 年大选时,希腊正处于债务危机的严重时期,徘徊在退出欧元区的边缘。如果希腊退出欧元区,将引发严重的经济动荡。这就更令人感到好奇了——虽然希腊正面临诸多其他的棘手问题,但公民法案和非法移民问题依然是竞选活动的主要话题。毫无疑问,这与金色黎明党的崛起有着密切关系。金色黎明党正是凭借反对移民的宣传口号获得了重大的政治影响力,以至于很多其他党派都认为需要在移民问题上与金色黎明党展开竞争。在大选前夕,主管警察事务的泛希社运党部长米哈利斯·赫里索希季斯(Michalis Chrisochoidis)宣布要逮捕 3 万名非法移民,并将他们关到旧军事基地。他还宣布计划在埃夫罗斯河边界修建一条几英里长的铁丝网。欧盟官员认为修铁丝网“毫无意义”,因为移民还会选择别的通道入境。不过,赫里索希季斯在访问布鲁塞尔时说,他的同胞们已经无法忍受非法移民这个威胁社会和平的“定时炸弹”了。

实际上,针对希腊的移民问题需要制定负责的应对政策,但是希腊政府长期以来都没有这么做。如果希腊政府早点改进庇护系统的话,不仅能够给申请庇护的人提供更人性化的待遇,还能更快速地把那些不符合资格的人驱逐出境,而不会让他们像现在这样无限期地在境内停留。希腊政府也不能拿经济问题作挡箭牌,因为他们如果想改进政策,完全可以利用欧盟提供的资金。欧盟委员会的一个发言人对我说,2007 年至 2012 年间,该委员会向希腊提供了 3.04 亿欧元的“移民管理”资金。这个发言人说,由于行政效率低下,希腊政府没有实际“接收”这么多资金。不过,希腊政治家用越来越反移民的言论作为他们掩盖政府失职的借口。

胜选后,萨马拉斯兑现了自己的诺言,在应对非法移民的问题上确实采取了一些行动。不过,政府应用的策略引发了诸多问题。萨马拉斯上台后几个月,希腊政府启动了“宙斯奇诺”行动——宙斯的这个昵称显示他是外乡人的保护神。政府开始到处搜捕移民,检查他们的证件。人权观察组织称“宙斯奇诺”这个行动名称是个“残酷的讽刺”,要求希腊警方停止根据肤色抓人。在行动的头 7 个月里,雅典就关押了 8.5 万名移民。有好几次发生了非白色肤色的游客遭到警察拘捕的事件,导致美国国务院不得不发布警告,称“经过证实,在雅典开展非法移民大扫荡时期,有非洲裔美国人遭到希腊警方的拘捕”。一个尼日利亚裔美国游客在扫荡行动中被戴上了手铐,还遭到了警察的毒打,他对英国广播公司说,他被打成了脑震荡,醒来时发现自己已经躺在了医院里。后来他在美国驻希腊大使馆的帮助下进行了投诉。不过使馆的一位官员告诉我,这件事情发生一年半后,希腊政府仍然没有做出任何回应。

“宙斯奇诺”行动开始后,埃夫罗斯河谷增加了 1 800 名边境巡警。根据欧洲国际边境署的一份报告显示,那里的非法移民“情况大为改观”。根据这家机构的统计: 2012 年 8 月,边境地区每周会发现 2 000 个非法移民;到了当年 10 月,这一数字减少到了 10 个。但是,希腊警方实现这种效果的手段却引发了很多问题,尤其是叙利亚内战导致了前所未有的难民数量,而这些难民大部分都想去欧洲。

2013 年 11 月,联合国难民事务高级专员办事处(UNHCR)发布了一份声明,要求希腊政府公开说明 150 名叙利亚人的情况。有报告称,这些叙利亚人穿越埃夫罗斯河进入了希腊境内。河边有一个名叫普兰吉的村庄,那里的村民对 UNHCR 的人说,很多叙利亚人起初都聚集在村中的教堂里,后来警察开着几辆货车过来,把他们带走了。此后,虽然 UNHCR 表示与希腊警方进行了“多次联系”,但仍然无法追踪到这些叙利亚人的下落。UNHCR 的一个发言人对我说,希腊警方说他们只发现了 13 个叙利亚人。UNHCR 要求希腊进行调查,并用朴实的外交辞令说:“我们多次呼吁各个国家‘协助难民抵达安全地点’,并且‘避免将他们遣返回叙利亚的周边国家’。”

还有一次,欧洲理事会人权专员尼尔兹·穆兹涅金(Nils Muižnieks)给希腊主管警务和海岸警卫事务的部长写信,要求他们就一些报道进行调查,这些报道中提到“希腊大规模驱逐包括大量叙利亚战争难民在内的移民,海岸警卫队和边界警察还存在虐待移民的行为”。埃夫罗斯河谷的巡警力量加强,就意味着大多数移民要转而尝试通过爱琴海入境希腊,他们在爱琴海上经常会遇到希腊海岸警卫队。在穆兹涅金发出这封信之后的2014年1月20日,海岸警卫队在希腊法尔马科尼西岛(Farmakonisi)附近海域拖曳移民所乘船只的过程中,造成11个阿富汗人溺亡。幸存者说,海岸警卫队当时拖着他们的船高速行驶,想要把他们送回土耳其。对此,海岸警卫队予以否认,称他们当时只是想把移民拖到安全地带,翻船是因难民恐慌所致。

溺亡的难民中有8名儿童。这天上午,幸存的难民被送到海岸警卫队的一个警卫站,他们在港湾排成长队。希腊当局为了证明这些幸存者受到了良好的照顾,特意发布了一段视频。视频显示,一位戴着医用口罩和手套的妇女在给一些失去了家人的难民提供三明治。后来,这些幸存者被送到了比雷埃夫斯港,在那里有一大群记者等着他们。摄像机对准了两个哀痛的男人,其中一个发出了痛彻心扉的哀号。他举起五根手指,表示自己的五个家人——他的妻子和四个孩子——都死了。他看看自己的手,流下了眼泪,好像那是他们留下的唯一痕迹。他旁边的一个男人看起来似乎因长时间没有睡觉和悲伤过度,眼睛好像被针缝上了一样难以睁开。“他家里都有谁死了?”一个记者问道。“他的女儿、两个儿子,还有妻子。”翻译说。他的三个孩子一个9岁,一个11岁,还有一个13岁。“他们是被故意丢进海里的。”那个男人说着用手捂住了脸。

穆兹涅金说,这件事情看起来像是一起“失败的集体驱逐案例”。希腊主管海岸警卫队的部长米勒帝亚蒂斯·瓦勒乌奇奥蒂斯(Miltiadis Varvitsiotis)对此予以否认,说海岸警卫队曾试图把那些难民全部救下。在给穆兹涅金的回信中,他“对那些在这场悲剧事件中遇难的生命深表哀悼”,并指出海岸警卫队曾英勇地拯救过数千条生命。与此同时,这位部长在接受希腊电视台采访时的语气明显充满了火药味。“看啊,穆兹涅金先生和其他人想要在希腊制造一起政治事件,”他说,这起沉船事件不可以演变成“无聊的政治话题”,“我觉得没有人愿意我们对所有移民敞开大门,让他们在这个国家里享受庇护。”

大约就是在这段时间,有一天,我在雅典市中心遇到了穆哈马德·侯赛因。侯赛因是叙利亚人,今年20岁,来自饱经内战摧残的霍姆斯市。虽然他有很重的黑眼圈,还留着胡茬,看起来十分疲惫,但他的脸看起来依然像个孩子一样。他跟母亲和弟弟离开了叙利亚,把父亲和另外一个年轻的兄弟留在了霍姆斯。我们在一间挤满了叙利亚人的昏暗公寓里见面,我和他喝了一杯茶,听他讲述了他们一家三口第一次尝试从土耳其海岸入境希腊时的经历。他说,那是一个10月的晚上,他们和其他40个移民登上一艘气垫船。蛇头对他们说,黑暗中闪烁着灯光的地方就是希腊的萨默斯岛,到了那里就算进入欧洲了。这些叙利亚人向着亮灯的地方缓慢地驶去,但随后遭到了一艘希腊海岸警卫队船舶的拦截,船上走出一群人,戴着露出眼睛的面罩,用机关枪对着他们。一些蒙面人登上移民乘坐的船,没收了他们的手机和钱包。侯赛因一家损失了2 000欧元。其中一个移民不愿意把钱交出来,结果被这群人毒打了一顿,钱也被抢走了。最后,这群蒙面人还拆走了气垫船的引擎,让船在海上随波逐流。"现在试试往萨默斯去吧!"巡警船开走的时候,一个蒙面人高喊道。这些移民只好用手划船回到土耳其岸边。侯赛因对我说,他们一家人多次尝试从爱琴海进入希腊,有五次都遇到了希腊海岸警卫队的巡逻船。这些人每次都把移民船上的引擎拆走,让他们在海上漂流。不过,他们每次都被土耳其海岸警卫队救下了。还有一次,一艘土耳其船只拦截了他们,并把他们拖回了土耳其。最后,这家人从陆路进入了希腊。在和我见面几天前,他们想要用假身份证件飞往阿姆斯特丹。不过,只有母亲通过了安全检查,两个儿子都没通过,所以只能等过一段时间再试试看。

对于侯赛因对希腊海岸警卫队的指控,希腊官方予以否认,并声称已经调查了所有可信的指控。不过,根据人权组织的记录,很多移民都有过与侯赛因类似的经历。有人可能会问:这些移民为什么都撒谎呢？我们不应忘记，希腊海岸警卫队和海军也拯救了在希腊领海漂流的数千名移民。不过，这些警察如果真的如此无情的话，他们这样做也是出于爱国的原因。毕竟这些警察可能觉得自己的行为是在保卫国家不受政客们所说的“非武装入侵者”的侵犯。希腊似乎正在执行一种非官方的政策，那就是竭尽全力威慑那些想要进入希腊或者在希腊停留的移民和避难申请者。萨马拉斯总理的话很好地体现了这一点。他在议会的讲话中强调，他领导下的政府将采取“迄今为止依然被禁止的威慑策略”，不过他没有明确指出这些策略是什么。还有一些希腊官员建议，希腊应当制定一些让移民的生活变得无比困难的政策。比如，2013 年夏季，新民主党议员安东尼斯·乔治迪亚斯(Adonis Georgiadis)对一家希腊电台说，雅典警察逮捕移民，并且在距离市区 25 英里的地方将他们释放，就是为了让这些移民“过不下去，然后自己就会想办法找飞机离开”。没过几个星期，乔治迪亚斯就获得升迁，成了卫生部长。

希腊官员宣扬威慑策略的行为虽然不可原谅，但也并非完全没有理由。从理论上讲，如果希腊按照欧盟的法律建立了完美公正的庇护体系，而且名声在外，那么它很有可能成为全球难民的首选目的地之一。这样一来，移民们可能就不只是从希腊过境而已了，而是会想留下来。显然，希腊的政客和他们的选民们都不想让希腊成为全球动荡地区难民的避难天堂。欧洲其他国家的官员们也不想让自己的国家成为这样的地方。意大利人把从希腊过来的移民重新遣返回希腊，西班牙人也把翻越 6 米多高的边境隔离墙入境的摩洛哥移民遣返回国。北欧政客似乎想把重担甩给欧洲南部的国家,但是希腊,是在费尽力气摆脱这个包袱。与希腊债务问题一样,能否制定出一个全面的解决方案,不能只靠希腊,而是要靠整个欧洲。毕竟,大多数移民都是奔着整个欧洲去的,只不过希腊刚好拦住了他们的去路。

第七章　新斯巴达人
The New Spartans

所有暴君都会先以保护者的身份出现。

——苏格拉底,载柏拉图《理想国》

2008 年底,一群雅典人在安吉奥斯·潘特雷默纳斯广场上宣布要开始反抗外国人的统治,争取得到解放。与此同时,一个自称居民委员会的团体向希腊议会、中央政府各部部长、雅典市长、雅典警察局长、希腊大主教分别寄出一封信,在信中讲述了令他们难以忍受的生存状况。该委员会写道,在他们的社区里,外国人的数量是希腊人的 6 倍。他们问收信人是否了解人数不占优势的希腊人生活在"极端的暴力、犯罪、恐惧、不安全和各种不法行为的笼罩之下";安吉奥斯·潘特雷默纳斯广场的名字来源于宏伟庄重的安吉奥斯·潘特雷默纳斯教堂,可是收信人是否知道,这座教堂现在已经成了"移民的垃圾场,令人望而却步”;收信人是否知道,他们生活区的街道和广场现在已经变成了“醉酒的外国穷汉睡觉和撒尿拉屎的地方”;收信人是否知道,安吉奥斯·潘特雷默纳斯广场上的游乐场已经“被移民的子女霸占破坏,他们还用暴力威胁要进去玩的希腊儿童”。信上说,这些都不是最糟糕的。更有甚者,曾有几百名移民愤怒地聚集在教堂外面,叫嚣着要“打倒东正教”。最后,这封信还描述了“一项罪大恶极、骇人听闻的罪恶”:广场旁边有一栋三层楼房,里面住着大约500名外国人。从外面可以看到这座楼的阳台上有两只绵羊,底层有大约15只鸡。根据可以直接看到这座楼房内部的当地居民描述,楼里的住户“强奸绵羊,而且随意宰鸡,这些行为导致的传染性疾病将直接危害公共卫生”。信的结尾写道,由于政府的不作为,近来“有越来越多的人表示要走上街头,‘清理’社区”。

据居民委员会成员托麦斯·吉安娜多说,这封信发出的时候,当地人出于对信中所述现象的愤怒,聚集在一起,进行了一场与政治无关的游行示威。“社区的治理需要公民的积极参与。”她对我说。我和她在广场上的一家咖啡厅见面时,这封信的事情已经过去好几年了。“这与你属于哪个党派无关,”她说,“我关心的是我的社区已经消亡。”吉安娜多身材很胖,个子不高,留着金色的刘海。她的嗓音低沉沙哑,似乎经常抽烟。她之前曾在广场旁边经营一家化妆品店,但是最近关门了。她说,自己的铺面倒闭也是因为社区遭非法移民毁坏所致。我们的座位对面是一座高耸的球形教堂,这座教堂以圣·潘特雷默的名字命名。圣·潘特雷默是一位来自小亚细亚地区的医生,生活在马克西米安统治时期,在受尽酷刑后被斩首。这位圣人的名字翻译成英语是“大慈大悲”的意思。这座城堡似的教堂就是为了纪念他而修建的,虽然算不上希腊最漂亮的教堂,却是希腊最大的教堂之一。教堂和它周围的广场构成了社区的核心。吉安娜多在咖啡厅里对我说,社区居民的抗争已经传遍了整个希腊。几十年前,这个社区曾是中产阶级聚集的地方。后来,随着当地居民越来越富裕,空间也因为过度开发而变得越来越拥挤,很多人都搬到环境更加优美的郊区了。离开的居民留下了很多空置公寓,被不断涌入的移民填满,社区的人口构成很快就发生了变化。吉安娜多呷了一口咖啡,满怀辛酸地向我描述了这种变化:“我们在雅典入睡,醒来的时候,却发现自己身在喀布尔①。”

寄出那封信的同时,社区居民还计划进行一场示威游行。“不要让我们的社区变成贫民窟,”一张传单上写道,“我们的生活不是无条件地屈服。”不过,左派群体听闻这次游行计划后,认为居民委员会的宣传口号中包含“种族主义和法西斯主义”,因此也准备在广场上举行针锋相对的示威。吉安娜多回忆说,这些左派群体威胁称,他们打算召集 1 500 个阿富汗人,对当地居民进行“屠杀”。她说,无论如何,“愤怒的居民”——也就是她的团体和支持者——的决心已定,要坚决摆脱这种悲惨的状

① 阿富汗首都。

况,不会向威胁屈服。一个深秋的夜晚,愤怒的居民们走上了广场。在吉安娜多看来,这场示威活动标志着民众的自我觉醒已经到来。虽然他们彼此互不相识,但是这些平时持不同政见的人聚到了一起,共同发泄对生活困境的愤怒。他们打出的一条横幅上写着:“我们不是种族主义分子,只是我们已经绝望透顶。”广场上还聚集了很多反对这场示威的人,人数远远多于示威者,其中包括当地的左派分子、反法西斯群体、一些阿富汗人,还有附近一个名为安玛利亚社区的无政府主义者团体。“我们都是阿富汗人!”反示威者高喊着。“真主至大!”一些阿富汗人喊道。防暴警察把这两群人隔离开,但是并未把他们完全分开。在接下来的几年里,搭建隔离带成了防暴警察的家常便饭。

没过多久,这些愤怒的社区居民的援军赶到了。一群穿着黑披风的男人手里举着希腊国旗,穿过商店和咖啡馆,涌到了居民委员会的支持者这一边。“外国人滚出希腊!”这些人高喊着,“希腊属于希腊人民!”居民们向这些声援自己的人高呼道:“好样的!好样的!”一些人高喊着加入了他们的队伍:“外国人滚出希腊!”这些新来的人到处散发传单,呼吁人们保卫祖国,号召希腊人“觉醒起来”,“不要让我们的社区变成贫民窟”。穿着黑披风的男人们举起国旗,开始高唱希腊国歌。在场的记者认为其中一些人的手势很像纳粹敬礼时的姿势,但是这些人所属的团体却解释说,这是源于古希腊的一种敬礼方式。这些人离开时边走边喊:“鲜血!荣誉!金色黎明党!我们会回来的,地球将为之颤抖!”在此之前,金色黎明党不过是一个非常边缘化的新纳粹群体,但是通过今晚的事件,他们找到了自身的立足点。安吉奥斯·潘特雷默纳斯广场示威将成为他们的首场重大胜利。

对于从来没有听过“鲜血,荣誉”的当地人来说,这个口号似乎有点奇怪,因为这恰好是希特勒青年时代的座右铭(德语:Blut und Ehre)——但是随着金色黎明党的支持率不断高涨,该党在此后多年当中一再表示,对这两个口号的对比不过是媒体为了抹黑金色黎明党而进行的恶意炒作。后来,金色黎明党把口号中的“鲜血”改成了“国家”。为解答有些人对金色黎明党的宗旨的疑惑,该党在官方网站上发布了一份声明:《民族主义者还是纳粹? 一份回复》。声明中说:“首先,从纯粹的语言角度来讲,我们是民族主义者,不是纳粹。因为我们非常自豪地使用上帝的语言,使用柏拉图和亚里士多德的语言,而不是外语,比如‘纳粹’这个词的来源是德语。”这份声明还阐述了金色黎明党关于第二次世界大战的看法:“我们反对‘民主盟国是好的’和‘法西斯主义者是坏的’这种错误的历史观”,同时也反对“战后犹太复国主义的宣传”,因为所谓的解放者、资本主义者和布尔什维克,都给欧洲人民带来了精神上的荒芜、犯罪、无知、毒品和腐败,“我们的国家为同盟国的胜利做出了重大的牺牲,这是显而易见的。各方都大声疾呼,说我们受到了战胜国的不公正对待,这种情况直到今天还在发生”。

该党在这一时期发表的其他文章中,把希特勒时期宣扬国家社会主义意识形态的新闻总监奥托·迪特里希，与苏格拉底之前的哲学家赫拉克利特关相提并论，称他是“国家社会主义的预言家和哲学之父”。有一个党员试图从古希腊思想中找寻支持金色黎明党的哲学理论，却受到了严重警告。被党员们称为“主席”的金色黎明党秘书长尼科斯·米哈洛里亚科斯在其著作《为了自由欧洲的伟大希腊》中说，“古希腊”这个词不具有思想和文化内涵，而“主要是种族内涵”。如果想要进一步了解金色黎明党的种族理论，人们还可以访问该党的门户网站“妇女前线”。这个网站上有关于母亲责任的描述：“我们必须确保我们种族的生存和我们子女的未来。”——这句话改编自美国白人主义者、暴力分子大卫·莱恩的宣传口号，他于2007年死于狱中。

对这场居民“自发”表达愤怒的示威活动，这个“纯粹语言角度上的民族主义者，而非新纳粹党”的党派表现出了极大的兴趣。示威活动结束后，金色黎明党在随后发表的一份声明中写道：“金色黎明党的希腊斗士们坚定地站在居民一边，居民们对此报以热烈的掌声，感受到了莫大的鼓舞”，金色黎明党将“继续支持居民们的努力，从本质上讲，这不是政党政治，因为我们的奋斗是为了启蒙人民”。该党主席米哈洛里亚科斯的身材很胖，长着一张娃娃脸，又浓又黑的眉毛与灰白的头发形成鲜明对比。他在一档电视节目中表达了对居民示威的支持。他一方面表示，居民们的示威活动“与任何政党或组织无关”；另一方面又说，反示威活动纯粹是政治活动，带有马克思主义性质。

米哈洛里亚科斯1957年出生于雅典,不过他的祖籍是玛尼半岛。这座半岛位于伯罗奔尼撒南部,是深入地中海的三座半岛里中间的那一座。在希腊,一个人的祖籍很重要。比如说,如果你出生在雅典,并且在雅典长大,但你的父母都是玛尼人,那么你也是玛尼人,而非雅典人。从这一点来说,米哈洛里亚科斯当然觉得自己是玛尼人。玛尼人通常认为自己是古斯巴达勇士的后裔。玛尼地区的旗帜上用斯巴达语写着:"E tan e epi tas。"这是斯巴达母亲对即将出征的儿子提出的要求,意思是让他要么手持盾牌凯旋,要么战死疆场,被放到盾牌上抬回来。巍峨的泰格特斯山脉把玛尼地区与外界隔绝开来,直到最近,该地区才因当地人的桀骜不驯和种族仇恨而闻名。据说,这个地方之所以被称为玛尼(Mani),就是因为当地居民的狂怒(mania)性格,但是很多学者对这个说法持怀疑态度。

米哈洛里亚科斯信奉狂怒的力量。他在雅典上高中期间就加入了新法西斯主义的反犹太组织"八月四日党"。这个党是根据二战前统治希腊的独裁体制——"八月四日体制"而命名的。他在大学学习的是数学专业,还短暂地担任过突击队员。由于青年时期的活动,他曾几次被捕,其中一次是因为殴打记者。另外一次,他自称是因为参与"旨在推翻民主政体的民族主义革命组织"。他的这些举动都发生在右翼军政府垮台之后。在此之前的1967年至1974年,希腊处于军政府的独裁统治之下。独裁结束后,新法西斯主义团体对于国家向着民主化方向发展感到不满,开始在他们认为的左派或者不爱国的剧院制造爆炸。米哈洛里亚科斯因向制造爆炸的组织提供炸药而被判处有期徒刑1年。1980年,他创立了《金色黎明》杂志。

1981年,该杂志在一篇题为《我们》的文章中阐述了自己的理念,并赞扬“1933年德国革命”。文章中说,在这场革命中,“我们看到了可以将人类从犹太人的腐蚀中解救出来的力量。我们看到了可以将我们带入新欧洲的力量。我们看到了种族原始本能的光辉复活。我们看到了人类的转变:从可怕的大规模工业化群体转变为崭新又具有古老精神的永恒的人类,充满英雄和传奇人物的人类,神秘而原始,纯洁天真又具有暴力倾向的人类”。关于宗教,文章指出:“我们是异教徒,因为我们是希腊人,因为我们无法接受除了希腊精神创造的奇迹之外的价值观。我们是异教徒,因为我们不能用黑暗的预言家和手上沾满鲜血的游牧民族的国王取代我们自己的哲学家和英雄。”在2006年出版的一期杂志上,《金色黎明》把希特勒的副手鲁道夫·赫斯的画像作为封面。一年后,该杂志又把希特勒本人作为封面人物。在这张图片上,希特勒摆出了古希腊的敬礼手势。当金色黎明党站出来支持安吉奥斯·潘特雷默纳斯的居民时,为了选举的需要,他们放低了推崇第三帝国和异端邪说的声音。

金色黎明党对居民委员会表示公开支持是一件很不正常的事情,因为该党长期以来宣传的口号是“反对任何人”,从不愿意公开地支持其他团体。这也是为什么长期关注希腊极右翼势力的观察人士质疑:这个居民委员会究竟是一个自发组织起来表达不满的团体,还是金色黎明党的地下分支?随着时间的推移，此类怀疑越来越多，并且日渐得到了证实。泰米斯·斯科黛丽是居民委员会中发声最强的人之一，她后来成为金色黎明党的议员候选人。步入中年的斯科黛丽曾在银行担任职员，声音尖锐。在成为金色黎明党的议员候选人之前，她经常出现在希腊的电视节目上，电视屏幕下方关于她的介绍一直都是“愤怒的居民”。网络视频中也经常出现她的身影，展现她在安吉奥斯·潘特雷默纳斯广场或者广场附近批判移民和左派分子的行为。2011 年 9 月，斯科黛丽与其他两人因对 3 名阿富汗人进行人身伤害而被捕，其中一名阿富汗人的胸部和腹部被刺伤。2014 年初，当我和居民委员会的成员见面时，斯科黛丽的案子的审理工作还没有结束。她坚称自己是无辜的，而金色黎明党也坚持认为她无罪。

虽然居民委员会所具有的意识形态与金色黎明党明显相似，但是它坚称自己与金色黎明党无关。（他们对我说，斯科黛丽在加入金色黎明党之后便退出了居民委员会，因为这不符合该委员会的非政治化宗旨。）不过，居民委员会和金色黎明党同时声名鹊起。金色黎明党因支持愤怒的居民，以及“清理”每天聚集在安吉奥斯·潘特雷默纳斯广场上的数百名以阿富汗移民为主的非法移民而闻名。希腊记者德米特里斯·萨拉斯在关于希腊极右翼的领域著述颇丰，据他说，金色黎明党的做法是在效仿 20 世纪 90 年代的德国新纳粹党。当时，德国新纳粹党在前东德地区建立了“民族解放区”。金色黎明党在安吉奥斯·潘特雷默纳斯广场的举动，加上一些媒体正面同情的报道，使得该党赢得了很多希腊人的认可。与此同时,其他政党正在忙于通过削减人民工资的法案,这让人们觉得金色黎明党虽然有点粗暴,但毕竟采取了坚定的行动,在帮助陷入绝望的希腊同胞方面做出了一些成绩。

在2009年的议会选举中,金色黎明党还是个名不见经传的小党派,只获得了2万张选票。仅仅3年后,该党就在议会选举中赢得了44万张选票。这一变化充分说明了希腊人民的愤怒。他们对经济崩溃感到不满,对导致经济崩溃的无能政府也感到愤怒。虽然如果不是因为公众的愤怒,金色黎明党不可能发展得这么快,但这并非是金色黎明党崛起的唯一原因。该党的表现说明,如果削弱了纳粹主义宗旨,它的理念就能够赢得更多希腊普通民众的拥护。由于老师、牧师和政客的不断宣教,很多希腊人从小就被灌输了希腊至上的理念,而且他们同时认为,希腊是长期以来遭受外国势力践踏的受害者。面临经济的崩溃和国家的屈辱,金色黎明党重申希腊优越性、鞭笞外国压迫者——不论是债权人还是移民——的行为唤醒了希腊人心中对于英雄和烈士的向往。

金色黎明党的一些极端思想也不全是那么骇人听闻。比如,该党狂热的反犹主义思想对希腊人来说不是完全陌生或者不可接受的,因为他们可以从希腊东正教领袖口中听到类似的观点。极右的民族主义思想已经出现在了警察和司法机关,乃至政府的最高层。金色黎明党的领导层明白,该党的很多观点并不边缘化,他只需要获得民众的支持,由此成为一个合法的政党。出于这一目的,金色黎明党在移民涌入的浪潮中嗅到了机遇,也从欧洲其他国家极右翼政党进入议会中看到了希望。不过,金色黎明党要比欧洲其他国家的大多数极右翼政党更加极端,如果进入议会,将会让同类政党头疼。金色黎明党说,非法移民是“攻破希腊文化城堡的后门”,是“危害希腊的最阴险行为”。所以,该党通过宣扬暴力,把自己塑造成了积极捍卫希腊人民的政党。

在咖啡馆会面时,吉安娜多对我说,成立居民委员会的主要目的之一是关闭广场上的游乐场。那个游乐场就在我们对面,大门被铁链锁着。这个游乐场已经被关闭了近 5 年,里面的设施都无法使用了——秋千没有绳子,儿童攀爬架也没有护栏和梯子。“太严重了,简直太严重了。”吉安娜多在形容阿富汗人对游乐场的破坏时说。就在我们聊天的时候,吉安娜多的丈夫斯皮洛斯·吉安纳多斯走了过来。他也是居民委员会的成员,瘦高个儿,稀薄的头发微微卷曲,长着一双深褐色的小眼睛。斯皮洛斯非常积极地看护着这个广场,阻止有人在广场上从事他认为不合适的活动。那天下午,他来到咖啡馆的时候,说自己刚才看见一个年轻的外国女士给游乐场拍照。“我问她:‘你拍游乐场干什么?’她说:‘我是来这里旅游的。’”斯皮洛斯觉得她可能是个记者,所以对她的谎言感到非常不悦。这个时候,游乐场已经成为金色黎明党对社区控制的一个象征,不过愤怒的居民并不同意这种看法。“我说：‘你关心这个游乐场吗？不管你是从什么地方来的，你到这里来就是为了拍摄游乐场吗？它已经关门了，这跟你有关系吗？’”斯皮洛斯刚过来坐下，那个脖子上挂着一台大相机的年轻女士就紧张地从广场上离开了。“这个广场不是用来给孩子们玩的，”皮洛斯接着说，几百名移民在这里居住、吃喝拉撒，还在这里睡觉、洗澡，“他们不分男女老少，都睡在里面。”鉴于这些原因，居民委员会请求市政府关闭了这个广场。

虽然市政府以设施需要修缮为由将游乐场关闭了，但是在这里发生的事情却充满了争议。当地一个左派团体成员对我说，居民委员会——左派称其为“法西斯分子”——在市政府发布决议之前就已经用链子封锁了游乐场。丽萨·帕帕杜普洛是个药剂师，身材瘦削，烟不离手，一头短发已经花白。她是左派团体成员，喜欢骑着一辆四轮车在小区里闲逛。一天上午，我在维多利亚广场的一家咖啡馆见到了帕帕杜普洛。维多利亚广场是左派的社区居民们聚会的地方，从这里步行 5 分钟就能到达安吉奥斯·潘特雷默纳斯广场。帕帕杜普洛说她和其他左派居民为了从“法西斯分子”手中拯救安吉奥斯·潘特雷默纳斯广场，在那里组织了读书会、表演和音乐演奏等活动。但是在 2009 年春天，事情发生了转折。一天晚上，他们邀请了知名的阿尔巴尼亚作家加兹蒙德·卡普拉尼（Gazmend Kapllani）到广场上参加读书活动，当天要朗读的是他的一本关于“铁幕”倒塌后从阿尔巴尼亚到希腊的移民故事的著作。卡普拉尼到达广场上时,那里已经聚集了一群愤怒的居民,他们是过来抗议读书活动的。一个女人拿着扩音器走来走去,谴责读书活动组织者是“体制的走狗”。一个被指责为走狗的人也拿着扩音器,平静地回复说:“我们不想嘲讽任何人,也不想跟任何人吵架,不想跟本社区的居民发生争执。我们同时也不愿意看到这里的居民和移民争吵,希望大家能够和平相处。”在这一事件发生数年后,卡普拉尼去了位于波士顿的爱默生学院教书。他从波士顿打电话给我说,当时,那些话并没有说服愤怒的居民。居民们和几个看起来像流氓一样的小伙子试图动粗,还掀翻了一张桌子。卡普拉尼说,这些参与攻击的人中有一个人叫嚣:“内战的时候,我们就干翻过你们,现在我们会再干翻你们一次。”卡普拉尼和读书活动的组织者感觉受到了威胁,便离开了广场。

居民委员会的斯皮洛斯对那天晚上的事情也有印象。“他们要到我们的伤心地举办读书活动?”他对我说,“这怎么可能?我们因为每天不得不忍受这里的糟糕情况,已经愤怒到了极点,他们却要到这个地方来?要把一个阿尔巴尼亚人带到安吉奥斯·潘特雷默纳斯广场上来?饶了我们吧!”他的妻子可能因为看到我一脸茫然的表情,连忙解释道:“我们不能眼睁睁看着非法移民把我们淹没。”极右翼报纸《目标周报》(*Stochos*)——一家亲金色黎明党的报刊——也发表了带有类似情感的文章,并在官方网站上对这场读书会进行了报道,认为愤怒的居民成功击退了“反希腊集会”,“而我们都知道这场集会将会导致什么样的后果”。“居民们的反抗斗争结束了,”文章中说,“愤怒的潮水在上涨,将会吸引更多的居民加入斗争。女士们,先生们,谎言结束了。这里是希腊,谁要是不喜欢这里,谁就滚蛋!”

左派居民团体对我说,这次事件标志着“法西斯分子”占领了安吉奥斯·潘特雷默纳斯广场。从此,游乐场就被锁上了。有些人怀疑是斯皮洛斯干的,但是斯皮洛斯矢口否认,坚称游乐场是市政府在居民委员会的要求下关闭的。不过,有一个人宣称对此事负责,那就是自称金色黎明党安吉奥斯·潘特雷默纳斯“分区主管”的乔治奥斯·瓦西斯。他经常戴着软呢帽、穿着西装出入咖啡馆,一刻不停地用过滤嘴抽着香烟。在希腊电影制作人康斯坦提诺斯·乔治奥西斯出品的纪录片《清扫者》中,瓦西斯站在安吉奥斯·潘特雷默纳斯教堂前面,宣布广场已经解放。“希腊人可以带着孩子过来坐坐,”他说,“我们已经关闭了游乐场。”瓦斯西解释说,这样做是因为游乐场里挤满了外国人。“游乐场里太脏了,这里的土壤和所有设施都要更换。如果你碰了这里的东西,就会长疹子。这里就是这么脏,都是外国人干的,”他说,“我们已经把他们都赶走了,这里变得干净一点了,但是还不够干净。我们要不停地驱赶他们。”在影片中,瓦西斯和亚历山多斯·普罗马利提斯(Alexandros Plomaritis)一起参加竞选——普罗马利提斯当时是金色黎明党候选人,留着分头,喜欢戴蛤蟆镜——普罗马利提斯说移民“原始落后,乌烟瘴气,是未开化的野蛮人”,建议把他们的婴儿“丢去喂狗”,还说自己“随时准备打开烤箱”把外国人丢进汤里。他的同伴听完他的话后哈哈大笑。

这部纪录片在希腊和国际社会引起了高度关注。不过，当我在广场上与吉安娜多谈起这部纪录片时，她却说人们太小题大做了，片子里的人不过是在开玩笑罢了。“他们只是在讲笑话，外人把这件事看得太严重了。”我向吉安娜多和她丈夫展示了一封左派居民团体寄给市政府的信，信中说游乐场在关闭之前“条件非常好”。吉安娜多对我说，这是一派胡言，接着，又强调了一遍游乐场的卫生情况。她说，居民委员会从游乐场采集了土壤样品，送到了一家政府实验室进行检测，检测结果发现土壤中含有葡萄球菌。“如果想让游乐场再次开放，至少要更换10米深的土壤，因为里面有细菌。”她说。我觉得自己好像曾经听到过类似的话，感觉很奇怪。她丈夫又说：“他们把游乐场弄成茅房了。”

不过，在安吉奥斯·潘特雷默纳斯教堂的前任主教普罗科皮奥斯神父的印象中，游乐场可不是这样的。他在有些方面并不认同居民委员会的观点。他在这座教堂里担任了17年主教，2009年升任大主教助理后离开。“我的灵魂依然在那里。”他对我说。一天晚上，我和神父在雅典一所神学院的学生宿舍楼一层见了面。这所神学院位于安吉奥斯·潘特雷默纳斯以北的一个工薪阶层社区。普罗科皮奥斯50多岁，长着一双黑色的眼睛，戴着眼镜。他花白的胡子十分浓密，蓄得很长，一直到了齐腰的地方，几乎把他的整个脸庞都遮住了。他的办公室一角放着一座大型十字架，墙上挂着一个灯光闪烁的无线路由器，书架上摆放着花瓶和相框——花瓶里插着塑料花，相框里夹着他父母的照片。他已经在这间办公室工作了将近20年,这里的样子似乎从没发生过大的变化。那天晚上,一个名叫玛利亚的女人来拜访神父。她曾经住在安吉奥斯·潘特雷默纳斯教堂附近,在普罗科皮奥斯担任那里的神父时,她在教堂参加过志愿服务。她已经有点驼背了,但是穿着修身的风衣,所以看起来比实际身材要高,但坐下来后双脚碰不到地。虽然她已经非常老了,但是每当听到普罗科皮奥斯讲起好笑的故事,她就会像十几岁的少女一样笑起来。普罗科皮奥斯很擅长讲故事。玛利亚对我说,她的孩子们都是在安吉奥斯·潘特雷默纳斯教堂附近长大的,但是为了不让孩子们操心,她已经从那里搬走了。因为社区发生了巨大的变化,孩子们不敢把她单独留在家里。她心里似乎对社区的变化感到矛盾,于是来这里拜访普罗科皮奥斯,想要追忆从前的美好时光。

在我们的谈话一开始,普罗科皮奥斯就提到,来到这里的移民与希腊社会格格不入。他认为,"如果你的邻居是非洲黑人,或者是巴基斯坦人,他们保持着穆斯林传统,不会用希腊语打招呼,不愿意学习你的语言,也不接受在你的国家里不言自明的事实——比如希腊是个东正教国家",那么他们与希腊人有什么共同之处呢?玛利亚点点头。我原以为普罗科皮奥斯会有一些不一样的观点,因为他在担任安吉奥斯·潘特雷默纳斯教堂神父的后期,曾因同情移民而闻名。不过,几分钟后,他的话锋就变了。"我们需要换个角度来考虑问题,"他说,"是的,我们是上帝的子民,我们是基督徒。我们对待别人时要有人性,要从人道的角度来看待他们。我们不能只是从希腊人的角度看待别人，更要从人的角度来看。如果一个人饿了或者遭遇不幸，你不应该考虑他是移民还是非法移民，是外国人还是希腊人，而是应该想办法先让他填饱肚子。我认为，我们首先应该从基督徒的角度对待别人，之后才是希腊人的角度。但是很多人的情况正好相反，他们首先站在希腊人的角度看待问题，一点都不懂得像一个基督徒那样思考。”

普罗科皮奥斯回忆说，后来成为金色黎明党议会候选人的居民委员会成员泰米斯·斯科黛丽在他聆听别人忏悔时来到教堂，告诉他，居民们成立了一个委员会，并起草了一封信，“要征集签名，把移民赶出社区”。斯科黛丽想让普罗科皮奥斯在信上签字，并且加盖教堂的印章。他拒绝了，说自己无权随意使用教堂印章；同时，他还表示不会以个人名义签字。“我接到耶稣的指令，让我不要赶走任何人，不要与任何人为敌。耶稣说要相亲相爱，还说要爱你的敌人。如果你说一个人是敌人，那我就爱他。”神父如此回答斯科黛丽。斯科黛丽显然没有被说服。普罗科皮奥斯说：“从那天开始，一场针对我的战争就打响了。”

为了说明这一点，他拿出了几张剪报。其中，希腊《每日报》上发表了一篇头条文章，标题是《在安吉奥斯·潘特雷默纳斯的愤怒之夜》。文章报道了 2009 年 5 月 26 日晚上发生的事情。当时，教堂的地下室冒起浓烟，警察和消防车都赶了过来。一个受伤的巴基斯坦人不知为何倒在路边。一群狂怒的暴徒把普罗科皮奥斯团团围住。“你接纳了外国人，却把希腊人丢到马路上!”有人高喊道,“我们再给你最后一次机会:你有一周时间,赶紧把他们都赶走”普罗科皮奥斯对我说,这些愤怒的人就是居民委员会里的“女士们和先生们”。教堂的地下室失火是里面住着的无家可归的人造成的,其中一个人的蜡烛倒了,引燃了一张垫子。他说,居民委员会的成员高喊道:“穆斯林来了,他们把教堂点着了!”不过,那个不小心点燃垫子的人恰巧是一个名叫尼克斯的希腊人。听到这里,玛利亚咯咯地笑了起来。听到玛利亚的笑声,普罗科皮奥斯很高兴,想让她的笑声持续下去。“玛利亚女士,”他说,“他们就像狗一样攻击我。你知道狗是怎么叫的吗?就像这样,像狗一样。”普罗科皮奥斯开始模仿恶狗的叫声,惹得玛利亚笑个不停。“我停下来想:‘尽情地冲我狂吠吧,我们的好居民。’”

接下来,普罗科皮奥斯谈到了一些他认为我应该知道的事情。面对本地居民的厌弃,外国移民们都感到忿忿不平,“他们说:‘我们是冒着生命危险来到这里的。我们付钱给蛇头,并且付出了无数努力才来到这里,我们是为了什么?是因为希腊的阳光明媚,所以我们来这里晒日光浴吗?’”听到这些,玛利亚又咯咯笑了。“我们是为了到你们美丽的海滩游泳吗?”普罗科皮奥斯顿了顿,接着说,“‘我们为什么要来这里?是为了找寻更好的生活。因为我们在原来的地方无法生存。如果可以,我们肯定会离开希腊,到别的地方去。我们是被迫来到这里的,因为当我们历尽艰辛,上岸后到达的第一个地方就是希腊。’”他说,“所以,他们感觉很糟糕,有些人非常激动。这些人心里想:‘我们没有对你们做什么坏事,你们凭什么这样对我们说话?'"

移民们说他们没有对当地人做任何坏事,这与居民委员会的说法完全相反。所以我问普罗科皮奥斯,有没有亲眼见过委员会所说的各种可怕的罪行。"犯罪是个别事件,"他说,"而不是普遍问题。在希腊有一种说法:如果一只老鼠咬了奶酪,我们不会说所有的老鼠都咬奶酪,而只会说那只老鼠咬了奶酪。"玛利亚又笑了。

"那么,这里并不像居民委员会在 2008 年那封信中所写的'暴力、犯罪和各种违法行为横行肆虐'?"我问道。

"他们说谎,"他说,"那只是添油加醋的一派胡言。这里的确存在犯罪现象,也有人偷窃。是的,去商店偷一两罐吃的东西确实是犯罪。但是,一些人合租了一座房子,让十几个移民孩子在那里学习希腊语,以便跟希腊人交流,而当地居民聚集在那座房子外面,打破窗户冲进去,把里面的东西都扔出来,这算不算犯罪?如果不是,那又算什么?"我让普罗科皮奥斯具体解释一下这件事,他说有几个"有思想的女士"在社区里为移民开办了一家希腊语学校,而这一行为显然激怒了一些当地人。

我问普罗科皮奥斯,是谁关闭了游乐场。他对我说,是居民委员会关闭的,因为他们不想让移民带孩子去那里玩。我告诉他,居民委员会的人对我说,游乐场成了上百名移民睡觉的地方,成了他们拉屎撒尿、吃饭洗澡,以及儿童卖淫、毒品交易的场所,而且被葡萄球菌污染了。

普罗科皮奥斯对我说:"谎言,他们说的都是谎言。"他说,在白天确实有几百个移民聚集在广场上,“想要看看自己所在的地方是什么样子”,但是到了晚上,大多数移民就消失了,他们都会回到拥挤的公寓里。大多数移民都租住当地人的房子,房东通常按照人头收取日租。有几十个没钱租房的人就睡在教堂门口,但是没有人在游乐场睡觉。

“那里不是被移民当成茅房了吗?”我说。

普罗科皮奥斯似乎被我这个问题逗乐了。他说,正是说这些话的人“曾经在教堂边上撒过尿”。玛利亚也笑了。普罗科皮奥斯提高了嗓音,愤怒地说:“不是外国人,而是那些如此叫嚣的社区居民!他们曾经随地小便,尿液都渗到地面以下了。”他问玛利亚自己有没有撒谎。

“没有,”她说,“我还清理过呢。”

普罗科皮奥斯接着问玛利亚,睡在教堂里或者附近的移民有没有找过她麻烦。

“从来都没有。”玛利亚说。

我问普罗科皮奥斯,既然如此,那居民委员会为什么要撒谎呢?“这是一个不可告人的秘密。”他说。但是,安吉奥斯·潘特雷默纳斯广场骚乱背后肯定存在政治原因,他们只不过把移民当成制造混乱的理由。“他们需要制造很大的杂音,只有这样,一些政治团体才能借机崛起和发声。他们找到一些由头,再利用它们制造混乱,其实这些混乱就是他们自己搅起来的。”这样一来,躲在居民背后的金色黎明党就开始浮出水面。普罗科皮奥斯记得,一件小事说明了金色黎明党的兴起。那是一个周日，他刚主持完圣餐仪式，正从教堂的台阶往下走。这时，一个年轻人走到他面前，递给他一份金色黎明党发行的报纸。普罗科皮奥斯接过报纸看了看，然后对这个年轻人说："非常感谢，但请你把它拿走。"小伙子很生气，不仅对神父冷嘲热讽，还侮辱了他的祖籍地——罗德岛。作为回应，普罗科皮奥斯对这个小伙子说了一句斯泰基哲学家阿纳沙西斯曾经说过的话。公元前 6 世纪，阿纳沙西斯从黑海附近移居到雅典，狂妄的雅典人侮辱他的家乡地位低下。据说，这位哲学家当时回应道："我的国家是个耻辱。但是，你却是你们国家的耻辱。"神父说完，这个金色黎明党信徒就悻悻离开了。普罗科皮奥斯说，目睹这些年轻人甘愿成为金色黎明党的"奴隶"，他感到耻辱。他觉得金色黎明党的党员个个都充满了愤怒和仇恨，好像被撒旦附体了一样。

我对普罗科皮奥斯采访的时间很长，在他的办公室里待了将近 4 个小时。虽然大部分时间都是他在说，但是我和玛利亚都不觉得烦。他认为，新纳粹党成功进入希腊议会有三方面原因。首先，其他政客所做的工作太差了，这才给了新纳粹党滋生的空间。"如果希腊是瑞典，是芬兰，这里就不会出现金色黎明党了。"第二个原因是愤怒和仇恨。"过去，人们对政客们拍手叫好，是因为他们给民众发钱。政客们说：'来拿钱！拿着！拿着！'机器不停地印钞票，他们就使劲往外发。"但是现在，"人们需要有人站出来鞭打这些政客。打他们，让他们啃木头"。第三个原因是，希腊政府没有惩处那些在二战时期希腊被占领期间甘当纳粹走狗的希腊人。普罗科皮奥斯说的有一定道理。二战时,希腊共产党武装是抗击法西斯的主要力量。但是在二战结束前夕和结束后,希腊政府和支持政府的英美两国,考虑得更多的却是如何削弱共产党的力量,而不是惩治希腊傀儡政府为打击共产党而成立的伪军"保安营"。保安营的士兵身穿传统的白裙和泡泡鞋,和独立战争时期绿林好汉的打扮相似。他们自诩民族主义者,对共产党深恶痛绝。大部分民众都把他们视为犯罪团伙,因为他们对平民充满暴力和恶意。战后,没有人追究保安营的罪行,它与纳粹狼狈为奸的历史也被人为地遗忘了。实际上,希腊政府及其后台都把这支部队看作是对抗共产党的有效力量。战后,保安营成员能够轻松地在新成立的国民警卫队中谋到差事,还有一些成员加入了政府中的其他安全部门。1945 年,共产党抵抗武装开始放下武器,但是这支获得政府支持的前纳粹傀儡武装穷追不舍,大肆迫害共产党员。这段时期后来被称为"白色恐怖时期"。最终,共产党武装在山林中再次集结,希腊由此陷入了内战。

1947 年,已经破产的英国政府宣布将不再支持希腊政府打击反政府的共产党武装。美国总统哈利·S·杜鲁门害怕希腊和土耳其会沦为苏联的势力范围,于是在国会两院的联合会议上发表讲话,要求国会批准向这两个国家提供 4 亿美元的经济和军事援助。杜鲁门在讲话中既提到了希腊的极左翼主义,同时也提到了极右翼主义。当时,美苏冷战刚刚开始,美国显然更加担心极左翼主义分子。杜鲁门的这次讲话标志着"杜鲁门主义”的诞生。所谓“杜鲁门主义”，其实是一种充满冷战思维的遏制政策。根据这一政策，美国为了阻止共产主义扩散，通常会采取扶持独裁政府的手段，这也意味着美国政府支持希腊的独裁军政府。希腊军政府以共产主义威胁为幌子，攫取权力，虐待并囚禁异见人士。军政府成员与纳粹占领时期的保安营关系密切。军政府成立后最先施行的政策之一，便是批准为保安营成员发放养老津贴，因为他们在战争时期做出了贡献。这很能说明二者之间的关系。军政府还禁止男人留长发，禁止女人穿短裙，把它认为具有煽动性的文学作品列为禁书，被禁的书目中包括阿里斯托芬和契诃夫的作品。独裁政府倒台后，希腊重建民主政体，独裁政府的领导人被捕入狱。后来成为金色黎明党领袖的米哈洛里亚科斯因在独裁政府垮台后所进行的活动，也被捕入狱。他在狱中见到了前军政府首脑帕帕多帕罗斯。后来，帕帕多帕罗斯在狱中成立了民族主义政党——国民政治联盟党，米哈洛里亚科斯成为该党青年部部长。

在与普罗科皮奥斯的交谈中，我觉得他可能并不完全适合留在牧师系统中发展。希腊的教会本质上被视为右翼机构，很多人都知道教会与独裁的军政府关系良好，因为军政府秉持“希腊属于信奉基督教的希腊人”这一理念。一些牧师在布道时也会宣扬民族主义的反犹太言论，这些言论与金色黎明党的政治演说很相似。我觉得，普罗科皮奥斯如此特立独行，肯定付出了很多代价。按照神职体系的标准来看，他正处于事业的黄金时期。但是，除了获得主教的头衔之外，他似乎被排斥到了边缘地带。2009 年,普罗科皮奥斯离开安吉奥斯 · 潘特雷默纳斯教堂,升任主教后,被任命为卡拉夫里塔和埃基雷耶(Aigialeia)主教阿姆夫罗斯奥斯的助理。阿姆夫罗斯奥斯主教的白胡子和普罗科皮奥斯的差不多长。当时,一些人觉得这两个人成为搭档不太合适,因为阿姆夫罗斯奥斯持民族主义观点,经常在私人博客上发表一些看似为金色黎明党辩护的文章。其中一篇博文中写道:“我不知道为什么有人说金色黎明党的理念有煽动性,而不说极左翼联盟或者希腊共产党的理念具有煽动性或者危险性。”这显然是在同情金色黎明党。对此,米哈洛里亚科斯也投桃报李,把阿姆夫罗斯奥斯列为希腊教会的“杰出”主教之一,将他与比雷艾夫斯主教斯拉菲姆这样的高级牧师相提并论。斯拉菲姆主教曾经在一个收视率很高的电视谈话节目中说,希特勒是“国际犹太复国主义的工具”。国际犹太复国主义受到罗斯柴尔德家族提供的资金支持,目的是让犹太人离开欧洲,“重返以色列建立新的帝国”。

不出所料,普罗科皮奥斯和阿姆夫罗斯奥斯果然不和。二人摊牌时,阿姆夫罗斯奥斯在博客上指责普罗科皮奥斯:“不仅想要头衔,还想要……钱!”普罗科皮奥斯再次被调走,成为雅典西部郊区尼凯亚的主教助理。但是,这次调任的职务似乎只是个象征性的闲职。我见到普罗科皮奥斯时,他看起来无所事事,就像一个没有羊群的牧羊人,在努力向生活妥协。虽然他在安吉奥斯 · 帕特雷默纳斯时乐善好施,但是却从一个大教区的一把手,变成了一个既“无权”又“无责”的牧师。他好像在这间位于宿舍楼一层的办公室里收养了四只猫。我离开时,看到一只猫尿在了地板上。

关闭游乐场后,居民委员会接下来的行动之一就是创办自己的双月报刊:《安吉奥斯·潘特雷默纳斯居民之声》。吉奥娜多对我说,创办这份报刊的资金完全由他们自己筹措,没有接收任何政党的资助。报纸上刊发的照片是满载移民的破船,配图文字是:"从亚洲和非洲内陆过来的船来了又走",船上的人将"偷走你的工资,逼得你只能像对待囚犯一样把孩子锁在家里"。报道中使用的语言煽动性很强。"我们的国家正在被拖入混乱",报纸第二版的头条标题如是说。"基辛格的秘密计划正在执行。雅典人成了外国人的囚徒。"文字下面配的是1941年德国军队进入雅典时的照片,旁边的一张照片则是穆斯林在街上举着《古兰经》。文章号召希腊人像当初抵抗纳粹一样抵抗移民:"希腊人民,这些非法移侵略者已经进入雅典。兄弟们! 保持住自由的灵魂和精神。我们饱受惊吓的城市里弥漫着民族虚无主义,侵略者正乘虚而入。希腊人民! 提起精神来!"报纸第三版上的文章宣布,"反击"的时刻到了,呼吁"街上的每一个人都站起来,打倒骑在人民头上的暴君"。在另一张内容是拥挤的难民船的照片下写着:"他们不是非法移民,而是第五纵队。在他们中间发现了经过训练的战斗突击队,这些人伪装成穷困潦倒的非法移民,等时机一到,他们就会从推行全球化的人那里领受任务,对我们的国家发起敌对行动。”

《安吉奥斯·潘特雷默纳斯居民之声》好像是在为希腊做战前动员。出于以上这些原因和其他一些原因,当吉安娜多在咖啡馆里对我说,媒体夸大了广场周围的犯罪活动时,我感到很奇怪。她说媒体的报道“完全不符合现实情况”,于是我让她解释一下。“如果你说安吉奥斯·潘特雷默纳斯广场周围到处都有移民在捅人,或者进行其他犯罪活动的话,别的地方的人就会感到害怕,”她说,“你知道这里有多少间公寓租不出去吗?”我问她,这是否说明,这里并没有人们说的那么危险?“当然没有了,”她说,“危险的是那些反对我们的人,那些跟我们这些居民作对的人。”我问她是谁在和居民作对。“无政府主义的左翼联盟(希腊激进左翼联盟)成员。”她说。她把“无政府主义”和“左翼联盟”组成合成词,这让我想起了希腊军队独裁政府曾经把左派称作是“无政府主义的共产主义分子”。“这些人都不是真正的希腊人,”吉奥娜多对我说,“他们只不过恰好说希腊语罢了。”

居民委员会这样一个非政治组织竟然会专门跟希腊左翼联盟过不去,这让我感到惊讶。吉安娜多的丈夫向我解释了一下二者对立的原因。“这些问题都是他们造成的。那些人说我们是种族主义者,还说我们是法西斯,这都是因为他们不能在这里的广场上建立根据地,”他说,“由于我们的抵抗,他们无法进入这里,也建不起根据地。不管在哪里,你都能看到他们发表讲话,召开会议。但是在这里,他们什么都做不了。我们不接受,永远都不会。”我问他们为什么不能接受。“因为我们不会接受他们，”他说，“因为他们是反对希腊人民的。他们奉行的是针对希腊人的种族主义。我解释清楚了吗？有人打了一个移民，他们就聚到一起高喊反法西斯和反种族主义口号，还举行游行示威。但是就算希腊人都死光了，他们中间也没有一个人站出来示威。我们就是不能忍受这样的事情。”

愤怒的居民们开辟了反对希腊左翼联盟政客的第二战场。2010 年 10 月，在市政府选举前夕，希腊左翼联盟的前领导人阿莱克斯·阿拉瓦诺斯（Alekos Alavanos）在一群支持者的陪同下和防暴警察的护送下访问了安吉奥斯·潘特雷默纳斯社区。在这次护送过程中，防暴警察的工作显然做得不怎么样。当时的录像和照片记录下了事件的整个经过。阿拉瓦诺斯是一名经济学家，头发已经花白了。当他走向教堂的台阶时，他和支持者们都被人扔了酸奶、鸡蛋和番茄。居民委员会的吉安纳多斯走上台阶，拿起了提前放在那里的蓝色塑料袋。塑料袋里装着米哈洛里亚科斯竞选市长的宣传手册，其内容是金色黎明党地方竞选纲领《雅典人的希腊曙光》的一部分。当有人往阿拉瓦诺斯脸上丢酸奶的时候，吉安纳多斯开始向空中抛撒传单，他的妻子吉安娜多走到他身旁，帮他一起发传单。阿拉瓦诺斯冷静地擦拭掉左脸上的酸奶，他的支持者们开始高喊起来：“希腊人，外国人，工人们，让我们团结起来！”反对者们也开始喊道：“希腊属于希腊人民！”之后又有几个人喊道：“鲜血！荣誉！金色黎明党！”

镜头中出现的一些抗议阿拉瓦诺斯的人后来都成了金色黎明党的知名党员。其中,拿着扩音器带领愤怒的居民们齐声高喊的是伊利亚斯·帕纳吉欧塔洛斯(Ilias Panagiotaros)。长期以来,他都是金色黎明党的核心成员,后来代表该党当选议会议员。帕纳吉欧塔洛斯身材肥胖,秃头,留着山羊胡,有参加此类示威活动的丰富经验。在此之前,他曾长期担任"蓝色军团"的领导人。蓝色军团是一个足球流氓组织,与多起殴打阿尔巴尼亚人和其他外国人的事件有关。实际上,蓝色军团是金色黎明党的一个分支机构和招募工具。不过,在2004年的一次采访中,帕纳吉欧塔洛斯坚称,它们是两个不同的组织,只是关系"非常好"。在和我谈话期间,吉安娜多说了不少关于帕纳吉欧塔洛斯的好话。我一提到他的名字,她就露出了灿烂的笑容。"他总是会出现,并且站在我们这边,"吉安娜多说,"他给了我们勇气。"虽然她支持帕纳吉欧塔洛斯,但是并不意味着她支持金色黎明党。吉安娜多对我说,她本人是坚定的新民主党支持者。她丈夫也对我说,自己并不属于金色黎明党。"我们的党是安吉奥斯·潘特雷默纳斯。"他说。我后来问吉安娜多,如果他们不支持金色黎明党的话,那天为什么向阿拉瓦诺斯和他的支持者们抛撒金色黎明党的宣传手册。虽然她拿着金色小册子的照片出现在了一家知名的希腊报纸上,但她却说:"我那天没有拿任何宣传手册。"她还怀疑,是那天来的左翼分子故意把金色黎明党的宣传手册放到台阶上的。她说,左翼分子这么做,就是为了让其他人认为她和丈夫是金色黎明党的支持者。

阿拉瓦诺斯事件刚过去不久,一个名叫艾莱尼·波塔利奥的希腊左翼联盟市长候选人也拜访了安吉奥斯·潘特雷默纳斯。他去的时候同样有警察护送,但还是遭到了类似的食品炸弹袭击。这两次抗议活动发生后,一些希腊媒体认为这些袭击是因民愤而起。在一次电视新闻报道中,记者首先采访了居民委员会成员路基娅·丽佐。丽佐已经将近60岁了,是希腊国家统计局的退休职工。“炸弹是居民丢的,”她对着镜头说,“愤怒的居民。”记者接下来总结了这两起事件的意义:“扔向阿拉克斯·阿拉瓦诺斯的酸奶和扔向艾莱尼·波塔利奥的鸡蛋揭开了帷幕,向我们展示了安吉奥斯·潘特雷默纳斯的问题的严重性。”丽佐再次出现在镜头里。“我们根本没法生存。”她说。记者接着说道:“他们中的大多数人都出生在安吉奥斯·潘特雷默纳斯,并且在这里生活了几十年。但正如他们所说,在过去的几年里,因为社区的犯罪频发、治安混乱和设施毁坏,导致他们的生活变得无法忍受。”那个臃肿的女人再次出现。“我们自己已经够痛苦了,他们就不能别再添堵吗?”她指的是那些来访的左翼政客,“我们甚至连门都不能出。”现在这个电视频道已经停播了。

还有一件事情可以说明,媒体接受了愤怒的居民的说法。波塔利奥——那天被丢鸡蛋的左翼市长候选人,是一个中年女性——出现在希腊主流电视频道之一的Mega频道上,接受两位西装革履的男士的采访,这两个记者打着不同色度的蓝色领带。化着浓妆的节目主持人尼克斯·斯塔沃拉克斯问波塔利奥,考虑到此前阿拉瓦诺斯刚刚被丢了鸡蛋，她去安吉奥斯·潘特雷默纳斯的时候害不害怕。波塔利奥说，“极端种族主义分子”的袭击不能动摇她拜访当地民众的信念。斯塔沃拉克斯打断了她，他对波塔利奥把袭击者定性为极端种族主义者感到不满。“波塔利奥女士，你为什么说他们是极端种族主义分子呢？”他问。波塔利奥回答说：“我之所以说他们是极端种族主义分子，是因为现在很多工薪阶层都面临着危机、贫困和现实问题，而他们却想要——”斯塔沃拉克斯再次打断她的发言，宣读了一份希腊左翼联盟指责袭击者是“流氓”的声明。他拿着声明说：“我没有看到什么流氓，也没有看到种族主义者。我看到的是退休人员、老人、男人和女人。他们说：‘我们不敢离开家，左翼联盟不能只支持移民的权利，而不支持我们这些居民的权利。’”他接着说：“一个不敢走出家门的老人，一个被移民抢劫了三四次的人，是极端种族主义分子吗？或者说，一个反对候选人立场的居民是种族主义分子吗？”“这是一个安全问题。”斯塔沃拉克斯对波塔利奥说。不过，波塔利奥似乎无法理解。

犯罪学家告诉我们，公众对于犯罪的恐惧不一定与实际犯罪率有关。从很大程度上讲，人们对于危险的认识，是来自街坊四邻和大众媒体的影响，同时也和人们对警察能力的信任程度有关。（在公众对警察的信任度排行榜上，希腊警察接近垫底。）人们内心的不安全感，同样也会导致对于犯罪的恐惧感。希腊人就是这样。调查显示，与其他欧洲国家人民相比，希腊人的不安全感程度相对较高。同时，对犯罪行为的恐惧感给希腊人带来的影响也最大。然而,希腊人的恐惧感虽然更高,实际上希腊的犯罪率却低于欧盟平均水平。与欧洲同样规模的城市相比,雅典的暴力犯罪率要低得多。当然,这并不是说希腊没有犯罪问题。从 20 世纪 90 年代中期开始,希腊的抢劫案件逐渐增加。债务危机爆发后,入室抢劫案件的发案率骤增,贩卖毒品活动也越来越猖獗。在雅典野草丛生的破败社区里,人们可以看到瘾君子们聚集在废弃建筑的阴影下,拿着注射器在身体上找寻吸收毒品的最佳部位。虽然从 20 世纪 80 年代以来,这些瘾君子的情况基本上就是如此,不过随着新的廉价毒品日趋泛滥,社会服务因经济危机而减少,吸毒问题变得更加严重。虽然在希腊卖淫是合法的,妓院可以申请执照,但是没有执照的非法卖淫更为常见。安吉奥斯·潘特雷默纳斯广场附近的几条街道就是皮条客们经常出没的地方。总而言之,希腊和雅典存在犯罪和肮脏的场所,但是情况并没有严重到像愤怒的居民和电视节目中说的那样让人们连家门都不敢出。实际上,就在居民委员会开始抗争活动的同时,希腊有记录的刑事犯罪案件数量出现了明显下降,2010 年的案件数量比 2006 年减少了 28%。但是,这对金色黎明党而言并不重要,因为危险是可以夸大或者想象出来的。愤怒的居民们助长了这种恐惧,而恐惧成就了金色黎明党。

在 2010 年 11 月的雅典市长竞选中,米哈洛里亚科斯凭借消灭“非法移民罪犯的恐怖统治”的口号赢得了 5.29%的选票。在安吉奥斯·潘特雷默纳斯选举站的民调显示,金色黎明党在该区的得票率为20%。选举结果为米哈洛里亚科斯在雅典市议会赢得了一席之地。选举结束几个月后，米哈洛里亚科斯在接受一家希腊新闻网站采访时说，他在安吉奥斯·潘特雷默纳斯成功的主要原因是金色黎明党“全心全意”支持居民委员会。此时，居民委员会已经不止一家，另外一些自称非政治团体的组织也涌现出来。他还说，这些社区高度支持金色黎明党，所以该党感到有责任继续支持这些委员会的斗争。居民的斗争扩展到了安吉奥斯·潘特雷默纳斯广场所在街区以外的阿提卡广场。他希望，这种斗争不久之后能够在维多利亚广场兴起。

人权观察组织在后来的报告中说，这三个广场“对于长得不像希腊人的人来说，非常危险”。该组织记录了从2009年8月到2012年5月之间发生的51起针对移民的“严重袭击”事件，其中有一半以上都发生在安吉奥斯·潘特雷默纳斯广场一带。金色黎明党的领袖伊利亚斯·帕纳吉欧塔洛斯是个秃头，他曾经秘密组织了向阿拉瓦诺斯扔酸奶的行动。实际上，在2010年市议会选举前夕，帕纳吉欧塔洛斯就曾对希腊《新闻报》的记者说，如果金色黎明党能在市议会赢得一个席位，那么“将会举行一场大屠杀”。后来，金色黎明党似乎履行了自己的诺言，放手让“突击营”对移民进行恐吓和袭击。男人们挥舞着刀棒，骑着摩托车到处袭击移民。随着金色黎明党的支持率不断攀升，袭击活动也愈演愈烈。希腊警方和司法系统对此视而不见。一位名叫拉兹娅·沙里夫的阿富汗母亲对人权观察组织说，她在安吉奥斯·潘特雷默纳斯社区租住的公寓位于一栋楼房的一层，屡次遭到攻击。她有三个孩子，一个孩子3岁，另外两个是双胞胎，都是11岁。有一天，她和孩子们在家，一群男人闯了进来，用啤酒瓶砸家具，把瓶子都砸碎了。她向警察局报了三次案，并且还能指认出其中几个袭击者经常出入广场上的咖啡馆，但她不知道警察为什么无所作为。还有一次，人权观察组织的调研人员正在沙里夫的公寓里看望她，一群人就在外面用尖锐的东西敲打她家的玻璃门。调研人员说，3分钟后，房间里的人眼睁睁地看着厚厚的玻璃门裂开了。袭击结束后，他们报了警。警察过来做了一下笔录，但是没有找到袭击者。第二天，调研人员和沙里夫一起到安吉奥斯·潘特雷默纳斯警察局进行正式报案。报告上说，一个警察起初告诉他们报案需要交100欧元，不过后来没有收钱。沙里夫说，第二天，她的一个邻居家的玻璃被人打破了，房间里还被喷了催泪瓦斯。警察过来找她做了两次笔录，每次都催她搬家。

一位名叫萨法·海达利的阿富汗男子对人权观察组织说，自己在距离安吉奥斯·潘特雷默纳斯警察局200米左右的地方遭到一群人的拳打脚踢和棍棒殴打。打他的人有10到15个，这些人都戴着头盔或者帽子。海达利说，他在被打之后报了警，大约过了15到20分钟，两个骑着摩托车的警察来到现场，要求查看他的证件。这两个警察让他去警局，等他到了警局，那里的警察却说他们很忙。但是，他看到有5个警察坐在办公室里喝着咖啡聊天。海达利说，他在警局等了20分钟，然后无奈地离开了。

一个名叫米娜·阿玛德的20岁索马里妇女对人权观察组织说,2011年底,已有6个月身孕的她抱着襁褓中的女儿经过安吉奥斯·潘特雷默纳斯教堂附近,被一群穿着黑衣的男人拦住了去路。他们问她是从哪里来的,还用一根木棍击打了她的头部,然后逃之夭夭。离开之前,这些人还让她"滚出这个国家"。她倒在地上,满头是血,心里想的只有肚子里的孩子和在旁边哇哇大哭的女儿。社区里没有一个人过来帮她一把,她只好叫朋友过来帮忙,但是因为当时她还没有身份证明,所以没敢去医院。

联合国人权事务高级专员办事处和其他人权组织记录了数百起类似的袭击事件。袭击者通常在广场或者公交汽车站下手,有时也会带着儿童一起。在我对安吉奥斯·潘特雷默纳斯社区的几次采访中,每次都有当地人对我说,他们亲眼见过儿童参与袭击。一位女士所在的公寓可以直接俯视整个广场,她告诉我,她曾见到一群男人带着孩子殴打另一个男人,这些男人好像是在教自己的孩子怎么打人。这位女士害怕在社区里树敌,所以不愿透露她的姓名。另一位女士对我说,她曾经看到几个孩子拿着木棒,在阿提卡广场附近追逐一个男人,那个男人看上去像是南亚人。这几个孩子追赶回来后,和广场上的一群男人一起哈哈大笑——看起来就好像这些人是孩子们的师父。"他们把这当成游戏一样。"这位女士说。在这两个案例中,两位女士都表示,她们对于阻止这些袭击无能为力。虽然离这里几个街区就有一所警察局,但是报警就像是一场毫无乐趣的恶作剧。

所有这些都说明了一个问题：虽然很多希腊媒体都报道称，安吉奥斯·潘特雷默纳斯的居民遭受了难以忍受的犯罪行为，但却没有多少希腊人想过，究竟谁才是真正的罪犯。

2011年1月的一个周六的下午，金色黎明党参与的保卫安吉奥斯·潘特雷默纳斯的斗争达到了顶峰。那天阳光明媚，天气凉爽，左翼群体计划到广场上游行。愤怒的居民们自然不能答应，他们计划举行针锋相对的示威活动。防暴警察来到这里，像往常一样，把两边的人群隔离开，不让左翼人士走得太近。后来发生的事情被人用影像记录了下来，录像的人显然是金色黎明党的支持者。这个录像的人说，这次事件是为了"保卫希腊领土不受泛希腊雇佣军团侵略"。那天，愤怒的居民们轮流到广场上的麦克风前发言。就在此时，米哈洛里亚科斯带着保镖出现了，他径直来到麦克风前。"我只占用大家一点时间。"他说。人群中很多人都鼓起掌来。他举起右手，这个姿势看起来就像以前的法西斯分子一样。他称赞金色黎明党的斗士们说，当其他政党正在投票支持救助计划，"让你们成为外国人的奴隶"时，金色黎明党却为捍卫雅典人民而"被阿富汗人用刀子捅"。很多人欢呼起来，掌声更加热烈。人们高高挥舞着希腊国旗。"鲜血！荣誉！金色黎明党！"人群高喊着，"外国人滚出希腊！"

那天的集会人群中有个穿着黑袍的人，他就是接替普罗科皮奥斯担任安吉奥斯·潘特雷默纳斯教堂首席牧师的马科斯莫斯神父。这位神父比他的前任年轻，胡子还是黑的。他于20世纪 60 年代出生在德国的勒沃库森,父母均是希腊移民的后代。这次示威发生时,他在教会的地位正处于上升阶段。这件事情过去没多久,他就成了希腊最高级别牧师——雅典大主教——的副手。后来,我与他见过两次面,一次是在安吉奥斯・潘特雷默纳斯教堂,另一次是在大主教办公室。大主教办公室位于雅典卫城附近,离古罗马市场的遗址不远。愤怒的居民们对待马科斯莫斯的态度远远好于对他前任的态度,其中缘由不难猜想。“社区的条件令人触目惊心。”马科斯莫斯对我说。他同意居民委员会对于游乐场的描述。“那里曾经成了‘污染的源头’,”他说,“成了粪坑。”我问他是怎么知道的,因为他 2009 年来到安吉奥斯・潘特雷默纳斯时,这个游乐场已经关闭了。“居民们和我说的。”他说。在他看来,居民委员会的话值得信赖。我问他是否确定,并且向他回忆了该委员会在 2008 年发表的公开信的内容——在这封信中,他们指责移民兽交。我想通过这种方式,来试探一下他觉得这封信是否可信。不过,他打断了我,说自己不了解这封信,但是他确定这个社区正在遭受毒品、偷窃、卖淫的困扰,并且面临污物造成的“卫生炸弹”。他说,当然,这并不能成为实施残忍行为的理由。“适当发泄愤怒,适当表达诉求,这是一回事。但是如果拿穷人发泄,对他们进行追逐、虐待和殴打就是另外一回事了。”在我们谈话期间,马科斯莫斯对于人们把安吉奥斯・潘特雷默纳斯与金色黎明党联系在一起表示非常不满。他说,这是一种思维定式。没错,金色黎明党曾试图利用居民的游行来达到自己的政治目的,但是话说回来,其他社区的左翼群体也试图来这里进行反种族主义游行。马科斯莫斯说，他们也想把自己的观点强加于人，对居民百般挑衅侮辱，说他们是种族主义者。

就在安吉奥斯·潘特雷默纳斯广场爆发游行示威的那天，马科斯莫斯走在人群里，说话的语气平静而镇定，想让双方都冷静下来，但是没起到什么作用。防暴警察想要清场，开始把人群围拢起来。一架警用直升机在广场上空盘旋。气氛开始变得紧张，大多数人准备离开广场。但是，仍然有100来个男人留了下来，大部分手里都举着希腊国旗。他们排成四列，在平坦的广场上挥动着手中的旗杆。一个男人上蹿下跳，似乎想动员大家起来战斗。“你们想要什么?”他高喊道。“鲜血!”大家齐声答道。这样的问答重复了几次，之后他们齐声高喊:“鲜血！荣誉！金色黎明党!”戴着防毒面具的防暴警察朝他们紧逼过去。当时没人知道这些警察为什么要这么做，因为他们向来对金色黎明党的立场并不强硬，而且还把它看作是在街头与无政府主义者斗争的盟友。甚至，正如后来事态发展所显示的，警察是金色黎明党最坚定的支持群体之一。无论怎么说，金色黎明党成员充满了狂热的战斗激情。广场上的男人们戴上摩托车头盔，手持印着白色凯尔特十字架的黑色盾牌。这种十字架标志在新纳粹和白人至上主义者中非常流行。战斗开始了。混战中，旗杆和警棍不时打在对方的头盔和四肢上。防暴警察开始对人群发射橡皮子弹，释放催泪弹和化学喷雾，广场上打斗的人群迅速撤离，很多人都躲进了教堂。

催泪瓦斯渐渐飘散，广场上出现了片刻沉寂，人们开始走出教堂。居民委员会的斯皮洛斯·吉安纳多斯站在闹事者中间，虽然没有直接参与冲突，但是他肩扛着希腊国旗检查现场。催泪瓦斯还没有散尽，在离教堂更远一些的地方，一个剃着光头的男人用餐巾纸捂着鼻子。他站在广场上印着的蓝白相间——蓝色和白色是希腊国旗的颜色，象征着爱国——的醒目标语上，标语写着："希腊，我的祖国！！！""外国人滚出希腊。"他站在那里，像英雄一样高举着国旗，好像他是坚守堡垒的最后一个人。紧接着，冲突再次爆发。

在烟雾弥漫的战场上，依稀可见几个后来成为议员的金色黎明党成员的影子。虽然他们没有直接参与冲突，但是看起来像是实际的指挥者。这些人中有爱奥尼斯·拉各斯。他的肌肉非常发达，留着八字胡，身子像保镖一样挺拔，好像随时准备猛扑上去战斗。他平时喜欢穿紧身T恤衫，秀出肌肉。拉各斯走到防暴警察面前，问有没有警察敢和他单挑。"你们是男人吗？谁敢上来单挑？有人上吗？你们算是男人吗？"没有一个人接受他的挑战。

在参与战斗的人群中镇定地来回奔走的人里，还有穿着黑皮夹克、戴着墨镜的伊利亚斯·卡斯迪亚里斯。他的左肩膀上文着纳粹符号的刺青。这个人后来因为在国家电视台的一次现场直播节目中掌掴一位希腊共产党议员而广为人知，而他打的那位共产党议员是一位中年女士。卡斯迪亚里斯当时抡起右臂，接连打了女议员三个耳光。听说这件事情后，我以为他的政治生涯应该就此结束了，但是事实证明我太过天真。在希腊，有很多人——甚至包括妇女——似乎都因为他教训了女共产党员而崇拜他。后来，他成了金色黎明党内最有权势的人物。

站在教堂台阶上的争斗者们被爱国的气氛感染，开始唱起了希腊国歌。当他们唱到“希腊崛起”这句歌词时，嗓音很深沉，但并不是特别和谐。后来，随着争斗逐渐平息，他们不知道接下来该做些什么，于是又唱了一遍国歌。当防暴警察向教堂的台阶走来时，争斗者们唱起了第三遍国歌。拉各斯还在向防暴警察挑战，问他们敢不敢单挑。马科斯莫斯站在争斗的人群中，好像是在规劝拉各斯。我问马科斯莫斯，被卷入这种事情中，他做何感想。“我没有被卷进去，”马科斯莫斯对我说，“我在自己的圣殿里。对我来说，他们都是我的孩子。我不会把任何人分隔开，也不会站在任何人一边，”他说，“我的工作要求我不能选边站队，我的工作就是站在那里，出现在那里。”

警察开始登上教堂的台阶。就在教堂的大理石拱门下，双方又开始厮打。很多争斗者躲进教堂，一个人把自己的凯尔特十字架盾牌放到门廊上，挡住教堂的入口，不让警察进去。马科斯莫斯猛地冲到门口，在一片升腾的化学烟雾中，用自己的身体挡住了教堂入口。警察们毕恭毕敬地从这位神职人员面前向后退。马科斯莫斯后来对我说，事情本来没有必要发展成这样，如果警察采取不同的应对方式，就不会造成这种局面。他说他让警察“不要动手”，因为没有什么大不了的，只不过有人喊了几声金色黎明党的口号罢了。然而，警察没有听他的话。“事实上，他们也对我进行了推搡，并且直接冲向了教堂。我这才站到他们面前说，不能在这里动手，这里不行。不许在这里闹事。”

警察后退了，拿着盾牌和希腊国旗的人陆续从教堂里走了出来，挤满了教堂的台阶，看着警察在广场上巡行。“他们想要占领广场！”一个示威者发出了保罗·列维尔[①]似的呼喊。人群又开始高唱国歌，声音更加高亢。“希腊属于希腊人民，”他们高呼道，“希腊，他们正在出卖你，他们向外国人屈膝！”“保罗·列维尔”又开始喊道：“我们要保护它，保护它！广场！我们要保护广场！”

僵持了近两个小时后，双方似乎达成了停战协定。警察后退，给对手们提供了体面离开的机会。而争斗者们排成四列，举着盾牌和国旗，唱起了金色黎明党的歌曲。“伟大祖先的追随者，光荣战士的子孙，我们是新斯巴达人，我们有勇敢的心。”这些人的声音很生硬，合不上拍子。他们随后唱到了高潮部分：“前进，我们一往无前，新的时代正在开始。前进，我们一往无前，希腊之光引导着我们。”他们接着唱到第二节：“我们是点燃火炬的人，燃烧着我们的愤怒。我们想要一个全新的希腊，一个覆盖全世界的希腊。”唱完后，他们的带头人喊道：“胜利万岁！”这句话如果翻译成德语，恰好是纳粹分子见面时的问候语。“万岁！”队列里的人们高声应答。依然留在广场附近围观的人

---

① 保罗·列维尔(Paul Revere，1734 年—1818 年)，美国独立战争时期的爱国英雄，最著名的事迹是在列克星敦和康科德战役前夜，及时将英军即将来袭的情报传递给殖民地民兵。——译者注

们鼓起了掌,这群争斗者排着队列离开,边走边喊:“希腊属于希腊人民!”

据马科斯莫斯说,那天发生在广场上的事情后来被媒体不断放大。“在我看来,并没有发生什么大不了的事情,”他说,“这一次,电视台又把事情夸大了。这算什么呢?只不过是一些孩子出来喊喊口号罢了,况且这群孩子也不一定相信那些口号。”

最想放大当天事件的是愤怒的居民和金色黎明党。这次斗争活动结束后,一家雅典电视台名为《大屠杀》的脱口秀节目专门为这起事件录制了一期节目。这家电视台的水准并不高,这档节目的主持人斯泰凡诺斯·奇奥斯说他的节目是“希腊所有电视台中最自由的脱口秀”。他在节目一开场就辱骂很多政府官员是“社会的渣滓”,说如果这些“掌权的混蛋”还算是男人的话,尽管起诉他。他的愤怒源于无耻的警察在安吉奥斯·潘特雷默纳斯广场殴打希腊公民,并且亵渎教堂和东正教。他说,当晚的节目可以把官员的“骨头打碎”,说完顿了顿,似乎考虑了一下这么说可能会带来的法律后果,又接着说了一句:“我说的不是他们身上的骨头,而是他们的政治和政策骨头。”

当晚节目中的一位嘉宾是示威活动的“亲历者”。他穿着一件黑色紧身T恤衫,戴着一顶黑帽子,长相和说话的语气有几分像电影《洛奇》里的主人公。他说他那天想要保卫广场,不让移民和企图进行示威游行的左派分子进入,但是却遭到警察的恶意袭击。他说,警察冲进教堂,打砸玻璃,投掷化学武器。接着,他举起右臂,揭开手腕上的白色纱布,露出一个伤口。“这就是我的伤口。”他说。他建议正在管理希腊的政客“趁早”离开,因为人民心中的怒火正在燃烧。“不可能一直这样持续下去,人民已经忍受到了极限。到了极限。他们将会揭竿而起。我们将拿起武器,走上街头。你们的统治已经到头了。”

奇奥斯问亲历者说,有报道称,金色黎明党参与了当天的示威行动,他想知道这是否属实。“可不可以告诉我们你了解的情况,好让我们更好地理解一些事情?居民是如何聚集到安吉奥斯·潘特雷默纳斯广场的,这些居民都是什么人?因为他们说所有人都是极右派。这个问题需要澄清一下。”

“我们是极右派,”亲历者说,“我们是民族主义者,是极右派,我们以此为荣。”“我们是谁,是杀人犯吗?我们一没有偷窃,二没有杀人。”这位亲历者说,广场上的人是“金色黎明党党员”,说完这句话,他似乎想了想,又加上一句:“还有社区的居民。”

节目播出期间,场外电话不断打进来。第一个打进电话的就是我见过的那个居民委员会成员、统计局退休职员路基娅·丽佐。她说,警察的突然袭击是过度执法,而且最过分的是破坏了教堂。奇奥斯感谢丽佐的来电,又接了几个人的电话。虽然奇奥斯解释说这些来电的嘉宾都不是“托儿”,但是这些人似乎都是在念别人写好的稿子。有一位来电的嘉宾称,在经历了那天广场上发生的事件后,她决定带上孩子离开希腊远赴澳大利亚。这将是她第二次去澳大利亚。“实在是太不幸了,统治希腊的不是希腊人，而是外国人、共济会和犹太人。”另一位女士打来电话说，除非政客们辞职，否则人们将“不得不拿起棍子和石头走上街头，驱逐一切拦在我们面前的人”。一位男士打来电话说，他因自己是希腊人而感到耻辱。“难道就没有一个将军能够除掉这群杂种，把他们送进地狱吗？难道就没有一个这样的将军吗？过去，我们还有一些长着‘眉毛’的将军。”他这里所说的“眉毛”暗指“睾丸”，明确指向希腊以前的军事独裁体制。

就在这个时候，一个长着浓重“眉毛”的男人打来电话。他不是别人，正是金色黎明党的主席米哈洛里亚科斯。他说，警察打人的行为毫无道理。“我们所谈论的这个政府是阴暗势力的影子政府，它招募的流浪汉殴打老太太和儿童，还滥用化学武器，”他说，“他们甚至往教堂的烛台上扔闪光弹。”

米哈洛里亚科斯对亵渎宗教的行为表现得非常愤怒，这一点值得关注。金色黎明党在成立早期倾向于古希腊人的非基督教信仰，但是它意识到这种亵渎宗教的观点不利于在希腊政坛发展，于是早就调整了立场。此时的金色黎明党正积极地将自己与教会联系在一起。举个例子，在第二年的圣·潘特雷默纪念日那天，一群男人穿着黑色的金色黎明T恤衫来到教堂前面。在站在教堂台阶上的留着长胡子的牧师、穿着白裙的少女和穿着光鲜礼服的祭坛侍童的注视下，在风铃声和《上帝，慈悲》的吟诵声中，这支金色黎明党的队伍举着圣徒的画像环绕整个教堂。马科斯莫斯对我说，他当时不在雅典，如果他在的话，不会允许这种情况发生。他觉得让一个政党利用教会的礼拜服务是亵渎上帝。“不过，当时没有人对他们说：‘不行，你们不能过来。’”米哈洛里亚科斯的电话还没有结束，他对电视观众说，警察在那天的行动表明希腊正在遭受前所未有的独裁统治。不过，他还是表达了希望——尽管遭到了警察的无故袭击，但是那天广场上的希腊人都骄傲地举着国旗，没有退缩，“人民赤手空拳地直视警察。”

2012 年 5 月初的一个周日，我在雅典市中心的一个篮球场旁边遇到了卡里德·阿布杜拉曼和姆卡塔·伽马。这个篮球场位于火车站附近，距离安吉奥斯·潘特雷默纳斯广场步行约 10 分钟的路程。阿布杜拉曼 30 岁出头，帽子上印着切·格瓦拉的头像，看起来有些疲惫。他 5 个月前从苏丹来到希腊，日子过得并不好。他住在一个废弃的火车车厢里，吃饭靠一家天主教慈善粥堂的施舍。他手中的塑料袋里还装着几块没有吃完的面包。“我现在要想办法回苏丹。”他对我说。伽马则不一样，他刚从索马里来到希腊，看起来还没有完全体会到在这里生活的艰辛。他是个瘦高个儿，22 岁，戴着眼镜，衣服整洁，看起来有几分书生气。他说他为了给蛇头付偷渡的钱，卖了摩加迪沙的一块地，换了 1 500 美元。他先是被蛇头送到了叙利亚的大马士革，然后经历了一个半月的陆路跋涉才到达希腊。从大马士革到雅典的路程，他基本上是靠双脚走过来的。一路上，他靠喝糖水才没有昏厥。伽马的“梦想”是进入一家欧洲大学，但是现在回想起来，这似乎是异想天开。在他之前来希腊的索马里人都很失望,对他讲了很多令人沮丧的事情。“你知道,他们都……怎么说呢,”他搜肠刮肚地找英文单词,“被整垮了。”他终于找到了正确的词语表达,脸上露出了笑容。

我们的谈话被一声爆炸声打断。随后,又传来几声爆炸声。街角处冒出一阵浓烟,接着传出一群男人断断续续的喊声:“鲜血!荣誉!金色黎明党!”“希腊属于希腊人民!”伽马见此情景赶紧离开了。阿布杜拉曼又多待了一会儿,我带他去了最近的快餐店,店里的菜品种类很少,他挑选了几个带肉的三明治,我买给了他。他拿上吃的东西,向火车车厢的方向匆匆跑去。

不一会儿,米哈洛里亚科斯在几个肌肉发达的追随者陪同下,也来到了这条街上。国家议会的选举刚刚结束投票,力推达成第二个救助协议的技术官僚政府败选。前期投票结果显示,米哈洛里亚科斯将从雅典市议会进入国家议会。刚才街角传来的爆炸声就是金色黎明党在总部大楼的阳台上放炮庆祝发出的声音。他所领导的金色黎明党靠移民问题起家,现在又借着公众反对救助计划的情绪迅速崛起。该党在全国范围内赢得了7%的选票,这个结果足以让米哈洛里亚科斯成为历史上仅有的几个短命且危险的人物之一——这些人都获取了与自己实力极不相称的权力。

米哈洛里亚科斯现在要去附近一家酒店的会议室,那里有几十个记者在等着他发言。他大步走过酒店大堂里的古希腊先贤半身雕像,进入会议室。一个胖乎乎的金色黎明党领导示意记者起立迎接。这个人名叫杰奥古斯·吉尔孟斯,他剃着光头,是纳尔马塔龙乐队(Naer Mataron)的贝斯手和喉音演唱者。纳尔马塔龙是希腊一支很有名气的重金属乐队,乐队成员自称是“世界上最危险的撒旦主义乐队”。他们即将发布新专辑《死亡万岁》,一位金属音乐评论人称这张专辑是一张“癫狂邪恶的死亡金属和黑金属专辑”,具有疯狂的鼓点和“一连串攻击性很强的歌词”。吉尔孟斯在舞台上的艺名叫凯伊达斯,是以凯伊达斯山谷的名字命名的。这座山谷是古斯巴达人抛尸的地方,他们把处死的罪犯的尸体丢进这个山谷里。吉尔孟斯也即将成为议会议员,担任金色黎明党内主管中央放权和地方治理的负责人。

大多数记者都遵照吉尔孟斯的指示站了起来。我很幸运,因为我本来就靠着后墙站着,否则真不知道要不要站起来。透过密密麻麻的镜头,我看到一位女士没有起立。吉尔孟斯朝她走了过去,挥手示意她立即站起来。“起来! 起来! 起来! 起来! 表示一下尊重!”

“怎么了?”米哈洛里亚科斯进门时刚好看到这一幕。我听到那位女士向他解释为什么不站起来,我以为米哈洛里亚科斯会对此做出一个合理的判断。不过,他却让那位女士离开。于是,那位女士离席而去。米哈洛里亚科斯坐到一面红色的党旗下,旗子上绘着一个曲折的线形图案。虽然这面旗子的颜色和图案都和纳粹党旗相似,但是金色黎明党的领导却说,二者毫无关系。他们说,有人认为金色黎明党的党旗和纳粹旗帜相似,这种说法“不仅荒谬”而且“用心险恶”。坐在米哈洛里亚科斯旁边的爱奥尼斯·拉各斯是整个会议室里块头最大的人。那天在安吉奥斯·潘特雷默纳斯广场发生的争斗中,他曾不断向防暴警察发起挑战。

米哈洛里亚科斯坐在记者前面的一张桌子旁边,拉各斯对记者们说:“请安静。”党主席把双手放到桌上,好像一位生气的老师马上要开始训斥班里的学生一样。他用自己“最真诚的希腊之心”,向那些投票支持他的人表示感谢。他说,金色黎明党将继续抵抗“救助计划的奴役”,继续抗击非法移民的“社会丛林”。接着,他对自己的政治对手说了一句恺撒的名言:“我来了,我看到,我征服(Veni,Vidi,Vici)。”(作为一个纯粹的希腊人,米哈洛里亚科斯似乎对拉丁语情有独钟。)“希腊新的金色黎明正在崛起,”他说,“那些背叛祖国的人,你们恐惧的时刻到了。因为我们来了。”说完,他在几个健壮的助手的陪同下,昂首阔步地走出会议室。

在几个街区外的金色黎明党总部大楼前,已经聚集了大批支持者。警察在周边封锁交通,为庆祝活动留出空间。几个骑着摩托车的警察加大油门,让发动机发出轰鸣声,通过这种含蓄的方式表达他们对金色黎明党的明确支持,这让金色黎明党的支持者们欢呼起来。投票结果显示,金色黎明党的核心票仓并不是安吉奥斯·潘特雷默纳斯——该党在这里赢得了12%—14%的选票,得票率仅排名第三,低于几年前的市议会选举——而是雅典东部的葡萄园社区(Ampelokipoi)。这个社区更加繁华,而且是希腊公安机关的总部所在地。希腊警察与其他公民不同,他们在自己上班的地方投票。在葡萄园社区的几个有警察参与投票的投票站,金色黎明党的表现都相当出色,在某些投票站的得票率达到了将近25%。在警察没有参与投票的投票站,金色黎明党的得票率与全国平均水平持平。

穿着黑色T恤衫的男人们引燃火炬,火光发出的是代表希腊国旗的蓝色色调。间或有人燃放鞭炮庆祝。“外国人滚出希腊!”有人高喊着。虽然这场庆祝活动是在露天举行的,但是金色黎明党仍然禁止没有获得许可的记者参加,我看到几个五大三粗的保安赶走了德国公共电视台新闻栏目的一名记者。我把笔记本和录音笔都放在了口袋里。人越聚越多,大家都兴奋地鼓掌,等待米哈洛里亚科斯出场。他稍后要在楼上的阳台上发表讲话。

没过多久,米哈洛里亚科斯现身了,在他旁边有两面巨幅的希腊国旗。人群开始欢呼,鞭炮齐鸣,汽车的警报都被震响了。米哈洛里亚科斯的身旁站着一个人,他介绍说这个人是阿索斯山的修道士。“如果有人以为我们既然要进入议会了,就会变成乖孩子。那么我们的回答是:街头还在等着我们!”人群中响起了口号声,有人喊“外国人滚出希腊”,也有人喊“希腊属于希腊人民”。“总有一天,道路将会重新畅通,希腊将再次属于我们,”他说,“他们批评我们是民族主义分子,因为我们有勇气保护社区,有勇气解放广场。”他说,在经历了38年的伪民主后,一场民族主义运动已经兴起,这场运动的目的就是要拯救希腊。疯狂的人群先是用希腊语高呼:“希腊!希腊!”接着又用古斯巴达语高呼:“或持盾凯旋,或战死疆场!”

第二年,金色黎明党继续攻击移民,声望持续提高。民意调查显示,金色黎明党已经成为希腊第三大党。这个党的好运气一直持续到了 2013 年 9 月中旬的一个晚上。那天晚上,一个名叫帕夫洛斯·菲萨斯的说唱歌手和几个朋友来到位于比雷埃夫斯的一家咖啡馆观看足球比赛。菲萨斯时年 34 岁,是个反法西斯主义歌手,人称基拉·P(Killah P)。在咖啡馆里,他与几个金色黎明党成员发生了口角,这些金色黎明党人打电话叫来了帮手。据目击者称,有 30 来个手持木棒的人来到咖啡馆外面的街上。午夜过后没多久,当菲萨斯准备离开时遭到了攻击。一个金色黎明党人开车过来,下车往菲萨斯的胸口捅了一刀,把他杀死了。杀人嫌犯被捕后,说自己当时是在自卫。次日,希腊媒体对这起谋杀案进行了重点报道。调查者称,这起袭击应该是经过层层授意的,牵涉金色黎明党的高层领导人。很多希腊人愤怒了,因为这一次,受害者是他们自己当中的一员。他是希腊人,而且是个不错的小伙子。

希腊政府迅速对金色黎明党进行打击。主管警察事务的部长下令搜查金色黎明党的办公和居住场所,要求检察机关以犯罪组织的名义对其进行起诉。没过多久,希腊议会投票通过决议,剥夺金色黎明党籍议员的豁免权,切断该党的资金来源。在萨马拉斯总理准备按计划访美前夕,米哈洛里亚科斯和其他几名金色黎明党籍议员遭到逮捕。其中一些人虽然在后来获释,但米哈洛里亚科斯却一直被关押在监狱里。

为了对金色黎明党进行彻底打击，政府决定全面清洗同情该党的警察。在希腊全国，多名高级别警察因个人原因辞职，还有一些警官被免职。希腊国家情报机关的一个部门主管被免职，虽然政府没有给出免除其职务的理由，但是希腊媒体怀疑此事与金色黎明党有关。除此之外，警察机关负责内部事务的部门对各级警察进行审查，并指控10名警察与金色黎明党存在非法联系。其中一名警察曾担任安吉奥斯·潘特雷默纳斯警察局的安全主管7年，这很好地说明了金色黎明党能在该社区迅速崛起的原因，调查人员以滥用职权、洗钱、非法持有武器和毒品等罪名逮捕了他。在这名警察的住处，调查人员发现了大量武器，其中包括手枪、多把霰弹枪以及大量的弹药、刀剑和斧头，还有700克大麻。

首批逮捕行动结束后，萨马拉斯在纽约对美国犹太人委员会发表讲话时，提到了金色黎明党。“清除这个团体对我而言非常重要，”他说，“现在大家都知道他们究竟是什么人了。”不过，早在菲萨斯死之前，希腊政府显然就已经知道金色黎明党的本质是什么。如果说萨马拉斯认为清除这个组织十分必要，那么很多希腊人不禁要问：“政府早干什么去了？”

对于这个问题，我在安吉奥斯·潘特雷默纳斯警察局旁边的一个咖啡馆里找到了一个答案。一天上午，我来到这家咖啡馆，店主向我介绍了一个人，他称他为“老板”。这个人穿着考究，西装革履，打着领带，手上戴着好几个金戒指，还戴着一只银手表，穿着尖头皮鞋。他的鼻子很长，头发花白，留着很短的头发。我向他做了自我介绍，告诉他我感兴趣的话题，他说，我算是来对地方了。“我是极右派。”他说。其实，他的穿着确实像希腊电影里面描述的希腊战后时期的神秘右翼分子。这些右翼分子通常在深更半夜把一些左翼成员从床上绑架走。“在警察局旁边的咖啡馆里喝咖啡的人，一般都是右翼，”老板对我说，“你根本见不到左翼的人。”老板已经退休了，他不愿意向我透露自己的真实姓名。我坐在靠窗的桌子旁，他在我身边踱来踱去，向我讲解一些关于希腊政治方面的事情。有时为了表示强调，他会俯下身来，直冲着我说话。他拍着手对我说，在希腊的军政府时期，很多人都这么做。“你觉得那些金色黎明党成员后来都去哪儿了？”据老板说，很多人都加入了新民主党。几年前，老板开始支持金色黎明党，在此之前，他也一直支持新民主党。“现在，新民主党是极右翼党派，”老板说，“至少一大部分党员是极右翼。”他说，新民主党和金色黎明党是“表亲”，对自己的表亲下手可不容易。

几个月后，老板所说的新民主党与金色黎明党的“血缘关系”出现了一些明证。当时，检察机关正在处理金色黎明党的案子。卡斯迪亚里斯，就是那个在肩膀上文着纳粹符号刺青的金色黎明党籍议员发布了一段秘密录音。这段录音记录的是他与萨马拉斯的高级助手潘纳吉奥塔洛斯·巴尔塔克斯之间的一次对话。在录音中，总理助理表示起诉金色黎明党纯粹是出于政治目的。“他首先是为自己担心，”巴尔塔克斯这么说萨马拉斯，“因为你们也在打击他，这让希腊左翼联盟获得了领先地位。”

“就因为我们抢了他的选票，所以他就把我们关进监狱？”卡斯迪亚里斯说。

“这个混蛋，真令人难以置信，太难以置信了。”巴尔塔克斯这样说自己的上司。

录音曝光后，萨马拉斯对巴尔塔克斯进行了谴责，表示自己对于助手与金色黎明党之间的密切联系毫不知情。巴尔塔克斯随后黯然辞职。在一次接受广播采访时，他说向卡斯迪亚里斯透露他想要的消息是为了能够与金色黎明党保持联系，套取该党的相关信息。他说，这样做有利于整个国家。“作为中右翼的政党，新民主党这两年一直面临着失去右翼支持的风险，”他说，“这种情况一旦发生，新民主党将完全失去政坛的领先地位。这种情况绝对不能发生。”

通过这件事情，我们可以更好地理解，为什么保守派领导的政府之前没有对金色黎明党采取行动。长期以来，萨马拉斯收到的建议都是不要打击金色黎明党，原因是害怕这样会疏远新民主党内部的民族主义派别。在初期阶段，这一建议似乎占了上风。

刚开始，萨马拉斯对非法移民和在街头抗议的无政府主义者采取强硬态度，希望以此来消除金色黎明党带给他的威胁，挽回与他离心离德的极右翼选民，但是结果适得其反，这一战略似乎增强了金色黎明党的合法性和实力。于是，萨马拉斯领导的政府转而实行备选方案：对金色黎明党进行打压。金色黎明党成员杀害希腊青年,以及由此引发的希腊人民对该党的反感,给萨马拉斯创造了难得的机会。

但是金色黎明党能够毫无阻碍的崛起,也不能完全归咎于萨马拉斯领导下的保守派政府。早在萨马拉斯政府执政之前,金色黎明党就已经在政坛崛起,并开始采用暴力策略。国家对于金色黎明党的默许态度更加深入。希腊的各级警察和政府高层都普遍同情金色黎明党,说明民族极端主义在二战结束后早就渗透到了不同的政府机关。倘若希腊的警察和司法部门像人们想象的那样,能够按照一个现代欧洲国家应有的标准运行的话,金色黎明党的成员早就面临指控了。事情发展到这一步,希腊社会也难辞其咎。希腊主流媒体基本忽视了金色黎明党的暴力行为和对移民的恐吓,一些媒体有时甚至赞扬它是在保卫希腊人民。教会的牧师也没有针对金色黎明党的暴力行为发出有力的声音,有些牧师甚至对其随声附和。

虽然晚了一些,但是希腊政府毕竟对非法的金色黎明党实行了打击。然而,即便政府的打击行动能够成功,要想改变希腊社会对暴力排外行为的漠视和支持,依然有很长的路要走,面临的挑战也会更多。不过,这次行动带来了一个直接的好处,那就是,在雅典市中心几乎再没发生过攻击移民的事件。

在民主国家,对一个拥有广泛支持的政党进行打击是一件非常敏感的事情。希腊政府明白,如果金色黎明党重新获得民众支持,这场打击行动将会造成适得其反的政治后果。所以,在检察机关筹备案件的起诉工作时,政府就开始采取措施,以削弱该党的民意支持。政府向媒体透露了反映金色黎明党进行不轨活动的文件、照片和视频,其中包括金色黎明党成员在类似民兵训练营的地方持枪的照片(金色黎明党解释说,这些照片反映的是野营旅行和健身活动);还有一张照片显示有人身穿美国3K党服装,面对金色黎明党党旗摆出希特勒式的敬礼手势(金色黎明党解释说,服装是万圣节的恶作剧服装,手势是古希腊时期的一种敬礼姿势)。

政府透露这些照片的目的就是为了说服选民:金色黎明党并不像他们自己宣称的那样,只是民族主义分子,而是纳粹。但是,仍然有很多选民不以为然。虽然该党的政治领袖入狱,媒体报道也强调了其纳粹本质,但是选民们并没有放弃对金色黎明党的支持。2014 年 5 月的欧洲议会选举是在金色黎明党党首被逮捕后进行的首场选举。在这场选举中,金色黎明党在全国赢得了 9%的选票。又过了 7 个月,希腊迎来了国家议会选举。在这场选举中,金色黎明党赢得了约 6%的选票,几乎与 2012 年初次进入议院时的战绩持平。这场选举的结果让金色黎明党成为希腊的第三大党。

欧洲议会选举前夕的一个春天的晚上,金色黎明党在他们自称“战斗”开始的地方——安吉奥斯·潘特雷默纳斯广场举行集会。我到达那里的时候,集会的主办者正通过喇叭大声播放类似军乐的音乐。教堂台阶上已经布置好一个讲台,台上装饰着金色黎明党党旗。人群开始向广场聚集,一群健壮的小伙子四处巡逻,驱赶看起来像是外国人的人。喇叭里传来一首尼科斯·希洛里斯的严肃曲目。希洛里斯是20世纪六七十年代知名的克里特岛音乐家。这首歌曲讲述了人民面对敌人时的冷漠,被认为是一首反对军政府独裁的歌曲。不过,对希腊军政府推崇备至的金色黎明党却对这首歌有着另一种解读。教堂的钟声伴着歌声响起,傍晚的祷告开始了。"他们进城了,敌人来了,"希洛里斯唱到,"他们破门而入,敌人来了。第一天,我们却在社区里欢笑。"

我找了一张长凳坐下,旁边的几个老太太似乎受到了集会的打扰,影响了她们的祷告。过了一会儿,她们挪到了一个安静点的地方。一个老太太拄着拐杖站起来,拿着垫屁股的硬纸片,一脸痛苦。"不想看看吗?"我问道。"亲爱的年轻人,那有什么可看的?"说着,她蹒跚而去。接着,两个年轻的金色黎明党信徒在教堂入口的石柱旁展开一面巨型横幅,高举的手臂摆出胜利的姿势。这个横幅上印着的是他们尚在狱中服刑的敬爱领袖。

参加市议会选举的几个候选人开始在教堂前发表讲话。"我们要继续战斗,这是一场本地区居民发起的圣战。"一位市议员候选人说道。另外一个人对英勇的居民说,他们要防止伯利克里、索伦和苏格拉底的雅典变成伊斯兰堡。

一位女士宣读了泰米斯·斯科黛丽写的一封信。斯科黛丽是居民委员会的元老级成员,受金色黎明党案牵连被关押入狱,但她依旧要竞选雅典市议会的议员。"6年前,就在我们的社区,我们最早喊出了'希腊属于希腊人民'这一口号。当我们奋起抗争、进行抗议时,只有金色黎明党站在我们一边。”

当他们在广场上发表演说时,来参加这次集会的本地居民并不多。考虑到政府正在对金色黎明党进行打压,几年前支持金色黎明党的居民们似乎都怕和它扯上关系。来参加这场集会的有几百人,但是根据他们的服装判断,这些人都是被专门召集来的铁杆支持者。他们中的大多数人都穿着比特保罗德国(Pit Bull Germany)和龙狮戴尔(Lonsdale)品牌的服装,这两个牌子是欧洲新纳粹组织的最爱。后来,金色黎明党宣称当晚有数千名当地居民来到广场参加集会。但是,曾在那天晚上发言的一个魁梧的议员迪米特里奥斯·库库西斯承认,来的人其实并不多。“你们害怕什么?衣服湿了还怕下雨吗?”他说,“真丢人!我们要的是你们的行动,最起码要投票支持在这个广场上发展起来的运动。”

有一瞬间,我看到了居民委员会的斯皮洛斯·吉安纳多斯。在那天的广场暴乱中,他举着希腊国旗与金色黎明党的争斗者站在一起。然而今天,他牵着一条长毛狗从人行道上经过。除了在有人逗他的狗时停了一会儿,吉安纳多斯根本没有过多停留。后来,我问他的妻子有没有参加这场集会。她说,没有参加,如果参加的话,只会被人当成金色黎明党的支持者。她还说,金色黎明党因为领导居民成功抗争而赢得了公众好评,关于金色黎明党的各种流言蜚语,以及突击营的传说,都是一派胡言。

那天晚上最后发言的是文着纳粹刺青的卡斯迪亚里斯。自从金色黎明党党首被捕入狱后，他就成了这个党的头面人物。他向人群回忆了几年前自己和战友们在广场上与防暴警察之间发生的那场冲突。他说，那一天，年轻的孩子和上了年纪的社区居民走到了一起，向希腊人民展现了全民抵抗的意义。他还说，安吉奥斯·潘特雷默纳斯引燃了每个希腊人内心的火炬。在他发言时，一个小男孩站在教堂的台阶上，挥舞着希腊国旗。卡斯迪亚里斯看着这个男孩说，他从来没有见过比眼前这一幕更动人的场景。他说，接下来的斗争关系到希腊文明的生死存亡。

结　语
Epilogue

2015年1月的一个夜晚，希腊激进左翼联盟赢得了全国大选，将组建新一届希腊政府。即将出任总理的阿莱克斯·齐普拉斯在雅典市中心，面对一群充满活力的年轻人，发表胜选演说。布鲁斯·斯普林斯汀的《我们自己照顾自己》的歌声从扬声器中传出，响彻整个场地。在巴拉克·奥巴马参加第二次总统竞选期间，这首歌曲也被多次播放。齐拉普斯健步跃上讲台，高举双臂，庆祝这一胜利的时刻。他宣布希腊从此翻开了新的篇章。这次选举意味着希腊从此“将结束长达五年的屈辱和痛苦，希腊人民饱受恐惧和压迫的岁月将一去不复返”。人群齐声高呼道：“左派时代到来了！”齐普拉斯在竞选时经常提及长期压迫希腊的人，虽然他在此次演讲中也未指名道姓，但指向性非常明确。人群中有位女士高举着巨大的横幅，上面用德语赫然写着：“默克尔，这次是真的晚安了。”另一位左派支持者手举写给“三驾马车”的横幅,上面的文字更加直白:“保持镇静,去死吧!”

齐普拉斯选择在宏伟的新古典主义风格建筑——雅典大学的正楼前发表自己的胜选演讲。这个地方风景十分优美。电视屏幕上,齐普拉斯站在灯火通明的希腊式廊柱前,仿佛整个希腊文明都在为他造势。然而,人们似乎并没有注意到一个极大的讽刺。齐普拉斯身后的这座建筑始建于希腊第一位国王——奥托国王统治时期,而奥托国王却是被欧洲大国扶植上位的。建筑的彩色雕带上刻画着奥托国王的形象,他留着八字须,身着经典希腊装束,坐在宝座上。在齐普拉斯当晚举手欢庆的照片上,奥托国王就在他的正上方,好像是从巴伐利亚的墓地中爬了出来,想要提醒希腊人,他们还是如过去一般,完全依赖他们强大的邻国。

在随后的几个月中,在希腊新政府与其债权人协商沟通的过程中,奥托国王的幽灵似乎的确给这个新政府蒙上了一层阴影。在刚刚就任希腊总理——也就是竞选结束——的第一天,齐普拉斯来到了位于希腊郊区的射击场。二战时期,占领希腊的德国军队在这里杀害了数以百计的希腊爱国人士,其中就包括马诺利斯·格列索斯的弟弟尼克斯·格列索斯。齐普拉斯到达射击场后,在纪念碑前献上红色玫瑰。两眼湿润的支持者聚在他身后,高声赞扬共产党领导的抵抗战争。齐普拉斯把手放在胸前,在纪念碑前肃立了一会儿,转身准备离开。“好样的!”人群高呼着涌上前去,争着亲吻和拥抱他。

希腊激进左翼联盟领导人对齐普拉斯出任总理后的首秀给出了不同的解释。一些人认为这是对金色黎明党的抗议。金色黎明党在竞选过程中表现抢眼，这让很多希腊人感到非常不安。有人担心，万一希腊激进左翼联盟领导下的政府失败，那么金色黎明党这个新纳粹主义政党就会顺理成章地接管政权。然而，齐普拉斯身边的一位高级助手给出的解释更直接，他将此举形容为希腊人渴望“从德国占领中获得自由”的标志。

德国人则更多地认为这个举动是一种挑衅。德国公共广播电台的一位主持人说：“齐普拉斯手持血色玫瑰，难道是想说‘喂，总之我们可不欠这些可恶的纳粹’吗？”随后，他谴责齐普拉斯此举是为了让德国——希腊的债权国——“有负罪感”，而作为债务国的希腊却享有道德上的优越感。“这些信号非常重要，因为没有人会在发现被敲诈后继续给钱。”

两国政府之间的公开争论很快酿成了冲突。德国财政部长沃尔夫冈·朔伊布勒毫不掩饰他对希腊激进左翼联盟的蔑视。朔伊布勒在接受一家德国广播采访时说，紧缩和改革政策引导希腊走上了正确的道路，然而，希腊激进左翼联盟的崛起使希腊偏离了原本正确的发展轨道，这是对“近些年帮助过希腊的国家的侮辱”。朔伊布勒接着说：“我同情希腊人民，因为他们选出了一个目前看来非常不负责任的政府。”齐普拉斯认为自己应该对这一声明做出回应。他在议会上说，朔伊布勒真正应该同情的是那些“垂头丧气的人”，而不是那些“昂首阔步的人”。

尽管希腊激进左翼联盟声称已经重新掌握希腊主权，但是没过多久，他们就意识到自己面临着与上一任政府相同的处境：顶着痛苦不堪的压力努力凑钱还债，并且为了获得些许的经济救助，尽力满足债权国的各种改革要求。为了鼓舞国民士气，希腊新政府转而求助于语义学，玩起了文字游戏：他们将希腊的债权国称为“那些机构”，而没有采用令人反感的称呼“三驾马车”。尽管很多希腊人对希腊激进左翼联盟成功抵抗了债权国的行为表示赞赏，然而并不是每个人都对此深信不疑，其中最尖锐的批评来自党内。希腊政府同意延长紧急救助计划后，身处布鲁塞尔的马诺利斯·格列索斯写了一封心灰意冷的信。“我要向希腊人民道歉，因为我也曾参与制造了这个错觉，”他写道，“在压迫者和被压迫者之间，没有妥协，就像奴隶和奴隶主之间一样。唯一的解决办法就是给予奴隶自由。”

在接下来的几个月里，希腊激进左翼联盟的领导人面临着不可能完成的任务：既要安抚“那些机构”，同时又要保证党内强硬派不会因此而倒戈相向。齐普拉斯试图让双方都满意，他承诺进行大胆改革——“再创希腊辉煌”，至于改革的具体内容，他并没有提及。新政府将严厉打击富人逃税（矛头主要对准上榜“拉加德名单”的富人），严控政府支出浪费，提升行政服务水平，打响前所未有的反腐败之战并改善移民待遇。与此同时，希腊激进左翼联盟放弃了先前的一些主张。比如，好几年前，该党曾批评保守派政府逮捕伊兹拉岛上的餐馆老板。现在，在给债权国的一封信中，希腊财政部长建议通过秘密雇佣身上安装有摄像头的游客，对不提供发票的企业进行严厉处罚。这个过于草率的建议遭到了大多数人的质疑。

尽管对抗和猜疑持续不断地发酵，希腊和欧元区分道扬镳的可能性依然不大，至少在主观意愿上不会（但是由银行破产、债务未如期偿还带来的希腊突然退出欧元区的威胁仍然没有消失）。虽然欧洲领导人们并不认可新的希腊政府，但他们也不愿意看到失去希腊后，欧元地位被削弱，欧洲一体化进程受挫。希腊对欧洲其他国家有诸多不满，不过希腊也明白，自独立战争和奥托国王统治时期起，希腊便从欧洲的介入中获益颇多。希腊前些年在欧元问题上吃了不少苦，但希腊人还是对欧元有一种近乎虔诚的信仰。希腊自愿退出欧元区这条“可以争取更多独立性，也更加清晰的道路”遭到了大多数希腊人的反对，他们担心此举会带来更多麻烦。此外，希腊人民对涣散的政府机构的不信任，几乎超过了对其债权国的蔑视态度。很多希腊人相信，留在欧元区接受更严苛的要求，总比脱离欧元区自生自灭更好。

致谢 Acknowledgments

本书涉及了希腊存在的很多严重问题，很多话题也令人感到沮丧。不过，读者在读过本书后，若是还能体会到我对希腊和很多希腊人民的热爱，那便是我最大的希冀了。在过去几年间，我很荣幸有机会多次到访希腊，这加深了我对这个国度的了解。我和我的家人在希腊受到了当地人的热情招待，离别数月，我们依然万分想念。无须多言，希腊是个美丽的地方。如果你还没去过希腊，记得一定要去。如果某天，你和我一样，站在春意盎然、鲜花遍地的山上，俯瞰科林斯湾赫拉神庙的遗迹，在明媚的阳光下看着一阵薄雾缓缓飘过蔚蓝的海水，那个时候，你一定如坠仙境。

这本书能够面世，要特别感谢几个人。其中一位是乔舒亚·亚法(Joshua Yaffa)。他是一名出色的记者,更是我的好朋友。几年前,有段时间,我对自己的职业发展感到异常苦闷。于是,像往常一样,我请他给我一些职业上的建议。“为什么不写本书呢?”他提议。接着,他帮我和一个可以为我出书的人取得联系。亚法不仅在出书一事上给予我建议和帮助,在其他方面对我的帮助也不计其数。对此我深表感激。

这本书的很多调研工作都与我为《华尔街日报》撰写的报道有关。我非常感谢马修·卡尼辛内基(Matthew Karnitschnig)允许我在希腊为《华尔街日报》撰文,并在其他事情上向我提供帮助。数年来,马修在编辑校对时细致入微,也给了我很多指导性的建议,让我受益匪浅。此外,马修还花时间看了本书的部分手稿。从布鲁克林到柏林,马修和他的爱人凯瑟琳娜一直都是我们的好朋友。

戴维·帕特森(David Patterson)是我的出版经纪人。他一直都是我坚定的支持者,在本书的整个创作过程中,也给了我很多有益的忠告和建议。帕特森从一开始就认可这个项目,对于他的信心和责任心,我感激不尽。

很多希腊记者给了我各种建议和帮助。在这里我要特别感谢德米特里斯·萨拉斯、塔索斯·塔罗古洛、玛丽安娜·卡考纳吉和尼古拉斯·托普洛斯。阿纳斯塔西亚·莫扎吉也帮助我完成了一些极富挑战性的报道。事情发展不尽如人意的时候,他都会用耐心舒缓我紧绷的神经。我还要感谢纪录片电影制作人康斯坦提诺斯·乔治奥西斯,感谢他与我分享了他在希腊法西斯主义者和其他一些问题上的高见。在塞萨洛尼基,如果你想了解任何与希腊历史和政治相关的知识,那么找安东尼斯·卡马拉斯聊天绝对是个不错的选择。

几位不愿在书中透露姓名的希腊公诉人向我讲述了一些正在进行中的重要案件。为了希腊社会能够更加公平、更具责任感,他们投身于一场艰苦卓绝的战斗中。希腊民众应该为他们所做的贡献表示感谢。在与一些正在从事关键调查的公诉人交谈后,我开始相信,希腊最大的希望是一个尚未充分开发的资源:希腊的女性。

在我从事研究的过程中,现代希腊的学者和历史学家们的伟大著作让我受益匪浅。苏珊娜·索菲亚·斯普里奥提斯和戴文·纳尔二人都给了我友好的帮助。另外,从马克·马佐尔、哈根·弗莱斯彻、约翰·路易斯·洪都拉斯、理查德·克罗格、威廉姆·St·克莱尔、迈克尔·赫兹菲尔德和海兹·A·里切尔的作品中我学到了很多。我还要感谢皇冠出版集团为本书付出辛劳的敬业员工。我特别要提到的是珍娜·辛谷丽、米根·斯塔西、艾玛·巴里和马克·博基,他们都扮演了至关重要的角色。我的希腊大家庭一直以来陪伴着我们,他们是我的后勤保障,我们有幸多次受到他们的美食款待。我的父母和哥哥一如既往坚定地支持我、鼓励我。我要特别感谢父母在我成长过程中教给我很多有关希腊的知识,感谢父母不顾年幼时我的激烈反对,坚持送我去希腊学校学习。最重要的是,我要感谢父母的勇气和决心。得益于这样的勇气和决心,他们适应了新世界的生活。

我最想感谢的人是我妻子凯特琳,感谢她一路相伴。有了她赋予我的力量和爱,我才得以完成这本书。我做的很多事情都离不开她的支持。非常感谢你,亲爱的。

最后,我要感谢我的两个儿子。艾利亚斯·哈利出生时,我刚得到写这本书的机会;亚历山大·卢卡斯出生时,我刚刚完稿。我想不到还有什么能比他们两个更让我感到开心。